U0836104

晏智杰◇著

经济剩余论

THEORY OF ECONOMIC SURPLUS

北京大学出版社
PEKING UNIVERSITY PRESS

图书在版编目(CIP)数据

经济剩余论/晏智杰著.—北京:北京大学出版社,2009.1
ISBN 978-7-301-14017-8

Ⅰ.经…　Ⅱ.晏…　Ⅲ.经济剩余—研究　Ⅳ.F031.1

中国版本图书馆 CIP 数据核字(2008)第 097817 号

书　　　名：经济剩余论
著作责任者：晏智杰　著
责 任 编 辑：郝小楠　王花蕾
标 准 书 号：ISBN 978-7-301-14017-8/F・1995
出　版　者：北京大学出版社
地　　　址：北京海淀区成府路 205 号　100871
网　　　址：http://www.pup.cn　电子邮箱：em@pup.pku.edu.cn
电　　　话：邮购部 62752015　发行部 62750672　编辑部 62752926
　　　　　　出版部 62754962
印　刷　者：三河市新世纪印务有限公司
经　销　者：新华书店
　　　　　　730 毫米×980 毫米　16 开本　17.75 印张　288 千字
　　　　　　2009 年 1 月第 1 版　2009 年 1 月第 1 次印刷
印　　　数：0001—4000 册
定　　　价：34.00 元

作者简介

晏智杰，北京大学经济学院教授、博士生导师。曾先后任教育部经济学教学指导委员会委员、北京大学党委常委兼宣传部长、北京大学经济学院院长、中华外国经济学说研究会副会长、北京大学外国经济学说研究中心副主任、北京大学市场经济研究中心主任和名誉主任、北京大学经济学院经世济民教育基金会董事长等。

晏智杰祖籍江苏仪征，1939年12月生于古都西安，1957—1962年就读北京大学经济学系，1962—1965年师从陈岱孙教授攻读西方经济学及其历史，1965年年底毕业留校任教至今，曾先后赴美、德等国研修。

晏智杰多年从事理论经济学及其历史的教学与研究工作。1995年被北京大学团委和学生会评为首届"北京大学最受学生爱戴的老师"之一。迄今已出版学术专著、译著、教材多部，发表学术论文数十篇。主要著作有:《政治经济学史》(两卷，1981，合著)、《马克思〈剩余价值理论〉释义》(三卷，1984—1985，合著)、《经济学中的边际主义》(1987)、《亚当·斯密以前的经济学》(1996)、《古典经济学》(1998)、《劳动价值学说新探》(2001)、《灯火集——劳动价值学说研究论文集》(2002)、《边际革命和新古典经济学》(2004)、《经济价值论再研究》(2005)等。主要译作有:《亚当·斯密和现代政治经济学》(1984)、《科学的青春》(1986)、《西方经济学发展阶段》(1990，合译)、《现代经济分析史》(1992)、《边际效用学派的兴起》(1999)、《经济思想的成长》(2001，合译)、《魁奈〈经济表〉及著作选》(2006)、《改变历史的经济学家》(《科学的青春》重印本，2007)及《生产和分配理论》(2008)等。

作者自序

长久以来，出于众所周知的原因，在商品价值及剩余价值问题上，我国经济理论界一直独尊劳动价值论和与之相应的剩余价值论，而将其他理论观点斥为庸俗论调或反动学说，这种理论取向为“以阶级斗争为纲”的社会主义革命和建设的思想政治路线和社会经济实践提供了基本理论支撑。

中国改革开放和社会经济发展的成功实践最终打破了这种局面，并且迫切呼唤一种能够与之相适应的价值论和经济剩余论，同时也为这种理论的形成和发展提供了坚实的实践基础和思想元素。对于商品价值理论，我国经济学界在经历了长期的、几起几伏的激烈争论之后，已经取得了长足进展，尽管至今仍不免还会有人持有异议，但是一种共识正以不可阻挡之势在广大民众和多数学者中间形成，并且已经构成我们经济政策的理论依据的组成部分。在我看来，这种共识的要点可以表述为：多元要素市场供求均衡价值论是商品价值规律的通则，而以往我们熟知的一元劳动价值论则只是其中的一种特例。[①] 然而，值得注意的是，在关于经济价值论的研究日益深入之际，作为经济价值理论延伸的经济剩余理论至今仍甚少被涉及，而深化对这个问题的认识至少与深化对经济价值论的认识一样重要。

本书就是对经济剩余的初步探讨，主旨不是（也不可能是）为解决具体经济问题提供方案，而是试图在多元要素市场供求均衡价值论的基础上，从经济剩余论的角度，试图为经济改革和经济发展提供进一步的理论支持和论证。在我看来，归根到底，正是因为商品价值及其剩余的产生和发展是基于多元要素的市

---

① 参考晏智杰：《劳动价值学说新探》(2001)、《灯火集——劳动价值学说研究论文集》(2002)以及《经济价值论再研究》(2005)，均由北京大学出版社出版。

场供求均衡规律的，构建社会主义市场经济和社会主义和谐社会才是必然的和可行的，正如劳动价值论和剩余价值论必然导致阶级斗争和无产阶级专政一样。

本书上篇是对经济剩余主要命题的探讨，下篇是对经济剩余学说发展历史的回顾。

本书是拙著《劳动价值学说新探》和《经济价值论再研究》的姊妹篇。

本项研究是教育部哲学社会科学重大项目“中国市场经济发展研究”的组成部分，项目编号：03JZD0011。

晏智杰

北京海淀百旺家苑

2007 年 11 月 28 日

目　录

上篇

经济剩余学说概论

本篇阐述经济剩余的基本概念与意义，探讨经济剩余的性质与源泉，研究不断增加经济剩余并合理分配经济剩余的基本思路，旨在勾勒经济剩余学说的轮廓和框架。

所谓经济剩余，是指生产经营成果减去生产经营消耗后的余额，或称之为投入与产出的差额。这种剩余是生产和服务的新成果，它经过交换和分配而进入消费领域，最终转化为积累和消费（包括社会消费和个人消费）。

经济剩余的存在和增长是社会经济发展的一般基础和前提，古今中外，概莫能外。它是一个国家或经济体的经济效率和水准的根本标志，又是发展社会生产力、增强综合国力和提高人民生活水平的基础和前提。

不用说，经济剩余是各种生产要素共同创造的成果，它的数量和质量同我们能否正确处理经济生活各领域所涉及的各种经济关系密不可分，同我们能否最大限度地调动各种积极因素密不可分。

所以，研究经济剩余的性质、特点和作用，探讨增进经济剩余的条件和途径，确立公平合理地分配经济剩余的原则、政策和方法，都是坚持科学发展观和构建社会主义和谐社会的迫切需要和题中应有之意。

实际上近三十年来我们在经济体制改革和发展社会生产力以及解决民生方面所采取的每一个重大步骤、所取得的每一项重大成就，无一不与扩大和增进经济剩余以及公平合理地分配经济剩余有关。它始终是我们一切经济改革和经济工作的出发点和立足点之一，也是检验我们经济工作绩效的根本标志之一。

01 定义与意义

“经济剩余”，顾名思义，是指各种生产或经营活动的成果与其所花费的成本之间的差额，简称产出与投入之间的差额。这里所谓经济活动，不仅包括第一产业和第二产业，而且包括第三产业①；投入和产出的形式，可以是有形的或物质的，也可以是无形的或非物质的，还可以是价值的或货币的。

生产和经营的投入，不仅包括通常所说的经过加工的原材料和燃料，以及固定资产折旧和劳动力支出，还包括土地、森林、矿藏和水等未经加工的天然的自然资源的成本，还有一般劳动力概念所不能涵盖的各种智力资源开支，以及各种物质的和非物质的浪费性生产经营支出或成本。同样地，生产和经营的产出不仅包括生产出的各种物质产品，而且包括各种服务产品，以及这些物质产品和服务产品的消费和积累的去向和流量。

显然，经济剩余从整体上反映了一个国家或一个经济体一定时期内各项经济活动的成果或效益的总和，它是衡量一个国家、部门或经济体的经济效率和发展水平的一个综合性指标。国家、部门或任何经济体的产出，虽然数量多且质量高，但是如果其投入多于其他国家、部门或经济体，则其经济效益便要打个折扣，因为经济剩余相对较少。既要多、快，又要好、省，才是上策。不问代价，一味追求产值，不是合乎经济合理原则的做法。不断地增进经济剩余，公平合理地支配这种剩余，同深化经济体制改革、改变经济增长方式、调整经济结构等密切相关，因此，积极探索和发展经济剩余学说，正是构建社会主义和谐社会、建设有中国特色社会主义事业的题中应有之义。

然而，在现阶段社会发展和经济工作（包括统计工作）的条件下，世界各国（包括我国在内）都还没有将经济剩余作为经济工作的直接目标和衡量指标，以最小成本获取最大产出还只是一种理想、一种经济分析前提和假说。不过，世界各国在第二次世界大战后逐步实施的 GDP 核算制度、投入产出核算制度以及近些年来崭露头角的绿色 GDP 以及国民幸福指

① 国家统计局对我国产业部门的划分和构成的规定，见本章附录一。

数等指标，都在向真正的经济剩余的指标逼近，或者说它们在不同程度上反映了经济剩余，它们是经济剩余的近似值。追求GDP，追求绿色GDP，追求尽可能高的投入产出率，以及更高的国民幸福指数等，事实上都是在追求数量更多、质量更高的经济剩余，不管人们是否意识到这一点。

在经济工作（包括统计工作）和改革发展实践中追求经济剩余（或经济剩余的近似值），对我国来说是一种制度的创新，这种创新要求相应的理论创新，两者是相辅相成、互相促进的。事实表明，我国在这方面的制度创新固属不易，而理论创新对经济理论界的难度可能更大，这是不难理解的。经济改革与发展现实的需要、与国际接轨的迫切要求，迫使我们在走上社会主义市场经济之路时不能不尽快实现经济工作和统计制度的创新；然而要实现相应的理论创新却可能还要付出更艰巨的努力，甚至不能不经历深刻的、有时是相当激烈的思想和理论斗争。近些年来围绕劳动价值论展开的论战，包括如何认识国民经济核算制度的转变的理论依据所进行的论争，就生动地说明了这一点。事实证明，我们急需对传统的劳动价值论和剩余价值论的影响进行严肃认真的清理和反思，同时尽力构建新的经济价值观和经济剩余观。

从人类能取得超出自身消费的剩余物品之日起，经济剩余就出现了，而且随着社会生产力的发展，特别是科学技术的不断进步，社会经济剩余与日俱增。经济剩余这个概念所反映的正是这样一个存在于人类社会各个历史发展阶段的客观事实。不过，经济剩余的规模、内涵以及获取和消费它们的方式和途径等，又会随着生产方式的变化以及各国发展阶段的不同而有很大差异，所以经济剩余所反映的现象又带有一定的时代特点和国别或部门等方面的差异。值得注意的是，不管处于哪个社会发展阶段，不论生产方式如何不同，任何一个经济社会或经济单位，只要遵循经济合理原则行事，无一例外地都会以取得尽可能多的经济剩余为目标，不计成本和代价的总产值及其增长是有害的，至少是没有意义的。经济效率的依据应该是减去成本后的剩余值，而不是笼统的总产值，经济剩余论所提供的恰是满足这种要求的理论依据和分析工具。

经济剩余的形式历经演变，在古代和中世纪，高利贷利息、商业利润和土地地租曾经是其主要形式；近代以来，它的主要形式逐步演变为市场经济条件下的资本利息、经营利润和土地地租。这些形式的经济剩余有两种基本载体或存在形式：实物形式及其价值或价格形式。这两种载体或存在形式在经济剩余产生的起始阶段应当是一致的，但随着产品在经济活动不同过程的流转，各种复杂的自然和人为因素的影响，会使其实物形式及价值或价格形式发生不同变化，从而造成两者的分离，以至于今日居然会出现实体经济和虚拟经济的巨大分野。不过，虚拟经济终究要受到实体经济的制约，不可能无限膨胀，膨胀到一定程度就会发生危机，从而以对经济生活和生产力的巨大破坏而强制地恢复两者的统一，历史和现实一再证明了这一点。所以，从根本上说，经济剩余的实物形式及其价值或价格形式的创造源泉应当是一致的，变化的是形式而不是内涵。经济剩余可能是正值（增加值），可能是零值（既无剩余又无亏损），也可能是负值（亏损），分别反映了经济活动处于不同的效益和积累水平。

经济剩余有实际值和理想值之分，实际值不言而喻是指一定条件下实际的产出与投入之差额，理想值则指一定条件下的最小投入与最大产出之差额，换句话说，实际经济剩余是指实际的经济效益，理想经济剩余是指最佳的经济效益。理想经济剩余不一定能达到，但它作为努力的目标对指导实际经济工作还是有必要的，经济剩余的实际值与理想值的差异正是经济工作尚可努力的空间。造成这种空间的缘由可能是多方面的，其中既可能有“天灾”，也可能有所谓“人祸”。在人为原因中，就我国情况来说，改革开放以前最主要的可能就是僵化的计划经济体制以及决策失误（俗称瞎指挥）所造成的巨大损失；改革开放以来，这种情况逐渐发生了变化，人们看到，资源消耗型增长方式存在的问题越发凸显，严重的环境污染，低下的行政效率，地方保护主义，生产消费领域各种浪费和过度消费现象（例如，商品的过度包装和广告宣传等），非法经营者的假冒伪劣、坑蒙拐骗，以及侵犯知识产权等现象的存在，都在扩大着实际经济剩余与理想剩余之间的距离。这些情况的存在使得计算实际经济剩余变成一件不易办到的事情。同时，理想的经济剩余是在一定条件下排除了各种可能妨碍以最小投入取得最大产出的因素后得出的理论值，从而不免带有估计和预期的性质，所以要得出比较可靠的理想经济剩余同样不是一件轻而易举的事情。不过，无论如何，研究和追求理想经济剩余毕竟应该是经济工作的最终目标和努力方向，值得努力探索。而考察经济剩余的视角和方法，既可以是宏观的，也可以是微观的；既可以是动态的，也可以是静态的；既可以是中国的，也可以是中外比较的，等等。

经济剩余是一个极其复杂的课题，需要从国内外和宏微观等不同层面研究经济剩余的生产、分配、交换和消费，这会涉及经济体制、经济增长方式、收入分配制度等几乎所有重大社会经济问题，与政治体制改革也不无关系。然而，这一切又需要从明确若干基本概念、研究其性质和来源等基础性问题入手。

附录一：我国关于三次产业划分的规定及三次产业分类[①]

三次产业划分范围如下：

第一产业是指农、林、牧、渔业。

第二产业是指采矿业，制造业，电力、燃气及水的生产和供应业，建筑业。

第三产业是指除第一、二产业以外的其他行业，包括：交通运输、仓储和邮政业，信息传输、计算机服务和软件业，批发和零售业，住宿和餐饮业，金融业，房地产业，租赁和商务服务业，科学研究、技术服务和地质勘查业，水利、环境和公共设施管理业，居民服务和其他服务业，教育、卫生、社会保障和社会福利业，文化、体育和娱乐业，公共管理和社会组织、国际组织。

三次产业分类

三次产业分类类别	《国民经济行业分类》(GB/T 4754－2002)类别、名称及代码		
	门类	大类	类别、名称
第一产业	**A**		**农、林、牧、渔业**
		01	农业
		02	林业
		03	畜牧业
		04	渔业
		05	农、林、牧、渔服务业
第二产业	**B**		**采矿业**
		06	煤炭开采和洗选业

① 据“国家统计局关于印发《三次产业划分规定》的通知”(国统字〔2003〕14)整理。

(续表)

三次产业分类类别	《国民经济行业分类》(GB/T 4754－2002)类别、名称及代码		
	门类	大类	类别、名称
		07	石油和天然气开采业
		08	黑色金属矿采选业
		09	有色金属矿采选业
		10	非金属矿采选业
		11	其他采矿业
	C		**制造业**
		13	农副食品加工业
		14	食品制造业
		15	饮料制造业
		16	烟草制品业
		17	纺织业
		18	纺织服装、鞋、帽制造业
		19	皮革、毛皮、羽毛(绒)及其制品业
		20	木材加工及木、竹、藤、棕、草制品业
		21	家具制造业
		22	造纸及纸制品业
		23	印刷业和记录媒介的复制
		24	文教体育用品制造业
		25	石油加工、炼焦及核燃料加工业
		26	化学原料及化学制品制造业
		27	医药制造业
		28	化学纤维制造业
		29	橡胶制品业
		30	塑料制品业
		31	非金属矿物制品业
		32	黑色金属冶炼及压延加工业
		33	有色金属冶炼及压延加工业
		34	金属制品业
		35	通用设备制造业
		36	专用设备制造业
		37	交通运输设备制造业
		39	电气机械及器材制造业
		40	通信设备、计算机及其他电子设备制造业

（续表）

三次产业分类类别	《国民经济行业分类》(GB/T 4754－2002)类别、名称及代码		
	门类	大类	类别、名称
		41	仪器仪表及文化、办公用机械制造业
		42	工艺品及其他制造业
		43	废弃资源和废旧材料回收加工业
	D		**电力、燃气及水的生产和供应业**
		44	电力、热力的生产和供应业
		45	燃气生产和供应业
		46	水的生产和供应业
	E		**建筑业**
		47	房屋和土木工程建筑业
		48	建筑安装业
		49	建筑装饰业
		50	其他建筑业
第三产业	F		**交通运输、仓储和邮政业**
		51	铁路运输业
		52	道路运输业
		53	城市公共交通业
		54	水上运输业
		55	航空运输业
		56	管道运输业
		57	装卸搬运和其他运输服务业
		58	仓储业
		59	邮政业
	G		**信息传输、计算机服务和软件业**
		60	电信和其他信息传输服务业
		61	计算机服务业
		62	软件业
	H		**批发和零售业**
		63	批发业
		65	零售业
	I		**住宿和餐饮业**
		66	住宿业
		67	餐饮业
	J		**金融业**

（续表）

三次产业分类类别	《国民经济行业分类》(GB/T 4754－2002)类别、名称及代码		
	门类	大类	类别、名称
		68	银行业
		69	证券业
		70	保险业
		71	其他金融活动
	K		**房地产业**
		72	房地产业
	L		**租赁和商务服务业**
		73	租赁业
		74	商务服务业
	M		**科学研究、技术服务和地质勘查业**
		75	研究与试验发展
		76	专业技术服务业
		77	科技交流和推广服务业
		78	地质勘查业
	N		**水利、环境和公共设施管理业**
		79	水利管理业
		80	环境管理业
		81	公共设施管理业
	O		**居民服务和其他服务业**
		82	居民服务业
		83	其他服务业
	P		**教育**
		84	教育
	Q		**卫生、社会保障和社会福利业**
		85	卫生
		86	社会保障业
		87	社会福利业
	R		**文化、体育和娱乐业**
		88	新闻出版业
		89	广播、电视、电影和音像业
		90	文化艺术业
		91	体育

（续表）

三次产业分类类别	《国民经济行业分类》(GB/T 4754－2002)类别、名称及代码		
	门类	大类	类别、名称
		92	娱乐业
	S		**公共管理和社会组织**
		93	中国共产党机关
		94	国家机构
		95	人民政协和民主党派
		96	群众团体、社会团体和宗教组织
		97	基层群众自治组织
	T		**国际组织**
		98	国际组织

附录二：中国经济凸现新"投入产出表"

这则摘自新华网(《我的钢铁》,2007 年 3 月 6 日)的信息有助于人们理解经济剩余的重要意义。

温家宝总理 2007 年 3 月 5 日在政府工作报告中,以较大篇幅和严厉措辞强调实现节能降耗和污染减排目标,但对连续第四年 10%以上的经济增速却着墨不多,显示出对经济发展成本的强烈关注。有专家指出:"中国领导人现在像企业家那样关注成本和投入,因为经济的高速增长付出了巨大的资源、能源和环境代价,这已成为中国发展的主要矛盾,采取再严厉的措施也不过分。"

2006 年,中国经济增长 10.7%,但首次纳入"十一五"规划的两大硬性指标——单位国内生产总值(GDP)能耗降低 20%(每年 4%)、主要污染物排放总量减少 10%(每年 2%),却未能实现。温家宝总理保证,今后将采取一系列措施,"坚定不移"地去实现这两个既定指标。这一承诺能否兑现将成为国务院今后面临的重大考验之一。这表明中国的经济发展模式将继续发生转变,确立新的"投入产出表",取代"高污染、高投入、高消耗和低效益"的旧增长模式,实现更绿色、更节约、更稳定和可持续的经济发展。

温家宝在政府工作报告中清楚地描述了这张新的"投入产出表"。中国将致力于减少经济发展对能源和环境的消耗，今年将采取的一系列措施包括：新上项目必须进行能耗审核和环境影响评价，淘汰小火电机组以及落后的钢铁、水泥、电解铝等产能，加大对污染治理和环境保护的投资等。

中国对保护土地资源的态度更加坚决。温家宝 5 日强调，节约、集约用地，关系国家长远利益和民族生存根基。在土地问题上绝不能犯不可改正的“历史性错误”，一定要守住全国耕地不少于 18 亿亩这条红线。

去年公布的一份绿色 GDP 报告显示，2004 年全国因环境污染造成的经济损失，占当年 GDP 的 3.05%。这一年中国 GDP 只占全球的 4%，但占全球能源使用的份额却达到 12%。

这张新的“投入产出表”还显示，中国今后将努力增加城乡居民收入特别是中低收入者的收入，大幅增加用于加快构建社会保障体系、建立覆盖城乡居民的基本卫生保健制度的财政支出。在拉动中国经济增长的“三驾马车”(投资、消费、出口)中，消费由于一直相对乏力而被人喻为两匹壮马中间夹着的一头瘦驴。

温家宝在报告中还称教育是“国家发展的基石”，强调将教育置于优先发展的战略地位，今年仅农村义务教育经费就将比去年增加 395 亿元。中国亦将增加建设“创新型国家”的投入。去年中国的研究和试验经费支出比上年增长 20%，占 GDP 的 1.41%，创下历史新高。

中国实施新的“投入产出表”对未来经济发展具有深远影响……

02 概念溯源

“经济剩余”这个概念的首创者，是现代美国最负盛名的激进政治经济学家保罗・巴兰（Paul A. Baran，1910—1964），这个概念最早见于他1953年发表的论文“经济进步和经济剩余”。经济剩余概念构成了巴兰的名著《增长的政治经济学》（1957）以及他与另一位同样著名的激进政治经济学家保罗・斯威齐（Paul M. Sweezy，1910—2004）合著的《垄断资本》（1966）的理论核心和基础。[①]

巴兰的《增长的政治经济学》以及他与斯威齐合著的《垄断资本》是公认的西方马克思主义基本理论著作，它们运用经济剩余理论着重分析了垄断资本主义发展条件下经济剩余的产生和吸收问题。他们指出在垄断资本主义发展的整个时期，经济剩余的绝对量和相对比重都在增长（由于大公司降低成本和垄断高价以及巨额的广告等推销支出），然而它却没有足够的消费和投资来吸收这些不断增长的寻找出路的经济剩余，结果必然导致开工率出现下降趋势，各种资源不能充分利用，使经济出现停滞。在这种情况下，如果缺乏抵消停滞的力量（军国主义化和巨大浪费等），那么经济陷于停滞就不可避免。他们在揭露垄断资本主义必然陷入深重的政治经济矛盾的同时，又从理论上论证了在社会主义计划经济模式下，可以达到理想经济剩余的可能性和前景，这些论证反映了他们对计划经济体制优越性的信心。对他们的上述基本论点我们将在本书下篇第8章作出评论，这里我们关心的是巴兰提出的经济剩余这个概念。

巴兰事实上提出了两类经济剩余：一类是生产经营产出与生产经营投入的差额，另一类是从这种差额中再减去个人消费和其他非生产消费的余额。前者可称为生产剩余，后者可称为消费剩余，它在数量上要小于前者，但他对这两类差额并没有明确加以区分，而且在对它们的解释上还出现了若干交叉和混乱。

巴兰在《增长的政治经济学》（1957）中提出的是产出减去生产成本与

---

① 巴兰：“经济进步与经济剩余”（载《科学与社会》1953年秋季号）；巴兰：《增长的政治经济学》（1957），商务印书馆2000年版；巴兰和斯威齐：《垄断资本》（1966），商务印书馆1977年版。

消费的差额，即所谓消费剩余，这里的消费包括了“资产阶级消费以及政府的行政和军事开支等”，从而经济剩余的数量也就小于马克思所说的剩余价值。巴兰说：“它和马克思剩余价值概念相比明显地只包含总产值较小的部分。大家记得后者包括介于总产值和实际劳动收入之间的全部差额。上面所称的‘实际经济剩余’仅是指积累起来的剩余价值部分，换言之，不包括资产阶级的消费、政府的行政和军事支出等。”①

可是，巴兰和斯威齐在后来的《垄断资本》(1966)中提出的经济剩余却是指产出和成本的差额，即所谓生产剩余，这里的成本仅指生产过程中所消耗的成本，不包括各种正当的和不正当的消费。“经济剩余的最简短的定义，就是一个社会所生产的产品与生产它的成本之间的差额。剩余的大小是生产能力和财富的指标，是一个社会享有多大自由来完成它给自己树立的任何目标的指标。”②然而，他们在对这种剩余的进一步解释中又将消费加了进来：“剩余的组成部分表明，一个社会是怎样利用那种自由的：它在扩大它的生产能量上投资多少，它以各种形式消费多少，它浪费多少，它是怎样浪费的。”但是，我们知道，“消费和浪费”不能等同于生产“成本”。

也许有人会说，应该将他们所谓“消费和浪费”理解为广义成本的一部分，从而表明这里的经济剩余仍然是指产出和成本差额，但是，事实上他们对这一概念的运用却并未超出产出和实际投入的生产成本之间差额的含义，例如，原先作为“当前消费”一部分的资产阶级消费和资本主义国家的军费开支等项目，现在不再作为成本被减去，而是作为减去实际成本的经济剩余的一部分了。这一点也体现在约瑟夫·D.费利普斯受两位作者委托所作并被认可的计算中，根据他的计算，经济剩余的主要成分包括：财产收入，分配中的浪费，贸易公司以外的公司广告，金融、保险和法律服务等行业中雇员补偿费的剩余，以及政府吸收的剩余(开支)。顺便指出，费利普斯的计算有明显的缺陷：“它对广告业的利润的重复计算，并把不同类的数据(产生剩余的收入和消耗剩余的收入)加在一起作为剩余的估计。”③

巴兰在进一步的分析中，又将产出和全部消费差额意义上的经济剩

① 保罗·巴兰：《增长的政治经济学》，商务印书馆2000年版，第107页注①。
② 巴兰和斯威齐：《垄断资本》，商务印书馆1977年版，第14—15页。
③ 同上书，第71页。

余划分为三种:实际的经济剩余、潜在的经济剩余和计划的经济剩余。“实际经济剩余,就是社会当前实际劳动产品与社会当前实际消费之经济剩余的差额。从而与当前节余和积累同义。具体体现在该时期社会财富所增加的各种资产:生产性工具设备、库存、对外结余和黄金存量……潜在的经济剩余,指的是在一定自然条件和技术条件下,利用可获得的生产资源所可能生产出来的产品和被认为是必需消费品之间的差额……它主要表现在四个方面。第一是社会的过度消费……第二是社会中由于非生产性工人的存在而损失的产品,第三是由于现存的生产机制结构不合理,不节约而失去的产品,第四是主要由于资本主义生产的无政府状态以及有效需求不足而导致工人失业所未能体现的产品。”①

巴兰又指出:“如果说潜在的经济剩余对于理解资本主义制度的不合理性有着重要的科学意义……计划经济剩余就只能是社会主义制度下的综合经济计划体制的范畴。它是指介于在一定时期和自然和技术条件下,有计划地‘最佳’利用一切可以获得的生产资源所可能得到的社会最终产值为一方和所选定的‘最佳’消费值为另一方之间的差额。这里‘最佳’的含义与资产阶级经济学家所赋予该词的意义有根本性的不同。它们并不反映为个别企业利润所考虑并为资本主义社会收入分布、爱好和社会势力所决定的那种生产消费结构;它们体现着一种为理性和科学所主导的社会主义的精密决策……”②

尽管巴兰的解释存在若干混乱和缺陷,但是他所提出的“经济剩余”概念是对客观存在的一种经济事实和经济现象的科学概括,具有重大的经济意义和科学价值。笔者将借用“经济剩余”一词,并在本书中将其含义限定于生产的剩余,即生产和经营的投入与产出之差额。研究消费剩余也具有十分重要的意义,如有可能我们将把消费剩余作为另外一个专题加以研究。

---

① 巴兰和斯威齐:《垄断资本》,第 107—109 页。

② 同上书,第 127 页。

03　经济剩余的源泉是多元的

经济剩余(ES)等于经济产出(O)与投入(I)的差额($ES=O-I$),经济剩余率(ES')等于产出与投入之比(O/I),它与产出成正比,与投入成反比($ES'=O/I$)。经济剩余的源泉包含着相互联系的几个方面。

首先,所谓经济剩余的源泉,顾名思义,是指构成经济剩余的财富是从哪里来的。这其实就是指财富及其价值的源泉,因为经济剩余整个财富或其价值的一部分,是从整个财富或其价值中减去成本或投入的余额。至于经济剩余的数量,则取决于产出与投入两者的对比关系。国民财富论告诉我们,财富来自生产和经营活动中多元要素的协作,这些要素不仅包括生产者和经营者的劳动(脑力和体力劳动),而且包括参与创造财富及其剩余的其他各种要素:土地等自然资源、资本、科学技术和经营管理等;换句话说,经济剩余是多层次的多元要素共同协作的结果。从来没有过仅靠人的劳动就能赤手空拳地创造财富的情形,即使原始社会最初财富的来源也不例外。曾经有过以劳动和土地相结合为主体要素的时代,但在西方资本主义国家,它早在18世纪中叶即开始被土地、劳动和资本相结合的生产方式替代,到了19世纪晚期,又有企业经营作为一种独立要素,加入到财富及其剩余创造者的行列,至20世纪中叶,科学技术跃居创造财富及其剩余诸要素的首位。需要强调的一点是,不仅这些因素的地位在变化,而且在人类社会长期历史发展中,会不断有新的因素和条件添加进来,绝无某种因素永远是唯一主宰的情形。人类至上主义和自然至上主义都不合乎历史和现实的规律和要求,人类与自然的和谐,以及它们同其他各种因素和条件的和谐,才是经济发展的必然要求和归宿。

其次,值得注意的是,马克思一直认为财富(或称商品的使用价值)的源泉不仅有劳动,而且还有生产资料,这最明确地表现在他对《哥达纲领》关于"劳动是一切财富和一切文化的源泉"这个错误论点的严厉批判上。他明确指出,劳动和生产资料相结合才是一切财富的源泉。我认为这个观点同样适用于说明财富及其剩余的价值源泉。这是因为,对经济剩余的实物形式和价值(货币)形式的源泉应当作统一的理解。道理很简单,实物形式和价值形式不过是经济剩余的不同形式,所表现的是同一个对象，有如一枚硬币的两面，它们的源泉没有不统一之理。[①] 认为商品（从而经济剩余）实物形式的源泉与其价值形式的源泉迥然不同，断言商品或经济剩余的实物形式的源泉是多元的，而其价值形式的源泉是一元的，这有悖于常理。不管这个所谓一元因素是指劳动，还是指土地或资本，甚至某种主观心理评价等，都不合乎事实。然而，财富及其剩余的价值形式的源泉与其实物形式的源泉毕竟还是有区别的，这种区别就在于，经济剩余的价值（价格）形式的源泉比实物形式的源泉更为复杂，因为它最终还要决定于市场供给和需求的关系，也就是说，除了决定剩余的实物形式的上述各种生产经营等供给方面的要素以外，还有市场需求的要素，没有这些要素便不足以构成商品的价值（价格）关系，经济剩余的价值形式也就无从表达。[②] 这些观点显然是商品价值源泉观点的延伸和发展。[③]

最后，这样认识经济剩余的性质和源泉，最易被某些人指责为否认剥削，但这种指责是不能成立的。经济剩余既然为众多要素共同创造，各种要素当然也就有权利得到与其贡献相适应的份额（当然这应是在作了各项必要的扣除之后，而不是分光吃净）。这叫做按生产要素贡献分配，在初次分配阶段不这样做是不行的，这是对包括劳动、土地等自然资源、资本、科学技术和经营管理等各种要素的生产贡献与合法权利的尊重和保护，是发展社会生产力的需要；但如果仅限于此也不行：各种复杂的主客观原因会造成按要素贡献分配条件下收入分配差距过大等现象，因而在收入再次分配阶段需要对它进行必要的宏观调控，通过适当的税收和补贴等各种手段缩小贫富差距，扶助弱势群体，求得社会和谐稳定发展；但不能把按要素贡献分配与剥削混同，前者是合法权利，后者是非法行为。不能说收入有差距就是剥削，关键在于收入的来源是否正当。应当说，来自运用科学技术和进行经营管理的收入，同来自土地和资本等资源的收入，以及来自劳动的收入同样合理合法，在它们之间存在一定的差距不仅难以避免，而且也在情理之中，历史早已证明不能再去追求有百害而无一利的平均主义“大锅饭”了。

剥削的本质在于凭借对某种资源的掌握而无偿占有社会财富或别人

---

① 参看晏智杰：“应当承认价值源泉和财富源泉的一致性”，原载《北京大学学报》2003(2)，后收入《经济价值论再研究》，北京大学出版社 2005 年版，第 14—17 页。

② 参看晏智杰：《劳动价值学说新探》，北京大学出版社 2001 年版，第 427—453 页。

③ 参看晏智杰：《劳动价值学说新探》、《灯火集》和《经济价值论再研究》，北京大学出版社 2001—2005 年版。

的合法收入。这里的关键在于通过“掌握某种资源”的手段达到“无偿占有”之目的。众所周知，占有私人生产资料，非法经营、侵吞公众财富或侵吞他人的合法收入，无疑是剥削行径；然而，如果不占有私人生产资料，而是将本应服务公众的政治和经济等权力，转化为谋私利的手段，肆无忌惮地侵占国家资财和他人的合法收入，难道不也是剥削行为吗？如果说这种行为与通常理解的上述剥削行为有什么区别的话，那就在于后者更隐蔽、更带有强制性而已，因为它通常总是披着一层冠冕堂皇的执法或管理的合法外衣，并与某种权力结合在一起。应当看到，后面这种剥削行径是当前我国社会尤其引人瞩目和极需加以整治的剥削行为。在我国改革开放新时代出现的众多民营企业家，占有生产资料，但是，只要他们进行合法经营，对国家作出应有贡献，对企业劳动者和其他员工支付符合各自贡献的报酬，就不应仍按传统观念视其为剥削者。这再次说明对传统的劳动价值论和剩余价值论的重新认识，绝不是要一概地否认剥削，而是要依据不断发展的现实对其内涵和条件重新作出界定。这样看来，正确认识经济剩余的源泉并进而界定参与财富和价值创造的各种要素的生产或服务贡献，是评定和衡量剥削与否的关键一环。

以上分析和观点同样适用于认识传统 GDP、绿色 GDP 以及国民幸福指数的源泉，如前所述，这些概念和指标都是经济剩余的近似值，它们与经济剩余只有数量的差别，没有实质的不同。

经济剩余源泉多元化观念，与片面强调劳动价值一元论的传统观念有原则区别，甚至是互不相容的。因为在财富及其价值（剩余）源泉问题上，前者强调尊重各种要素价值创造的作用和地位，具有极大的包容性，而劳动价值论则只认可劳动价值创造的作用和地位，具有强烈的排他性。相去并不遥远的“文革”实践已经表明，这种排他性的理论为政治上的极左路线提供了理论基础，成为所谓“无产阶级专政下继续革命”的一块基石，也成为排斥知识和知识分子的理论依据。反映劳苦大众心声的“劳工神圣”这个口号，在民主革命过程中曾经起过积极的动员和号召作用，那是时代的需要，也大体符合时代的条件，但如果在今天的条件下（像有人所做的那样）不加分析地重喊这个口号，不免给人恍如隔世之感！

劳动价值论的排他性还表现在不尊重自然资源和其他生产要素价值创造的作用和地位上。在劳动价值论的视野之内，土地、矿产、河流等自然资源，以及机器、设备等生产工具，都不过是劳动的对象和手段，是劳动创造财富和价值的条件，它们都是被动的要素，只有劳动才是主动的创造性动力。这种独尊劳动的观念看似崇高，其实是人类自大主义的一种表现。人类自大主义的恶果之一，就是对自然资源的肆无忌惮的掠夺和无休无止的浪费，从而对生态环境造成巨大破坏，并最终危害人类生存和持续发展。人类自大主义无视这样一个基本事实：人类尽管是自然界中最高级和最有活力的部分，但它来自大自然，仍然而且永远是自然界的一部分，离开了自然界这个母体，人类一天也活不下去，因此，尊重大自然就是尊重人类本身，要"以人为本"，也要"以大自然为本"，两者是统一的和相辅相成的。[①]

此外，还应指出，从外部条件来说，影响和决定经济剩余的因素，当然是各社会的生产力发展水平、经济发展的方式及其收入分配方式等。正如经济剩余概念的提出者巴兰所说："一个国家在一定时期经济发展的速率和方向，依赖于经济剩余的规模和利用的方式。而这些又取决于(而它们本身也决定着)生产力发展的程度，与之相应的社会经济关系的结构以及那些关系所限定的经济剩余的分配制度。"[②]对于这些问题，我们将在下面作出适当的分析。

附录：创新与经济剩余

这里推介一篇论文："专利与 R&D 资源：中国创新的投入产出分析"[③]，它强调了创新的重要性，给出了衡量和测定创新经济效益或经济剩余的方法，并提出了很有针对性的建议，特摘其相关要点如下：

创新在当今世界性竞争中起着越来越关键的作用，是一个国家竞争力的主要源泉。作为追赶世界先进水平的发展中国家，中国的创新资源——无论是用于创新投入的资金还是受过相当教育的研发人员，均十分稀缺……

目前国外关于创新投入产出的数量研究较多，这为我们研究中国的创新投入产出问题提供了指导。创新产出数量指标有一个发展过程，20 世纪 50 年代至 60 年代，经济学家们通过 R&D 这种创新投入来近似表

---

① 参看晏智杰：《经济价值论再研究》，北京大学出版社 2005 年版，第 52—63 页。

② 巴兰：《增长的政治经济学》，商务印书馆 2000 年版，第 130 页。

③ 参看古利平、张宗益、康继军：《管理工程学报》，2006，20(1)。

示创新产出，但自20世纪70年代以来专利作为衡量创新产出水平的指标得到了广泛应用。尽管存在一些问题，但由于数据容易获取、与创新关系密切，而且多年来专利标准客观、变化缓慢，所以专利仍是衡量创新活动的相当可靠的指标。遗憾的是，尽管利用专利分析创新的论著非常丰富，绝大多数研究却是针对发达国家的，对发展中国家的研究甚少……

本研究始于一个不寻常现象，就是中国的专利与科学家和工程师比率、专利与实际R&D费用比率随年份推移而呈现的变化趋势与发达国家有很大的不同。我国的专利与科学家和工程师之比在1985－2002年间总体呈增长态势，专利与实际R&D费用的比率变化比较平稳，而美国自20世纪60年代以来，专利与实际R&D费用的比例及专利与科学家和工程师数量的比率一直稳定下降，其他国家如英国、德国、法国也是如此。中国的趋势为什么如此不同？在中国，创新的投入与产出之间到底是什么关系，和美国是否有本质区别？

本研究将在后面对此进行详细分析。

本研究采用了国际通行的指标——专利与创新投入资金和研发人员，对中国创新的投入产出进行数量分析。（这在）国内尚无先例，本研究拟填补这方面的空白。

创新投入产出分析中，选用专利申请数据体现产出水平，创新投入包括资金投入和人才投入。

中国的创新资金投入产出弹性为0.465，说明我国科技资金投入每增加1%，专利就增加0.465%，这个结果和美国是类似的，美国专利对R&D的弹性在0.3%—0.6%之间。

我国科学家和工程师对专利这一创新产出的弹性高达1.201，这意味着研发人员增加1%，专利产出增加1.021%。国外投入的产出弹性一般不会高于1，这一异常的现象需要我们进一步分析。分析原因有以下几个方面：

(1)研究人员质量的提高和信息渠道的增加提高了科研人员的技术生产效率；

(2)科研人员人均科研经费的提高；

(3)科研人员人均技术机会和技术需求不断增长；

(4)科研人员的专利意识在不断提高。

本研究通过实证分析论证了中国R&D资源对专利产出具有正的、显著的影响，说明增加科研投入确实可以极大地提高我国的创新能力。

现阶段，由于创新投入产出的弹性很高，尤其是科研人员投入对创新的产出弹性高达1.201，所以培养科研人员对我国创新能力的提高具有特别重要的意义。

研究发现，政府的引导性创新投入非常重要，无论发达国家还是发展中国家均是如此。政府在国家科技资源的分配中起重大作用，决定技术进步的速度和方向，而且公共政策在形成国家创新能力中起着重要作用，不仅仅是政府本身研究投入的增加，而且对人力资本的投资、创新激励、产业环境、政府与企业间的关系均有重要影响。有些国家政府创新的投入比例很高：美国达43.3%(1992)，巴西甚至达到81.9%(1994)。

由于创新所要求的投入尤其是人力投入较高，必须要有相应高素质的研发人员，风险也很高，因此，发展中国家的企业从技术层面上来说，更关注模仿，尤其在知识产权保护力度不足的情况下，模仿显然比自己创新更为合算。因此，我国大多数企业的技术以模仿为主，企业创新投入不足，自主创新的比率较低。

鉴于创新对经济发展的关键作用，在企业创新投入不足的情况下，发展中国家的政府在创新投入中起到的作用更加重要。近年来我国企业在科技资金投入上所占的比例越来越高，然而在中国的创新系统中，国家应该是主要力量。实际上中国政府的创新投入在创新中取得了很高的回报，通过对国家财政的科技投入作回归，发现其产出弹性很高，在1%的显著性水平下高达0.494，但作为发展中国家，我国政府的科技投资却只占科技活动经费筹集额的26%左右，多年来无大的变化，建议我国政府加大科研资金投入，培养更多的科研人才。

04 经济剩余与剩余价值

从概念上说，经济剩余的数量与剩余价值大致相等。因为生产经营活动的各项投入大体相当于剩余价值论所说的不变资本和可变资本，因而产出与投入的差额（经济剩余）大体等于产品总值与两种资本的差额（剩余价值）。然而，它们具有完全不同的性质和特点，弄清楚这一点是很重要的。

第一，在马克思经济学中，剩余价值是资本主义特有的范畴，而不为各社会发展阶段所共有，它所表现的是资本主义社会的阶级对立关系；经济剩余则是任何一种社会制度和发展阶段都存在的客观范畴，它表现的是社会生产的成果与所付出的代价之间的对比关系，这种关系贯穿于经济活动的各个领域和各个层面，涵盖经济发展所涉及的各种经济关系和矛盾，诸如人和自然、社会各阶级或阶层、城乡、地区、产业、国内和国外，等等。

第二，就内涵来说，剩余价值是指“生产资料所有者不付等价物就占有的价值额的**一般形式**”[①]，是雇佣工人在生产过程中所创造的、超过其劳动力价值的价值，或者说是商品总产值减去生产资料价值和劳动收入之后的余额，它“等于一个工人一个工作日所提供的剩余价值乘以所使用的工人人数”[②]。它是对资本主义生产方式下各种非劳动收入的概括，而企业经营利润、土地地租和资本利息等则表现为它的“转化形式”。经济剩余则是指生产的产出与投入之间的差额，或者说是产值与成本的差额。这里的成本是指全部生产支出，包括劳动（力）、土地等自然资源、资本、科学技术和经营管理等，这种差额的表现形式在不同时代会有所不同，先后出现了借贷利息、土地地租、资本利润和劳动报酬等，但它们说不上是经济剩余这个概念的转化形式，相反，离开了这些具体形式就没有经济剩余这个一般概念。

第三，以劳动价值论为基础的剩余价值论，将剩余价值源泉唯一地归

---

① 《马克思恩格斯全集》，第45卷，人民出版社2003年版，第15页。

② 同上书，第44卷，人民出版社2001年版，第352页。

结为剩余劳动，而且是抽象劳动，认为各种非劳动要素都不是价值源泉，只是劳动创造价值的条件和手段，因而剩余价值只同工资或可变资本相对应。而经济剩余作为商品价值的一部分，其创造源泉同商品一般价值的源泉一样，决定于多元要素的市场供求关系的均衡，也就是说，决定经济剩余的领域不仅涉及生产，还涉及流通和交换；就生产领域来说，经济剩余的源泉是多元的，除了劳动以外，还有土地、资本、经营管理和科学技术等，所以与经济剩余相对应的是总资本或总支出，而不仅仅是工资或可变资本。可见，剩余价值是一个特殊的理论假设，而经济剩余则是普遍存在的客观事实。

第四，马克思并不否认一般剩余产品的存在，他甚至还指出这种剩余是社会发展的一般基础，但他认为研究这种一般剩余不足以揭示资本主义社会所特有的剩余的性质和特点，他认为只有基于劳动是商品价值唯一源泉的剩余价值论才能揭示资本主义生产方式的秘密，并以它为基础论证资本主义生产方式必然灭亡的规律，因而可以推想，剩余价值在马克思看来应该是一般经济剩余在资本主义条件下的具体化和转化形式。我们承认经济剩余会因时代变迁和国情差异而不同，这表现为经济剩余的生产和分配方式的变化，表现为经济剩余水平的差异，然而在经济剩余构成社会发展一般客观基础这个基本点上，在经济剩余的源泉这个根本点上，无论哪个时代和国家都应当是一致的，这就说明研究这个一般的经济剩余本身不仅是十分必要的，而且是有充分科学依据的。

值得指出的是，对于一般意义的经济剩余，马克思是认同的，他曾说："重农学派的正确之点在于，剩余价值的全部生产，从而资本的全部发展，按自然基础来说，实际上都是建立在农业劳动生产率的基础上的……超过劳动者个人需要的农业劳动生产率，是全部社会的基础，并且首先是资本主义生产的基础。"①他还说过，如果没有超过个人需要的剩余产品，一个国家或民族连两个星期都难以维持，更不用说长期生存下去了。不过，在马克思看来，对于资本主义生产方式来说，最本质的范畴不是这种一般意义的剩余产品，而是基于劳动价值论的剩余产品或剩余价值，因而他将研究的焦点集中在这种剩余价值上。然而，在当今世界发展的大背景下，通过对劳动价值论和剩余价值论的反思，我们发现这些学说存在着明显

① 《马克思恩格斯全集》，第46卷，人民出版社2003年版，第888页。

的历史局限和理论缺陷，还发现这些理论的局限和缺陷同20世纪世界范围内社会主义运动的挫折和失误有着不可分割的内在联系。因此，笔者认为现在是将研究方向从所谓劳动价值论和剩余价值论转向多元价值论和一般经济剩余的时候了。这种转移，在一定意义上是对马克思关于一般剩余产品论点的回归和发扬。[①]

① 对剩余价值理论的详细反思和评价，请参看本书下篇第6章:《马克思的剩余价值理论》。

05　解读“价值总量之谜”*

事实与真相

“价值总量之谜”是我国著名经济学家谷书堂教授提出的一个命题，这个命题是：“价值的存在本来是为了表现使用价值交换时的量的比例，是作为社会财富量的代表，而在劳动生产率迅速提高的情况下它却日益‘缩水’，形成了与使用价值量变化比例的巨大落差，究竟应如何解释这种现象，这是我多年来长期求解不得的一个谜团。”①

谷教授提出这个谜团是基于这样一个基本事实：一个国家一定时期的就业量（劳动量，从而价值量——按照劳动价值论）与同时期的国内生产总值（GDP）可能并不一致，甚至反差很大。他以美国经济学家麦迪逊对美国的统计数据为例，从1820年到1994年，美国的人口、就业和GDP的变动如表1所示（表1中数据是按不变价格统计的，其中不同时期在计算标准折算时可能会有一些误差，但基本情况不会有太大的问题）②：

表1　1820—1994年美国的人口、就业和GDP数据

人口（千人）	就业（千人）	GDP（百万美元）
（1820年）　9656	3105	12432
（1850年）　23352	（1870年）　14411	42475
（1994年）　261558	（1992年）　64360	5903015
增长　27.09倍	增长　20.07倍	增长　474.8倍

表1说明，在170多年间，美国国内生产总值的增幅大约是其总劳动量增幅的24倍。“国内生产总值是按市场价格计算的国内生产总值的简称。它指一个国家（或地区）所有常住单位在一定时期内生产活动的最终

---

* 本文曾以“解读‘价值总量之谜’：与谷书堂教授切磋”为名发表于《江汉论坛》，2007年第7期，收入本书时作了少许文字修改。

① 谷书堂：“求解价值总量之谜”，《中国工商时报》，2001年11月5日。

② 《世界经济200年回顾》，改革出版社1997年中译本，转引自谷书堂：“求解价值总量之谜”，《中国工商时报》，2001年11月5日。

成果。"[1]总之,GDP大体可以反映一个国家或地区一个时期新增加的财富总量,所以上述统计数值可以表示美国财富的增长幅度大大超过劳动量增长幅度。应该说,这个对比对发达国家具有一定的普遍性,尽管这种对比在其他国家可能不如美国那样悬殊。

解读这个事实难道有什么困难吗?

按常理不该有。事实明摆着,一个国家的财富(这里就是指GDP及其各种形态)究竟能增长多少,不会仅仅取决于劳动量(这里指就业量),还要取决于其他各种要素,其中最为重要和明显的是土地等各种自然条件、资本运用、科学技术水平和经营管理状况,等等。美国在这170多年间,就业量仅增长了20.07倍,而财富却增长了474.8倍,其原因显然不能仅用劳动量的增长来说明,虽然劳动量的增长是一个重要因素和条件,但它绝不是唯一的条件和要素,肯定还有其他要素和条件。至于这些要素和条件是什么、它们在财富增长中的地位和作用有多大,则是需要进一步探讨的问题,可以肯定的是,GDP的增长是全部要素和条件共同作用的结果。

这样的回答包含着几个要点。第一,财富是用来满足人的需要的货物或服务,它所表现的是货物或服务与人的需要的关系,货物或服务是否构成财富、财富数量的多少,皆以它能否以及在多大程度上满足人的需要为转移,也就是说,财富的"本质规定性"是指主体与客体的"关系",而不会是某种"实体",离开这种关系谈论社会财富是没有意义的。第二,财富有两种基本存在和表现形式:实物形式和价值即价格形式,两者所表现的是同一个对象。拿GDP来说,它通常表示为一定量的价值(价格),例如说某国某年的GDP是若干美元或人民币,而这个价格所代表的其实就是构成GDP的一定量实物或服务产品,如若干实物单位的农业、工业、建筑、交通运输和金融服务等产品。第三,既然价值形式和实物形式不过是财富的不同形式,那么这两种形式的创造源泉便无不一致之理。这种创造源泉经历了一个漫长的历史发展和演变过程,时至今日,人们已经公认的创造源泉应该包括土地等自然资源、人类劳动、资本运用、科学技术和经营管理等。体现上述各点的经济学基本理论就是多元要素财富(实物和价值)论,说得更准确些,是多元要素供求均衡财富(实物和价值)论。基于这种理解,人们不会对美国的劳动量与GDP量之间出现的巨大反差

① 许宪春:《中国国内生产总值核算》,北京大学出版社2000年版,第11页。

感到意外，尽管反差如此之大仍不免令人啧啧称奇。

“价值总量之谜”其实是对劳动价值论的挑战

从劳动价值论出发能否解读上述事实呢？这取决于从什么角度看待GDP了：是将GDP理解为使用价值即财富呢，还是理解为交换价值或价值？如果理解为使用价值或财富，那么上述事实所表现的就是劳动量与使用价值量或财富量的反差，而且可以断定美国在170多年间财富增长了474.8倍，而就业量只增长了20.07倍，这是不可避免的，没有“谜团”存在的余地；如果从交换价值或价值的角度来看GDP，那么上述事实便必然成为不可理解之迷。

要知道，依照劳动价值论，劳动量本来就不可能同财富量同步增长，马克思早就指出过劳动不是一切财富的唯一源泉，除了劳动还应该有生产资料。或者说得更专业一点，第一，商品的使用价值和交换价值（价值）本来就不是同一个商品体的不同存在和表现形式，而是其两个不同性质的属性，一个是物理的、化学的、机械的等自然属性，另一个是表现人与人关系的社会属性。第二，商品使用价值除了作为价值的物质承担者以外，与商品价值的内涵及其源泉没有丝毫关系（在价值中没有任何一个使用价值原子），而价值除了说明商品交换数量的基础，并进一步说明剩余价值来自剩余劳动以外，也不具有其他功能，尤其不能作为社会财富（使用价值）的代表，作为财富代表的只是使用价值量。第三，既然使用价值和价值的性质不同，它们的创造源泉也截然不同，创造使用价值（从而财富的实物形式）的不能仅是劳动，生产资料也不可或缺，而财富的价值形式的源泉则只能是商品生产者的劳动，而且只是这种劳动的抽象的方面，即生物学意义上的脑力和体力的支出，是抽象劳动的凝结，生产资料只是劳动创造价值的必要条件而不是价值的源泉。

这就是说，基于商品二重性和劳动二重性以及相关推理的劳动价值论，只能从使用价值论或财富论的角度去理解上述劳动量与GDP的反差，不可能从价值或价格的角度理解这个事实，而劳动价值论也从根本上取消了以价值作为社会财富的代表的使命，所以，在劳动价值论的逻辑和框架之内是不会发生价值总量的难解之谜的。

然而，GDP不仅是一个实物或服务形式的存在，还是一个价值或价格形式的存在，而且两者是一致的，也就是说，现实生活不仅要求从实物的角度来解释GDP，而且要求从价值或价格角度说明它，说明美国170多年间为什么在劳动就业量(按照劳动价值论就是价值量)只增长20.07倍的同时，作为价值或价格的GDP却增长了474.8倍？这对劳动价值论来说显然是一个难解之迷。

谷教授提出的“价值总量之谜”其实就是基于经济生活实践向传统劳动价值论提出的一种挑战。劳动价值论只将价值作为交换的基础和量的比例，并拒绝将其作为社会财富的代表。“价值总量之谜”所触及的正是劳动价值论与财富论相脱节这一事实，这种脱节是劳动价值论的根本缺陷之一，对此我在别处已经作过详细论证。[①] 换句话说，“价值总量之谜”是基于经济生活实践去验证传统劳动价值论所发现的一个矛盾，或者说，是想依据劳动价值论去解释现实生活时所碰到的一个难题，这同那种不理睬现实生活的需要与呼声，只满足在传统劳动价值论框架内打转转的思路和做法是迥然不同的，甚至可以说提出这个谜团本身就是一种认识上的突破和贡献。尽管当事人不一定能意识到这一点，甚至在这样提出问题时还包含着对劳动价值论的某种误解(如上所述，将价值不仅作为交换价值量的比例，而且作为社会财富的代表，本不是劳动价值论的逻辑要求，而是现实生活的要求)，但是，瑕不掩瑜，这不会减弱发现和提出这个谜团的科学意义。[②]

既然问题的提出越出了传统的劳动价值论框架，那么也就不能指望在传统理论框架内来解决它，事实上，谷教授所提出的“新劳动价值论一元论”就包含着对传统理论的突破。他指出：(1)劳动生产要素和非劳动生产要素在价值决定过程中都起作用，都创造价值。“说社会必要劳动创造价值与说劳动自身的生产力与劳动的资本生产力以及劳动的土地生产力共同创造价值，都是符合劳动价值论的。”(2)“物质生产领域和非物质生产领域的劳动都创造社会财富，都形成价值。”(3)由于劳动、资本、土地

① 参看晏智杰:《劳动价值学说新探》，北京大学出版社2001年版。

② 在老一辈经济学家中，谷书堂教授向来以追求实事求是、坚持改革开放和解放思想而闻名。早在改革开放初期，他便在重新思考传统劳动价值论的基础上，提出了富有创意的“新劳动价值论一元论”，这在当时是很了不起的，对于推动经济学基本理论创新起了很大作用，事实上那是新时期经济学基本理论反思和创新的一项重要的标志性成果之一。尽管今天看来对之不能不有所保留，有些观点值得商榷，但这丝毫不影响谷教授见解的历史地位和现实影响力，更不会减弱我对谷教授的敬重。

等生产要素在价值形成中都发挥着各自的作用，所以，工资、利息、地租不过是根据劳动、资本、土地等生产要素所作的贡献而给予这些要素所有者的报酬，这就是“按贡献分配”。[①] 他还认为，传统劳动价值论已不能解释现实生活中的价值决定，需要在劳动价值论一元论的基础上扩大劳动的外延，同时加入资本、土地等非劳动生产要素以及技术变动下的利益关系，以便对价值决定作出合乎现实的说明，认为“只有从逻辑上否定旧的理论才能肯定和发展新的理论。”[②]

除了对“劳动的资本生产力”和“劳动的土地生产力”的提法有所保留以外，对谷教授的上述论点我是赞同的，是比较合乎实际的，而且在实质上与我所提出的多元要素的供求均衡价值论一致。所以，用谷教授的上述观点来解释他自己提出的上述谜团，同我在本节开头对这个谜团的解读应该不会有什么两样。简单来说，GDP 之所以大大高过同期的劳动量，盖因 GDP 不仅决定于劳动量，而且还决定于其他各种要素或条件。换句话说，依照传统劳动价值论一元论无法解开的这个谜团，依照多元要素价值论便可迎刃而解。

对谷教授三种“设想”的思考

然而，谷教授在“求解价值总量之谜”中提出的解答却与上述分析有所不同，他在这里提出了三种“设想”来弥补传统劳动价值论与社会财富之间的巨大反差。虽说这些都是设想，不一定成为定论，并且谷教授已有上述“新劳动价值论一元论”在先，但这些设想毕竟是针对他自己提出的“价值总量之谜”而作出的解答，所以不能不让人视其为作者确定的观点而予以重视，加之这里的观点同上述“新劳动价值论一元论”又有所不同，更增添了人们研读及作出某种判断的兴趣。在我看来，谷教授的这些设想只是在劳动价值论的框架内，对价值源泉作出的某种修正和补充，并没有将其他各种非劳动要素和条件考虑在内，因而即使将这些设想所扩大或增加的价值都计算在内，也未见得能够缩小这个巨大的差距。

---

① 谷书堂：《社会主义经济学通论》，转引自吴易风：“‘价值理论’新见解‘辨析’”，《当代经济研究》，1995 年第 4 期。

② 同上。

谷教授的设想之一是重新划分马克思所说的生产性劳动的范围。传统劳动价值论只认同物质生产部门的劳动是创造价值的生产性劳动，谷教授认为应当将这个范围扩大到包括精神生产部门的劳动，还有各种直接为生产服务的包括中介性服务在内的劳动。他说，这部分劳动看起来尽管并不独立地生产产品，但它是生产劳动不可或缺的一部分。从历史上看，它原本与生产是结合为一体的，后来由于社会分工的发展它才脱离了生产而成为独立的部分。但他排除了有人主张的将满足社会公益事业和公共管理所需要的劳务（其中包括党务部门、军警政法部门以及基础科研和社会义务教育等事业部门）也包括在内的观点，他认为最后这一类劳务，尽管非常重要，并直接表现为社会性的劳动（即无须采取商品交换形式表现自身劳动的社会性），但它不属于马克思所说的生产性劳动，因此也不创造价值。他说，按照这个标准划分，既符合马克思主义经济分析的基本精神，又比传统的解释拓宽了生产劳动的范围，却又不至于“宽大无边”。在我看来，谷教授的这个分析是不彻底的，他没有把第三产业的所有部门都纳入价值创造者的行列。

谷教授的设想之二是扩大理解劳动的不同层次。他说：“这里说的层次是指劳动的复杂程度，其中也包括体脑差别的程度。马克思在《资本论》中的着眼点集中于对体力劳动（工人阶级）的分析，对工人内部不同层次的劳动仅提出了简单劳动与复杂劳动的区别，并提出复杂劳动可以视为倍加的简单劳动。而对于更高层次的劳动则论述不多，这在当时是可以理解的。但现今社会较之当年已发生了巨大的变化，智力劳动对于生产过程的作用已大到远非当年所能想象。而智力劳动的特点之一，又是很难用简单层次和复杂层次来划分的。它们在创造财富和价值过程中作用的差距可以说是很难衡量的。例如，某位智力劳动者发挥的作用可能很平常，而另一位智力劳动者在生产中的作用却可能超乎寻常。所以，不能简单地以衡量普通劳动者的劳动差异标准来界定它。这里说的既包括在生产过程中发挥作用的科技人员，也包括在生产过程中发挥作用的经营管理人员，还包括在生产过程之外（如在生产开始之前的策划、设计）的技术人员，他们都是实现这个生产过程所不可缺少的，因而也都创造价值。”谷教授的这些分析无疑是符合实际的，但仍不足以解释财富总量与劳动价值论所说的价值总量的脱节，这里没有将劳动以外的其他要素的创价作用估计在内。另外，这里所说的应被纳入创价源泉的复杂劳动和脑力劳动，同上述设想中所说的应被排除在创价源泉之外的最后一类劳动，相互之间显然存在交叉和重复。

谷教授提出的设想之三是“生产劳动还要包括创造剩余价值这样一个内容”。他认为这是解决上述谜团的最重要的途径，即把解决“谜团”的焦点或“核心”放在科技工作者在创造剩余价值（即剩余产品价值）的剩余劳动部分。他认为：“在生产过程之外开发研究新技术、新产品、新工艺的科技工作者，虽然置身于生产过程之外，但他们的工作实际上也是生产过程的一个组成部分，只是要通过出卖专利后，他们在财富和价值创造中的作用才能都发挥出来，而这一部分劳动应该折合成若干倍的简单劳动。这样一来，财富的增加和价值的增加便会一致起来。”也就是说，应该肯定科技工作者在财富和价值创造中的巨大作用，对此人们不会有什么异议，但是，他在这里所强调的是不仅要将科技工作者的必要劳动（表现为专利报酬）计算在内，而且应将他们的剩余劳动（剩余价值）也计算在内，这就有些令人费解了。事实上，如果各种要素均按其生产贡献得到了报酬（按贡献分配），便不再有剩余的产品及其价值存在的余地，从理论上说，全部产品及其价值都被分配干净了（此即所谓“尤勒定理”）。所谓扣除，要么发生在要素之间不公平（即不按贡献）分配上，这个要素无偿占有了别的要素的贡献（收入），要么发生在为了社会需要所作的必要扣除上，以便用于社会积累和公共服务开支等，但这都不是对要素的所谓剩余价值的扣除。也就是说，在按要素贡献分配的假定条件下，每个要素都应该得到自己应得的全部报酬，这对科技工作者也不例外。如果说他们开发的新技术、新工艺发挥了巨大作用，而他们从中所得甚少，这明显是分配不公的一种表现，应该予以纠正。而且，诚如谷教授所说，如何考量科技工作者的报酬对我们来说还是一个需要探索的问题。然而，即便解决了这个问题，或者说充分估计和支付了科技工作者的贡献，例如大幅度提高了专利费等，能否“使财富的增加和价值的增加一致起来”，却还是有疑问的，因为这仍然只是在劳动价值论框架内对生产劳动这个概念的内涵和外延的某种扩充，而没有将其他非劳动要素的创价作用估计在内，就像“新劳动价值论一元论”所做的那样。

谷教授为了充分估计科技工作者的贡献，从而进一步破解“价值总量之谜”而提出了许多问题。例如，“可否说这一部分（由于运用新科技）新增的使用价值量内含的价值量有一部分是虚的，实际上并不存在。二者之间总量的差异显示出理论和现实之间存在的矛盾。”又如，通常说价值量与劳动量成正比，而与劳动生产率成反比这一基本公式中，所说的劳动量实际上指的是劳动工资所代表的那部分必要劳动量,而不是包括全部剩余劳动在内的劳动量。再如,他断定,劳动生产率与价值量成反比,只是在不计算科技工作者的剩余劳动量的情况下才是正确的。笔者认为,这是把一个原本简单的问题不必要地复杂化了,这些情况都是没有真正按照要素的实际生产贡献计算收入分配的结果,而分配是物质财富及其价值的生产的结果而不是其原因,因而这种分配不公对这里分析的问题来说并不是必要的条件。

06 经济剩余与生产者和消费者剩余

鉴于有人将巴兰的经济剩余概念与西方经济学中生产者和消费者剩余的概念相比对，而这种比对也难免被用到我们所说的经济剩余概念上，所以有必要对它们之间的异同加以比较和说明。

所谓消费者剩余，按照该概念首创者马歇尔在《经济学原理》(1890)中的表述，是指“他(消费者)宁愿付出而不愿得不到此物的价格，超过他实际付出的价格的部分，是这种剩余满足的经济衡量。这个部分可以称为消费者剩余”。[①]

用眼下流行的一本教科书《经济学原理》(N. 格里高里·曼昆著)中的说法：消费者剩余是买者愿意为一种物品支付的量减去买者为此实际支付的量。消费者剩余衡量买者参与市场的利益。或者说，消费者剩余是经济福利的一种衡量方法。曼昆用如下需求表和需求曲线表示这种剩余量(以歌星的专辑为例)。

表 2 需求表

买者	支付意愿(美元)
约翰	100
保罗	80
乔治	70
林格	50

商品价格＝70 美元时的消费者剩余

可以看出，消费者剩余是指消费者的消费意愿(即愿意支付而不愿得不到该物的最高价格)与他得到该物所实际支付的价格之间的差额，因此，尽管消费之物是生产的结果，因而同生产有关，但消费者剩余所涉及的只是发生在消费领域的行为，而不是生产行为。明白了这一点，就很容易看出，消费者剩余与我们所说的经济剩余不可能是一回事，因为经济剩余即投入与产出的差额所涉及的只是生产领域。消费者剩余与经济剩余

① 马歇尔:《经济学原理》(上卷)，商务印书馆 1964 年版，第 142 页。

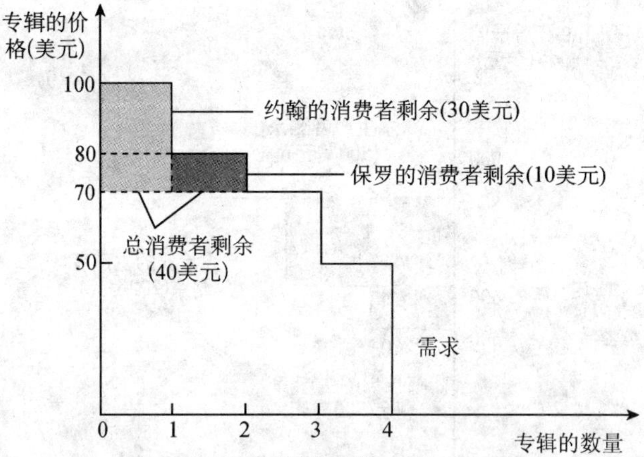

图 1　需求曲线

的消费也不是一回事，因为这种消费所涉及的是经济剩余在除去积累后的消费，即可用于积累的数值，而消费者剩余只是消费者在购买行为中所得到的一种差价，并不意味着消费支出后的积累额。因此，不应以消费者剩余概念来替代经济剩余概念。

那么，经济剩余概念与生产者剩余概念是什么关系呢？

马歇尔(他也是生产者剩余概念的首创者)是这样定义生产者剩余的："同样地，如果付给他的任何工作的价格，是他最不愿做的工作的报酬；而且，如平常发生的那样，如果对他比较愿意做的，和对他自己实际用力较少的那种工作，也付给同样的价格，从这种工作中他就得到生产者剩余。"①

曼昆的《经济学原理》对此概念的解释为："生产者剩余是卖者得到的量减去其生产成本。生产者剩余衡量卖者参与市场的收益。"②他用供给表和供给曲线表示这种剩余(以雇用油漆工为例)。

表 **3**　供给表

卖者	成本(美元)
玛丽	900
路易斯	800
佐治亚	600
格拉玛	500

油漆房子价格＝800 美元时的生产者剩余

① 马歇尔：《经济学原理》(上卷)，商务印书馆 1964 年版，第 159—160 页注①。

② 曼昆：《经济学原理》(微观经济学分册)，北京大学出版社 2006 年版，第 142 页。

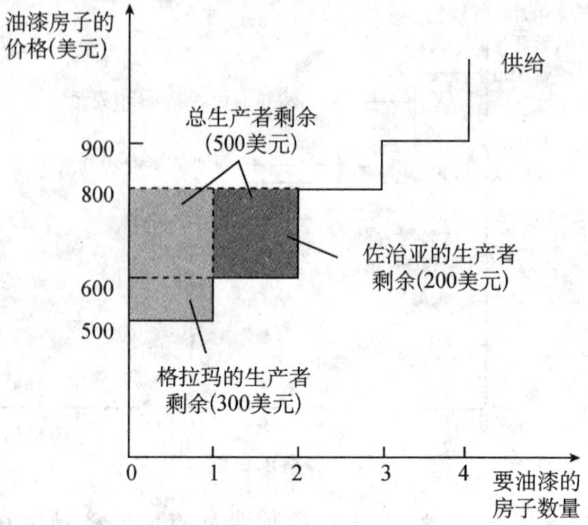

图 2　供给曲线

可以看出，生产者剩余其实就是我们所说的经济剩余，两者所指的都是产品价格与其成本的差额。当然，我们所说的经济剩余的对象既可以是微观单位又可以是宏观单位，而生产者剩余通常是指个人，这是两者的不同之处。

西方经济学家通常以生产者剩余和消费者剩余来说明人们在市场机制下可能得到的福利，从而证明市场机制（指自由竞争市场经济制度）的优越性，因为上述剩余只有在自由竞价的条件下才能得到，而且消费者剩余会随商品价格的降低而增加，生产者剩余会随售价的提高而增加。如果价格是垄断性的（无论出自厂商还是国家），没有竞争，那么生产者和消费者就会失去获得剩余的机会。

仍以曼昆的说明为例，见图 3。

图 3(a)、3(b)表示商品价格降低（从 P_1降低到 P_2）时，消费者剩余增加了。[①]

图 3(c)、3(d)表示价格提高（从 P_1提高到 P_2）时，生产者剩余的增加了。[②]

---

① 曼昆：《经济学原理》（微观经济学分册），第 140 页。

② 同上书，第 146 页。

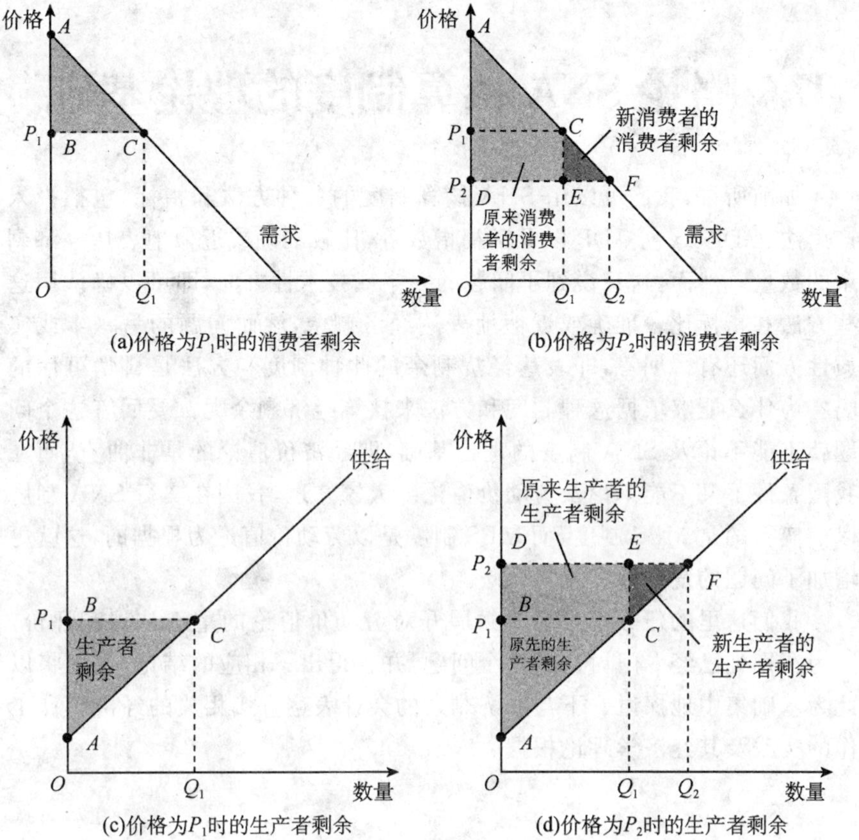

(a)价格为P_1时的消费者剩余　(b)价格为P_2时的消费者剩余

(c)价格为P_1时的生产者剩余　(d)价格为P_2时的生产者剩余

图 3　价格和剩余的关系

应该承认上述两种剩余可用以显示生产者和消费者从竞争市场所能获得的额外利益，然而，即使生产者剩余同我们所说的经济剩余有某些类似之处，其内涵也远不及经济剩余来得广泛和深刻，这是因为，如前所述，经济剩余的多少不仅涉及经济体制，而且涉及生产增长方式、收入分配制度和社会消费模式等，而生产者剩余则仅涉及生产者从竞争市场所获得的额外利益，所以它不能替代经济剩余概念。

07 略论 SNA 核算制度的理论基础*

如前所说,我们可以用 SNA 核算制度的各种方法和指标,包括投入产出法、GDP、绿色 GDP 以及幸福指数等,比较准确或近似地表达经济剩余的数量。然而,这只说到了问题的一半或技术性方面,即可以确认用这些方法和指标比较准确或近似地表达经济剩余,然而问题的另一半或实质性方面还有待回答,即表达经济剩余的此种制度和方法是科学可信的吗?为什么能够依据这种制度和方法来核算经济剩余呢?要回答这个问题就不能不论及 SNA 制度的理论基础,即经济价值论的是非曲直,而在我国条件下又不能不论及劳动价值论。大家知道,我国在实行 SNA 制度以前实行的是 MPS 制度,而 MPS 制度是以劳动价值论为根据的,这就更增加了问题的复杂性和意见分歧。

我们这里的任务不是也不必展开对劳动价值论的重新认识和评价,因为在别处已经专门讨论过这个问题,并且得出了相应的结论,我们将以此为基础集中地探讨一下与经济剩余的会计表达直接相关的经济统计工作的实践及其经济学理论根据。

我国经济核算制度的变迁与创新①

国际上曾经同时存在过两大国民经济核算体系,一个是产生于苏联、东欧高度集中的计划经济国家的物质产品平衡表体系,简称 MPS;一个是产生于西方发达市场经济国家的国民账户体系,简称 SNA。我国国民经济核算的历史实际上是从前者向后者过渡的历史,它经历了三个阶段:MPS 体系的建立和发展阶段、MPS 体系与 SNA 体系并存阶段、SNA 体系的发展阶段。

---

* 本文曾以同名发表于《生产力研究》,2007 年第 1 期。收入本书时作了少许文字修改。

① 根据许宪春:"我国国民经济核算工作的回顾与展望"一文缩写,载于《统计研究》,2002 年第 7 期,中国统计信息网,2003 年 5 月 27 日。

1. MPS体系的建立和发展阶段

1952年，我国国家统计局在全国范围内开展了工农业总产值调查，从此开始了我国工农业总产值核算。后来又从工农业总产值核算扩大到农业、工业、建筑业、交通运输业和餐饮业五大物质生产部门的总产值，即社会总产值核算。从1954年开始在学习苏联国民收入统计理论和方法的基础上开展了我国国民收入的生产、分配、消费和积累核算，1956年起在全国全面推行MPS体系。我国先后编制了社会产品生产、积累和消费平衡表，社会产品和国民收入生产、分配、再分配平衡表，劳动力资源和分配平衡表等MPS体系中的一系列重要表式。"大跃进"时期的反教条主义运动批判了这些平衡表的编制工作，并以过分烦琐为由停止了多数平衡表的编制，这是中国的国民经济核算工作遭受的第一次大挫折。"文革"期间又遭受了第二次大挫折，这期间统计机构被撤销，统计工作人员被下放，国民经济核算工作完全陷入停顿状态。"文革"后，中国的国民经济核算工作陆续恢复和发展。首先恢复了MPS体系的国民收入核算，随后又编制出两张MPS体系的全国投入产出表，即1981年投入产出表和1983年投入产出表。

2. MPS体系与SNA体系并存阶段

随着改革开放的深入和国民经济的发展，继续沿着MPS的方向恢复和发展中国的国民经济核算体系已经不能满足国家宏观经济管理工作的需要了。在这种情况下，我国在继续开展MPS核算的同时，逐步研究和开展SNA核算。1985年，开始使用SNA体系的国内生产总值核算；1987年，开始编制SNA体系的投入产出表；1992年，开始编制SNA体系的资金流量表。与此同时，从1984年起，国家统计局会同有关部门在总结我国当时的国民经济核算实践经验和理论研究成果的基础上，制定了《中国国民经济核算体系(试行方案)》。该方案采纳了SNA的基本核算原则、内容和方法，保留了MPS体系的部分内容，是一个MPS与SNA的混合性体系。1992年8月，国务院正式批准了我国国民核算制度的改革方案，建立了以SNA为主体的新国民经济核算体系，要求在全国范围内分步实施这一体系。

3. 在SNA体系下的发展阶段

从1993年起，以取消MPS的国民收入核算为标志，中国国民经济核算实际上已经从MPS体系和SNA体系并存阶段进入了SNA体系的发展阶段。在这一阶段，我国开始编制SNA体系的资产负债表和国民经济账户，并且对整个国民经济核算制度方法进行了不断的改革。从1999年开始，在总结1992年以来国民经济核算制度方法的改革成果和实践经验、深入研究最新国际标准——1993年SNA的基础上，国家统计局对《中国国民经济核算体系（试行方案）》进行了系统的修订，取消了MPS的核算内容，清理了基本概念，修订了基本框架，调整了有关表式的指标设置，使之以1993年SNA为基础。

至此，我国统计制度实现了从物质产品平衡表体系（MPS）向国民经济账户体系（SNA）的转变，这是一个重大的制度创新。这种创新主要表现在各项核算项目的建立和完善上，包括投入产出核算、资金流量核算、国际收支核算、资产负债核算和国民经济账户等。当然，最主要的创新在于将统计的核心指标从MPS的国民收入转变为SNA的国内生产总值（GDP），并对GDP核算作了一系列改进和完善，包括：扩大了GDP核算领域，由最初只进行国内生产总值的生产核算，扩大到国内生产总值的使用核算，即用支出法进行国内生产总值核算；修正了GDP计算方法，将以国民收入核算为基础，进行调整和补充的间接计算方法，修正为直接利用原始资料计算的方法；在总结年度核算经验的基础上，建立了季度国内生产总值核算；根据1994年颁布的国家国民经济行业分类标准，对国内生产总值生产核算的产业部门分类进行了调整和细化，特别是对服务业的产业部门分类进行了调整和细化；根据农村和城市住户调查资料，试行对居民消费支出项目进行细化；以国民收入和其他有关历史资料为基础，推算出1952—1984年国内生产总值历史资料；根据首次全国第三产业普查资料对1978—1993年的国内生产总值历史数据进行了系统的调整……

制度创新的实践意义和理论意义

怎样看待GDP核算的实践意义？让我们引用许宪春先生在《国内生产总值核算的重要意义和作用》①一文中所作的全面系统的解释来回答。他在文中引述了国外著名经济学家和官员对国内生产总值的评价，例如萨谬尔森和诺德豪斯在其《经济学》中指出：国内生产总值是20世纪最伟大的发明之一。与太空中的卫星能够描述整个大陆的天气情况非常相

① 载《中国统计》，2003年第2期；中国统计信息网，2003年5月27日。

似，国内生产总值能够提供经济状况的完整图像，能够帮助总统、国会和联邦储备委员会判断经济是在萎缩还是在膨胀，是需要刺激还是需要控制，是处于严重衰退还是处于通货膨胀威胁之中。没有像国内生产总值这样的总量指标，政策制定者就会陷入杂乱无章的数字海洋而不知所措。国内生产总值和有关数据就像灯塔一样，帮助政策制定者引导经济向着主要的经济目标发展。

许宪春先生指出，经济增长率、通货膨胀率和失业率这三个判断宏观经济运行状况的主要指标都与国内生产总值有十分密切的联系，说明搞好国内生产总值核算对于判断宏观经济运行状况、制定正确的宏观经济政策具有重要的理论和实际意义。他指出，国内生产总值核算已经成为我国宏观经济管理部门了解经济运行状况的重要手段，是制定经济发展战略、中长期规划、年度计划和各种宏观经济政策的重要依据，这说明国内生产总值核算在我国宏观经济管理工作中发挥了重要作用。此外，他还分析了国内生产总值在对外交往中的重要作用，指出国内生产总值是我国承担的国际义务的依据之一，又与国家享受的优惠待遇相关，还与国家在国际组织中所能发挥的作用密不可分，总之，搞好国内生产总值核算对于维护我国的经济利益和政治利益，具有重要的实践意义。

那么，我国实行 SNA 核算制度具有怎样的理论意义呢？在我看来，这集中体现在四个打破和四个树立上。

首先，打破了 MPS 制度只认同物质的、有形的财富的观念，明确地将非物质的、无形的财富也纳入财富范畴之内，这是财富观的一大进展，也是对现代社会财富形态发展的科学概括。事实上，自 19 世纪末期以来，随着发达国家产业革命的深化，特别是第二次世界大战后科学技术的突飞猛进，服务业所提供的各种非物质财富的规模及其在整个社会财富中的比重空前增长，早已打破了作为第一次产业革命产物的传统的拘泥于物质形式的财富观念。当然，即使在现代社会，第一产业（农业）和第二产业（工业和建筑业）等物质生产领域所生产的物质产品也仍然是社会财富的重要组成部分，是人类生活的物质基础，但是第三产业（包括科学技术、文化教育、金融保险、交通运输、批发零售、国家机关等）所提供的非物质的、无形的服务产品也是社会财富，这种财富在物质财富基础上发展起来并对物质财富的增长产生了重大影响，所以它往往是更有创造活力的财富，这已成为世界各国的共识。这种情况表明，所谓财富无非是指能够满足人类物质和精神等各项需求的客体，而这种客体的形式可以是物质的也可以是非物质的。MPS将国民收入统计限于物质生产领域显然早已不合时宜,SNA制度将三次产业都纳入GDP产业部门之内是理所当然的。

其次,打破了历来将财富与其价值加以分割的传统观念,明确地将两者统一起来,视为同一事物的不同侧面,这是对财富或商品的性质认识的一大进展。以往人们总是依据商品二重性论,视使用价值和交换价值为商品的两种属性①,在使用价值和交换价值之间的关系上,只承认使用价值是交换价值的物质承担者,否认它们之间还有其他关系,并据此将使用价值排除在交换价值或价值范畴之外。这其实是一种误解,因为使用价值不仅是交换价值和价值的物质承担者,而且还是价值关系的不可或缺的组成部分,因为商品(包括服务)价值无非是指商品(包括服务)同人的需求的关系,商品有无价值以及价值高低均以它能否以及在多大程度上满足人的需要为转移,没有使用价值便不会发生价值关系,使用价值就是价值实体本身的一部分。商品既可用于直接满足自己的需要,又可通过交换间接满足自己的需要,这只不过是商品的不同使用方式而已,不会是两种不同的属性。MPS的缺陷之一即在于将上述两者截然分割,并且重视物质而轻视价值,货币仅被视为一种简单的价值尺度和交换工具,而不重视货币的其他功能。这种认识同现代市场经济条件下发达的货币信用关系的巨大作用形成了鲜明的对比和反差。SNA制度在很大程度上克服了这种局限性,将价值核算提到中心地位,重视各种货币金融关系及其结果的核算,反映了时代发展的现状和要求。

再次,打破了传统的生产领域和非生产领域划分,确立并区分了GDP的三次产业;打破了只承认劳动是商品价值源泉的传统概念,如实地反映了财富及其价值源泉的多元化,也就是说,三次产业以及这些产业所运用的各种要素,包括劳动(力)、土地等自然资源反资本、科学技术和经营管理等在内,都是财富及其价值的源泉。可以说,这是SNA制度的最深刻和最重要的理论基础,它对各种经济领域(生产、交换、分配和消费)的各项核算(GDP核算、投入产出核算、资金流量核算、国际收支核算、资产负债核算和国民经济账户等)均以此根本观念为基础。人们看到在GDP核算和统计中,三次产业都被视为GDP的创造源泉,并且用具体

---

① 《资本论》中有的地方以使用价值和价值为商品的二重属性,有的地方以使用价值和交换价值为商品的二重属性。事实上,交换价值和价值在一些场合可以通用。

数据显示了各自所作的贡献(率),以及这种贡献(率)的相互关系和比重的历史变动。随着我国GDP分析制度和方法的不断完善,还能比较准确地反映各种要素对GDP的贡献(率)及其相互关系的历史变迁和现实状况,以确凿的数据反映科学技术的第一生产力地位,反映教育和文化事业的重要性,反映我国广大劳动者的巨大贡献,反映生产消耗和污染所带来的巨大损失和代价,等等。不用说,SNA制度所体现和依据的这种价值观和剩余观对我国经济理论界和统计界的冲击最为强烈,所发生的理论争论和意见分歧也最为激烈,从传统的一元劳动价值论转向同它对立的多元要素价值论无异于是一场思想革命。

最后,SNA制度是以现代市场经济体制为背景和基础的,采纳这种制度当然就是对这种背景和基础的认同,从而也就打破了传统的MPS制度对市场经济的否定和排斥。这一点集中体现在以(各种)市场价格为计量与核算的尺度和依据,重视研究和计量市场供求关系对市场价格的调节和决定作用,承认市场价格对宏观和微观各个层次,以及对生产、交换、分配和消费各个领域的经济生产的重大影响和作用,等等。实行SNA制度说明,我们终于认识到市场价格本身就是一种必须认真对待的经济现象,这种现象不是传统理论认定的那样仅仅是一种表面的甚至只能是掩盖事物本质的现象;相反,市场价格就是构成经济事物本质的要素本身,而不是本质以外的什么东西,丢开市场价格便不可能有现代的经济核算,这是SNA制度优越于注重实物核算关系的MPS制度的一大特点。所谓商品价值不过是价格的一种形式,是长期的、稳定的市场价格,而不是躲在价格背后支配价格的某种不可琢磨的神秘之物。决定价值或价格的是市场的供求关系以及这种关系的均衡,而供求两方面又各自受制于各种条件和要素,换句话说,价值或价格的决定是一个复杂的系统工程,是多元要素供求均衡的过程,仅仅由劳动这一个要素决定的情形不能说绝对没有,但我们的分析发现出现这种情形的条件是极其特殊的。设计完善的SNA制度应该既能显示市场经济制度的巨大优越性,例如经济发展的高效率,又能如实地反映它可能发生的缺陷,如发展不稳定和分配不平均、揭示各种经济关系和比例是否适当,从而为国家实现宏观调控提供可靠依据,所有这一切均建立在全面认识现代市场经济制度的基础之上。

总之,多元经济价值论和经济剩余论是SNA核算制度的理论基础,SNA制度就是这种经济价值论和经济剩余论的体现和运用;与劳动价值论相比,多元要素市场供求均衡价值论和经济剩余论是价值论和剩余论的通则，劳动价值论只能是一种特例，因此要现代 SNA 制度体现劳动价值论的要求，哪怕是扩大的或发展的劳动价值论的要求，即使不能说绝不可能，至少也是很不现实的，除非使 SNA 核算的对象具备劳动价值论所要求的那些条件：实物交换或者说没有货币及资本介入，劳动以外的其他要素均不索取代价或者说均可免费使用，简单劳动而不是复杂劳动，科学技术和经营管理等，不是绝无仅有，也是微不足道的。①

SNA 的理论基础与“社会劳动价值论”

我国著名统计学家钱伯海教授认为，我国统计制度从 MPS 到 SNA 的转变包含着理论的创新，意指其理论基础发生了转变，这是一个正确的判断，我非常赞同；但对他将这种创新归结为从劳动价值论走向社会劳动价值论的判断则未敢苟同。②

钱教授的观点集中反映在这样一段话中：“如果 MPS 以劳动价值论为理论基础，那包括服务在内的 SNA，同样是劳动投入、成果产出，仅仅是产出成果形态的不同而已。SNA 生产范围拓宽了，其理论基础应该讲是拓展了的劳动价值论。马克思主义是发展的科学，要与时俱进，那我国的新国民核算体系，可以讲它仍建立在马克思劳动价值论的基础上。如果认为这样不妥，马克思的物质生产观点不容改变，那就要讲它建立在拓展了的劳动价值论的基础上，或者讲它建立在三次产业劳动价值论的基础上。第一二三产业的劳动，合称社会劳动，那就直截了当地讲明：我国新国民核算体系建立在社会劳动价值论的基础上。”

认为 SNA 制度的理论基础是拓展的劳动价值论、三次产业劳动价值

---

① 参看晏智杰：《劳动价值学说新探》（北京大学出版社 2001 年版）、《灯火集——劳动价值学说研究论文集》（北京大学出版社 2002 年版）、《经济价值论再研究》（北京大学出版社 2004 年版）。

② 钱伯海教授的观点可参看：《社会劳动价值论》，中国经济出版社 1997 年版；“我国国民核算体系改革的制度创新和理论创新”一文（中国统计信息网，2003 年 5 月 23 日）。我觉得必须指出，虽然我对钱教授的观点有所保留，但对他生前不断探索和坚持改革的精神一直怀有深深的敬意，对其“社会劳动价值论”遇到一些学者那样激烈的批评深感意外和不平。2001 年前后我们有过一些接触，彼此赞同中国改革开放事业和支持统计制度改革之心始终是相通的，却一直没有机会深入交换意见，也没有来得及对存有异议之处进行商榷，竟至留下无法弥补的遗憾。今天论及这些异议也绝不意味着对他的敬重有所削减，而是我在向一位逝去的长者和朋友求教。

论或社会劳动价值论，就是钱教授观点的实质。他认为这里的创新之处在于将第三产业的劳动也纳入价值源泉之内，其理由在于服务业“同样是劳动投入、成果产出，仅仅是产出成果形态的不同而已”，所以这里发生的是“生产范围的拓宽”，从而也应将其理论基础（劳动价值论）作相应的拓展。显然，与先前只认同物质生产领域的劳动才是价值源泉的传统观点相比，钱教授的观点前进了一步，然而，在我看来这还远远不够，因为不仅第三产业，其实第一和第二产业也一样，“投入”的可不仅仅是劳动，而产出的成果也不仅仅是劳动的成果，还有其他各种要素。如果以投入和成果来判断价值源泉，那么为什么不将劳动以外的投入要素和成果中的其他要素也纳入价值源泉呢？

不能说钱教授没有注意到这一点，相反，他甚至还明确提出了“生产诸要素（劳动手段和劳动对象，合称生产资料——笔者注）共同创造价值”的论断[①]，然而，他通过以下分析随即又把这个论断应有的内涵给取消了：一方面，他将这个论点解释成“生产诸要素相结合，就会产生新的生产力”；另一方面，他又把包含先进科学技术的机器设备和原材料等生产资料解释成完全是劳动的成果，结果就得出社会劳动价值论，或者活劳动和物化劳动共同创造价值论。

这些论证的破绽是不说自明的：生产诸要素相结合固然能产生新的生产力，但是按照传统政治经济学理论，这并不等于就会产生新价值，要知道价值和使用价值在传统经济学中是商品的两种不同属性，它们的源泉也是不一样的；除非对商品二重性及价值性质与源泉另有新解，否则得不出产生新生产力的要素也就是产生新价值的要素的结论，可是我们没有看到钱教授在这方面对传统价值论有何异议；至于他将所有生产资料（包括土地等自然资源、生产工具等机器设备、原材料等）都归结为劳动的产物，显然也是站不住脚的，那里面总还包含着非人类劳动的产物，这些成分又如何用劳动（哪怕是社会劳动）来解释呢？

人们也许会说，如果这样提出问题，那不就要越出劳动价值论的范畴了吗？但这不是对问题应有的回答，除了实践这个标准和界限外，理论和认识不应有其他的标准和界限，包括劳动价值论在内。当然，不能要求在这一分析层次上来回答这个看似简单的问题，那需要一整套系统研究才能回答。不过，在此指出这一点还是有必要的，因为钱教授实际上并没有

① 钱伯海：《社会劳动价值论》，中国经济出版社 1997 年版，第 161 页。

真正认同劳动以外的其他要素在创造商品价值(而不是使用价值或生产力)中的地位和作用。这是我对钱教授观点的第一点评论。

钱教授注意到:“过去长期否定服务劳动的生产性,而现在依然还有一些学者,对服务的生产性存在保留看法,有的甚至原封不动地持否定意见。”这究竟是为什么呢?他回答说:“根据笔者了解,主要原因在于:习惯于从微观着眼,从企业看问题。而真的要确认服务为主要内容的第三产业的生产性,贵在从宏观着眼,作宏观思考。”钱教授想论证第三产业也是价值源泉,其用心可取,但这种论证并不能解决问题,甚至没有触及问题的要害,因为是否承认第三产业也是价值源泉,关键在于是否认同这一点:价值的本质一般来说是主体和客体的关系,就商品价值来说是商品用途与人的需要的关系,而不在于是否从宏观角度看问题。如果认同对价值本质的这种判断,则不管从宏观还是微观来看(例如钱教授提到的)公检法和党政军的作用,以及农民的生产活动,无疑都不能不是价值的源泉。何况,钱教授自己也承认他的“确认第三产业,贵在从宏观着眼,作宏观思考”的看法并不适用于解释作为第一生产力的科学技术,这更显示了他的论证的破绽和不足。这是我对钱教授观点的第二点评论。

钱教授分析了物质生产 MPS 制度所存在的“逻辑上的矛盾和缺陷”。他指出:“几十年来,在推行 MPS 核算制度的国家,包括中国和苏联等国在内,一方面批判服务生产,另一方面又模模糊糊地把大量服务部门的活动成果,作为产值计算到物质生产部门的成果中”,这样就造成了这样的后果:一方面将各种工业生产的服务支出列入生产成本,使各种服务部门(广告、旅游、医疗、教育、养路等)服务活动成果计算到工业总产值中;另一方面在扣除物耗以计算工业净产值时,却按统计制度规定只扣除生产耗用的原材料、辅助材料和折旧,对于各种服务支出,规定不能减去,都保留在工业净产值中。农业和建筑部门也不例外。针对这种矛盾和混乱情况,钱教授说:“把各色各样的服务产值算作工农业产值、建筑业产值,变成张冠李戴,这好吗?当然不好!远不如实事求是,把服务作为生产,直接计算各类服务产值会更好。”他又说:“坚持物质生产 MPS 体系,虽然理论上确认物质生产是生产,否定各种服务是生产,但实际上又对各种服务活动计算产值,相互矛盾,名不符实。这进一步表明,仅仅承认物质生产是不够的,必须包括服务,才能消除矛盾。”

钱教授对 MPS 制度的矛盾和缺陷的分析是符合实际的,然而他将问题归结为没有把服务看做生产,以致张冠李戴,名不符实,显然并没有击中问题的要害。实际上这些弊端的发生反映了MPS制度的理论基础本身的缺陷和局限性，即只认定物质生产领域的劳动是价值源泉，排除一切非物质生产领域的劳动创造价值的可能性。因此想靠宣布“服务”也是“生产”是不行的，必须认定服务本身（即使不是生产也罢）也是价值源泉才行，何况服务和生产确有明确区别，将它们混为一淡是十分勉强的。当然，要走到这一步就需要重建经济学价值论，绝不是将劳动价值论拓展一下就可奏效的。由于钱教授没有准备越出劳动价值论这个大框架，所以他虽然看到了MPS制度实行中的缺陷和矛盾，但却不可能提出彻底解决这种缺陷和矛盾的办法。这就是我对钱教授观点的第三点评论。

但无论如何，我认为必须重申，钱教授力求推进对SNA统计制度及其理论基础的探索，认定这里出现了制度创新和理论创新，确是难能可贵和值得肯定的。

失焦的争论

钱教授的观点引起了不小的争论，然而对这些争论文章稍加浏览便不难发现，这似乎是一场失焦的争论，因为一些学者虽然就钱教授和他的学生们①所主张的“活劳动和物化劳动共同创造价值”的观点进行了许多分析和批判，但是对钱教授始终关注的从MPS到SAN是一种制度创新和理论创新的论断却有意无意地避而不谈，这不免令人费解。要知道，作为统计学家的钱教授提出“社会劳动价值论”在很大程度上是针对SNA制度的理论基础而发的，即使在一般理论层面上谈论时他也没有离开这个主题，因此，无论是否同意钱教授的观点均不应回避这个主题，至少在一般层次分析之后应当回到这个主题上。然而，在为数众多的分析和批判文章中，一般层次的分析和论辩比比皆是，比如物化劳动是否创造价值之类，但却很难见到对上述主题的分析和回答。

不能说一般层次的讨论没有意义，但是应该承认这种讨论并不是对SNA制度理论基础的直接回答，更不能替代对SNA统计制度理论基础的说明。一些学者从传统劳动价值论出发，不赞同钱教授的社会劳动创

① 王利霞等：“确认物化劳动创造价值才能使我们坚信马克思的劳动价值论”，《经济评论》，2001年第1期。

造价值的观点，尤其不同意说物化劳动也创造价值，那么他们究竟怎样认识我国统计制度的变革呢？是不是还要以传统劳动价值论来解释SNA制度呢？如果不能解释，或者不能完全解释，是否意味着要根据劳动价值论来否定SNA制度呢？或者干脆认为SNA制度没有理论基础呢？那么我国究竟为什么要采用SNA制度呢？对这一系列应当回答的问题却几乎没有人回答。

当然也有例外。一位作者说："在我们看来，为了进行国际比较，采用SNA进行国民经济的统计核算是必要的，但是，正如吴易风同志所指出的，'我们没有必要，也没有可能给国民经济核算体系（SNA）提供劳动价值论基础'。钱（伯海）先生说吴易风同志把话'讲绝了，一点儿回旋余地也没有'。看来，钱先生也好，（钱先生的）20位博士生也好，都是在为找到'一点儿回旋余地'而努力。但是，因为SNA的理论基础和劳动价值论是根本对立的，要想为SNA建立劳动价值论的基础，就像马克思说的，是'企图调和不能调和的东西'，还必须指出的是，马克思的劳动价值论是经过一百多年实践检验的科学真理，其本身也早已成为一个客观存在，不是人们想怎样'解释'就可以怎样'解释'，想怎样'改造'就可以怎样'改造'的。"①

为什么在批评钱教授观点时甚少或者不提SNA的理论基础问题呢？这段话似乎给了人们一些暗示，至少，认为SNA的理论基础和劳动价值论是根本对立的，而劳动价值论又是唯一科学的普遍真理，所以"没有必要也不可能为SNA制度建立劳动价值论基础"，这可能是一些人的"更深层次的考虑"之一。这种考虑是否有理，姑且不论，需要注意的倒是由此必然得出的下述推论或者暗含的结论：既然如此，那么SNA制度的理论基础（被认为是生产要素价值论）肯定是错误的，从而SNA制度本身也肯定不会是正确的了；既然是错误的，当然就应予以否定或取消，并恢复原先的基于劳动价值论的MPS制度，或者，除了"进行国际比较"以外，不能容许用于其他方面，等等。但是这样一来还有一个问题是不能回避的：这样的"国际比较"还能是可靠、可信的吗？结论当然是也应当是否定的。

所以，有理由相信，完全否定从MPS到SNA的制度创新和理论创新，才是一些学者同钱教授和他的学生们的真正分歧所在，也才是一些学者批判钱教授的社会劳动价值论、"力挺"劳动价值论的潜台词。

---

① 奚兆永："评所谓'物化劳动和活劳动共同创造价值'论"，《经济评论》，2002年第1期，第9页。

08 经济剩余的会计表达

经济剩余即投入产出的差额这个概念是明确的，投入产出分析方法也为人们所熟悉，然而在当前世界各国经济工作和统计工作实践中，还未能完全体现经济剩余本身的指标和统计数据，而现有的投入产出表还不足以表明实际的经济剩余。这不难理解，因为涉及投入和产出的项目和内容实在太多、太复杂，统计和计量的困难极大，不仅有理论认识的缺欠亟待补救，而且有实际操作层面的困难，甚至还有社会政治方面的障碍。例如，计量自然资源的原始成本就是一项全新的尝试；如何计量科学技术和教育等非物质形式投入和产出数值还需要摸索；经济生活中的各种浪费现象比比皆是，但真正要对之加以统计和计量却绝非轻而易举之事，至于计量各国实际的军事开支的困难就更实属不易了。

如前所述，现代经济统计的若干指标实际上是经济剩余的近似值，从而为我们研究和了解经济剩余提供了可供参考的数据，而且这些指标还在不断发展和完善之中，显示了不断逼近实际经济剩余数值的良好趋势，有理由相信准确计量经济剩余终将成为现实，因为这是社会经济发展的客观要求。

依据《投入产出表》计算经济剩余的近似值

依据《投入产出表》来计算经济剩余可能是最方便的一种方法了，因为这种表直接表明了投入产出的各种数据，其计算公式可表述如下：

经济剩余＝总产出－（中间投入＋固定资产折旧）

＝增加值－固定资产折旧

＝劳动者报酬＋生产税净额＋营业盈余

不过，我国制定这种表的时间还很短，数据缺乏连续性①，加之已经发布的几个年度的数据均以“当年生产者价格”计算②，而各年的生产价格不尽一致，所以不能直接加以比较。此外，最重要的是，在我国现有的投入产出表中没有计入自然资源的原始成本，一般也难得见到对各种形式的浪费、环境污染、自然灾害，以及决策失误所造成的损失的统计，所以它还不是准确的经济剩余值。

据报载，联合国正尝试给自然资源定价。加拿大湿地每公顷每年6000美元、喀麦隆一片热带森林3500美元、加勒比海珊瑚礁1万美元。持怀疑态度的人士说，这些数字都是臆测出来的，但支持者认为，“生态经济学”表明，保存完好的雨林等自然系统通常比砍伐后获得的价值更高。1997年，佛蒙特大学生态经济学教授罗伯特·科斯坦萨(Robert Costanza)领导了一项具有里程碑意义的研究。该研究得出结论认为，世界的生态系统价值33万亿美元，几乎是当时世界国民生产总值的两倍。该报道又说，联合国2006年3月发布的一份有关生物多样性的报告说：“目前对经济财富的衡量……没有体现出生态系统的经济价值总和，并错误地认为自然资源可以免费使用且取之不尽，用之不竭。”该报告指出，砍伐森林出口木材或炸毁珊瑚礁捕鱼都可以推动一国经济的常规发展，但这种增长只会昙花一现。另外，联合国2006年1月发布的一份报告估计，保存完好的珊瑚礁每公顷每年的价值在1000美元到6000美元之间，如果是

---

① 我国是在20世纪50年代末、60年代初开始引进投入产出技术的，迄今为止，国家统计局和国家计委等单位已经编制的投入产出表包括：(1)1973年实物型表，这是我国第一张实物型投入产出表，包括61种实物产品。(2)1981年实物型表，包括146种实物产品。(3)1981年价值型表，将物质生产活动划分为26个产品部门(其中农业被细分为5个部门)。(4)1983年价值型延长表，该表包括22个物质产品部门，其中农业部门未细分。(5)1987年中国投入产出表(1988年3月国务院办公厅印发了《关于进行全国投入产出调查的通知》，决定在全国范围内进行第一次投入产出专项调查，编制1987年全国投入产出表，以后每5年进行一次。1989年年初完成编制，1991年4月正式出版发行。该表将国民经济活动划分为118个部门，其中物质生产活动101个，非物质生产活动17个)。(6)1992实物型投入产出表，包括151种物质产品。1992年价值型投入产出表，包括119个部门，在1987年118个部门的基础上增加了废品、废料部门。(7)1997年中国投入产出表。部门分类将国民经济划分为124个部门，随着国民经济行业分类的变化，它与以往的部门分类有所差异。此外，国家统计局又编制了1990年、1992年、1995年延长表，1992年、1995年和1997年价值型投入产出表采用了国际通用的表式，为SNA式投入产出表。(摘自齐舒畅:《我国投入产出表的编制和应用情况简介》，中国统计信息网，2003年5月23日)

② 生产者价格＝购买者价格－流通费用(商业附加费＋运输邮电费)，参见:《中国投入产出表(1997年度)》，中国统计出版社1999年版，第10页。

加勒比海海边度假胜地附近的珊瑚礁，其价值也许高达 1 万美元。而一旦改建海洋公园，每公顷珊瑚礁的保护费用只有 8 美元。2005 年发布的《千年生态系统评估报告》认为，加拿大湿地每公顷每年的价值为 6000 美元，而如果改造成精耕农田，则只值 2000 美元左右。喀麦隆的热带森林如果管理妥善的话，每公顷价值约 4000 美元，而如果改做农场则只值 2000 美元。泰国保存完好的红树林每年的价值为 1000 美元，而如果改做虾场则每年只值 200 美元。世界自然保护联盟首席科学家杰夫·麦克尼利(J. McNealy)说，在 2004 年的海啸中，泰国红树林湿地保存完好的海岸遭受的破坏比其他地带小。他说："如果看看近几年发生的恶性自然灾害事件，比如"卡特里娜"飓风、克什米尔地震，就会发现如果生态环境没有遭到破坏，这些自然灾害就不会造成这样大的危害。"据慕尼黑再保险集团估计，2005 年，灾难性气候造成的经济损失达到创纪录的 2000 多亿美元，其中，由于"卡特里娜"飓风的破坏，仅受保损失就超过了 700 亿美元。[①]

依据一般 GDP 计算经济剩余的近似值

GDP 是可用来作为经济剩余近似值的又一指标，其计算公式可表述如下：

经济剩余＝GDP(总产出－中间投入)－自然资源成本－固定资产折旧

"国内生产总值(GDP)是按市场价格计算的国内生产总值的简称。它指一个国家(或地区)所有常住单位在一定时期内生产活动的最终成果……国内生产总值有三种表现形态，即价值形态、收入形态和产品形态。从价值形态看，它是所有常住单位在一定时期内生产的全部货物和服务价值与同期投入的全部非固定资产货物和服务价值的差额，即所有常住单位的增加值之和；从收入形态看，它是所有常住单位在一定时期内直接创造的收入之和；从产品形态看，它是货物和服务最终使用减去货物和服务进口。货物和服务最终使用包括满足住户和社会需求的最终消

① 《参考消息》，2006 年 5 月 12 日。

费，满足进一步生产需要的资本形成总额和满足国外需要的出口。”[①]

然而，GDP不是准确的经济剩余，因为按照现行的GDP核算方法，它也没有计入自然资源本身的原始价值或成本，没有剔除转移到新产品中的旧价值即固定资产折旧[②]，也没有计入环境污染、自然灾害以及决策失误所造成的损失，如果将所有这些成本估计在内，实际的经济剩余必定大大低于现有的GDP。

近些年来在我国政坛上出现的所谓“GDP崇拜”及其带来的种种恶果，在一定程度上就是GDP这个经济指标的局限性的反映。GDP在显示经济产出增长程度的同时，并没有反映获得这些产出所花费的全部成本和代价，这就为那些怀有自私动机的官员留下了可乘之机，这些官员为了自身的升迁，急功近利，忽视投入产出的比较，以资源的粗放式投入为特点的经济增长模式被广泛采用，进而形成了一种疯狂的恶性循环，叫“官出数字、数字出官”。有些地方的官员把GDP看成执政合法性的象征，从体制上、政策上、文化上为实现GDP目标提供全面支持，任何其他指标，例如教育、文化、卫生、资源、环境，甚至涉及民权民生的征地补偿、拆迁居民安置等，都有可能为GDP让路。[③]

从这个角度来说，“GDP崇拜”不具有经济剩余的经济合理性，它不是一种正常的经济行为，而是一种不正常的政治行为，它的出现是同当前我国干部制度存在的弊端直接相关的，如果这种干部制度不加改革，即使克服了“GDP崇拜”，也会搞出其他什么“崇拜”，以之作为谋取官位和其他私利的手段。尽管如此，GDP毕竟是经济剩余的近似值，它与经济剩余有着许多共同点。首先，它们的创造源泉完全一致，都是各种生产条件和要素共同创造的成果，而不是单独一个要素所能创造的，这一点既适用于它们的实物形式，也适用于其价值形式，因此，实现多种条件和要素的相互结合与协作，而不是相互对立和斗争，应是增进GDP的必然的客观要求。其次，与增进GDP和经济剩余相适应的收入分配方式，必定是体

① 许宪春：《中国国内生产总值核算》，北京大学出版社2000年版，第11页。

② “原则上，固定资产折旧应按固定资产的重置价值来计算，目前我国尚不具备对全社会固定资产进行重估价的基础，所以尚未采用固定资产的重置价值。对于企业和企业化管理的事业单位来说，固定资产折旧指实际计提并计入成本费用的折旧费；对于政府机关、非企业化管理的事业单位和居民住房服务来说，固定资产折旧则是按照固定资产原值和统一规定的折旧率计算的虚拟折旧。”（许宪春：《中国国内生产总值核算》，北京大学出版社2000年版，第14页。）

③ 参看：“详谈幸福指数”，《北京日报》，2006年8月9日。

现效率和公平兼顾的要素贡献分配论，而不是资本分配论或权力分配论，也不是绝对平均主义分配论，两者的实质都是无偿占有社会财富或他人的劳动成果，只是形式和名义不同，前者公开、后者隐蔽而已。

依据绿色 GDP 计算经济剩余近似值

绿色国民经济核算（简称绿色 GDP 核算）具有重要意义。所谓绿色 GDP，是指从传统 GDP 中扣除自然资源耗减成本和环境退化成本的核算体系，能够更为真实地衡量经济发展成果，从而更接近于实际的经济剩余。据介绍，国家环保总局和国家统计局于 2004 年 3 月启动这一项目。2004—2006 年，技术组对各地区和 42 个行业的环境污染实物量、虚拟治理成本、环境退化成本进行了核算分析，结果显示 2004 年因环境污染造成的经济损失为 5118 亿元，占 GDP 的 3.05%。其中，水污染的环境成本为 2862.8 亿元，占总成本的 55.9%；大气污染的环境成本为 2198.0 亿元，占总成本的 42.9%；固体废物和污染事故造成的经济损失为 57.4 亿元，占总成本的 1.2%。

据介绍，完整的绿色 GDP 核算至少应该包括五大项自然资源耗减成本（耕地资源、矿物资源、森林资源、水资源、渔业资源）和两大项环境退化成本（环境污染和生态破坏）。由于基础数据和技术水平的限制，此次核算没有包含自然资源耗减成本和环境退化成本中的生态破坏成本，只计算了环境污染损失。环境污染损失成本包括 20 多项，此次核算仅算了其中的 10 项（大气污染造成的健康、农业和材料损失，水污染造成的健康、工农业生产、人民生活和污染型缺水损失，以及固废侵占土地造成的经济损失等），地下水污染、土壤污染等重要部分都没有涉及。总的来说，这次核算的结果只是整个结果的一部分。而且，在已经核算出的 10 项损失中还存在低估和缺项的问题。即便如此，损失也已经占到 GDP 的 3.05%，数字非常惊人，说明环境形势十分严峻。

除了污染损失，此次核算还对污染物排放量和治理成本进行了核算。结果表明，如果在现有的治理技术水平下全部处理 2004 年点源排放到环境中的污染物，需要的一次性直接投资约为 10800 亿元，占当年 GDP 的 6.8%左右。同时每年还需另外花费 2874 亿元治理运行成本（虚拟治理成本），占当年 GDP 的 1.80%。而中国“十五”期间环境污染投资仅占

GDP 的 1.18%，差距很大。

据悉，这次核算得出的结果虽不完整，但也足以对现实全貌有所估计。这些数字再次证明环境危机正在越来越严重地制约经济发展。在传统工业化模式下，不断增长的 GDP 数字，是建立在资源环境和公众健康不断透支的基础之上的。这种高消耗、高污染、高风险的发展方式虽然起到过应有的历史作用，但在今天，中国经济已经进入资源、能源瓶颈时期，不能承受资源衰竭造成的风险；社会又进入了人均 GDP 1000—3000 美元的矛盾多发期，不能承受环境污染引发的社会问题。党中央提出树立科学发展观与构建和谐社会，随后又提出建设资源节约型和环境友好型社会，这是中国政治思想领域内的一次重大升华，是中国由传统工业化模式向新型工业化模式飞跃的一个重大契机。但是，任何好的理念都必须有坚实的制度来支撑。如果不能够建立一套全面客观的经济发展的衡量指标体系，就无法实现科学发展观和和谐社会的既定目标。笔者以为，这套指标体系的核心应该是经济剩余。①

幸福指数与经济剩余

与国外学者和政要近年来提出的衡量国民生活水准的新指标“幸福感”或“国民幸福指数”相比，在衡量实际的经济剩余方面，传统 GDP 核算和绿色 GDP 核算都会显得相形见绌，因为这些新指标能够更全面地反映人们的幸福程度。

幸福感或国民幸福指数的提出缘起于几十年来以国内生产总值衡量的发达国家的经济产出显著增长，但人们却没觉得比以往幸福多少。西方传统经济学以往有一个根深蒂固的观念，认为增加物质财富是提高人们幸福水平的最有效手段，因此把研究目标定位于怎样实现财富的最大化，但现代社会的生活实践却一再证明财富仅是能够给人带来幸福的因素之一。有人指出，当一个人处于贫困状态时，物质财富的增加会带来幸福总量的增加，但金钱积累到一定程度，情形就不再是如此的了。这其实就是说：随着物质财富的增加，边际幸福量在递减。因为个人的快乐与幸福在很大程度上取决于物质财富以外的其他许多因素。

---

① 据中国新闻网 2006 年 09 月 7 日报道。

从现有的国外文献看，“国民幸福指数”的研究者们提出了衡量国民财富的四条标准：(1)社会经济可持续的均衡发展。经济发展的必要性毋庸置疑，但还应该强调以长期发展为目标，确保人们有工作、有必要的物质生活条件。那种造成失业率升高、不能提高人们生活水平的经济增长，只会降低“国民幸福指数”。(2)保持良好的自然环境。破坏自然环境的经济增长只会破坏“国民幸福指数”。(3)文化的保护和推广。如果一个国家不保护自己的文化财富——尤其是在那些文化多样性显著的国家，将破坏人民的普遍幸福感。各国人民应该在不丧失其个性特点的条件下融入全球化。(4)良好的政府。只要是为人民谋福利的政府就是好政府。如果一个政府不为人民谋福利，不管它在其他方面取得多大成功，都不是一个好政府，都会降低人民的“国民幸福指数”。① 欧洲学者在评估“幸福度”时，除了“自我评估”以外，还增添了更多客观因素：教育、营养、不受恐惧和暴力困扰、性别平等和多种选择等。②

有人指出，最早提出“国民幸福指数”概念的是不丹国王吉格梅·辛格·旺楚克。这多少让人感到意外，但人们完全有理由说，这个几乎与世隔绝的封闭社会的幸福指数有多大的普遍意义是值得怀疑的。

近年来“幸福指数”逐渐成为国人关注的一个话题，甚至已经有人建议将“幸福指数”纳入政府工作的考核指标，国家统计局在刚刚宣布了我国第一个绿色 GDP 核算结果之后不久，也宣布将要推出幸福指数、人的全面发展指数、地区创新指数以及社会和谐指数等一些新的统计指标，以适应各方面对中国经济社会协调发展、人的全面发展以及民生和人文方面的需求。这无疑将进一步加深和推进我们对经济剩余的认识，具有重大意义。国外的发展历程和经验证明，当社会经济发展到一定程度时，民众必然会越来越注重制约和影响生活质量和水准的其他因素，诸如健康的身体、稳定的工作、美满的婚姻、和谐的人际关系等。幸福指数等指标的推出可谓正逢其时。不过，笔者以为对我们这样一个发展中的大国来说，特别是就全国而言，目前还不具备将幸福指数上升为主要指标的条

① 引自《参考消息》2006 年 5 月 28 日转载的墨西哥《改革报》5 月 26 日恩里克·金塔尼亚的文章：“‘国民幸福指数’的关键”。该文引述了民调机构对 69 个国家的研究所调查的如下数据：尼日利亚、委内瑞拉、墨西哥和坦桑尼亚等国的“国民幸福指数”很高，这些国家 50%以上的人认为自己非常幸福；而美国的这一比例为 39%，法国为 31%，德国仅为 20%。在堪称福利国家典范的瑞典，感到自己很幸福的人口只有 36%。

② 引自《参考消息》2007 年 8 月 20 日的文章“欧洲学者热衷研究‘幸福度’”。

件。如果普遍加以提倡并纳入政府工作考核指标,要么可能落空,使追求和谐社会的努力遭受挫折,要么在干部制度改革尚无实质性进展的情况下,又出现"GDP 崇拜第二",将"幸福指数"像 GDP 那样政绩化,使之走向形式化和庸俗化,最终破坏和谐社会的建设。

总起来看,传统 GDP、绿色 GDP 和幸福指数的相继推出,标志着我们对改革发展目标模式认识的深化和完善,从单纯追求经济增长而扩大到经济、政治、自然和文化等各个领域的全面发展;不再着眼于眼前的经济收益和报酬,而是追求社会可持续的全面的发展。所以这些概念和指标的推出实质上正是不断向实际经济剩余目标逼近的过程,这其实也正是这些概念或指标最值得肯定和重视之处。

09 用投入产出法计算经济剩余:实例

目前尚无现成的经济剩余数据可用,本章除根据已公开出版的几个年度的《中国投入产出表》得出的经济剩余外,其余都是据报刊或网络上公布的相关信息和数据得出的,信息和数据未经再核实,目的仅在提供依据投入产出数值计算经济剩余的若干实例。

据《中国投入产出表》计算经济剩余

前已指出,依据投入产出表的相关数据得出的经济剩余值,会比从GDP得出的数据更接近实际的剩余。我国引进投入产出技术以来,相关的研究和统计工作取得了一定进展和较为显著成绩。《中国投入产出表》至今已出版了1987、1992、1997和2002年度的成果,但这对全面系统地研究我国经济剩余来说毕竟还是很不充分的,我们期待着后续《中国投入产出表》及时问世,也期待着对中国经济剩余研究工作的深入。

以下是根据1992年度和1997年度《中国投入产出表》相关数据所计算的6个部门的经济剩余,另有2002年42个部门的经济剩余值,如前所述,这里只是近似值。

依照前述公式:

经济剩余＝总产出－总投入
　　　　＝总产出－(中间投入＋固定资产折旧)
　　　　＝增加值－固定资产折旧
　　　　＝劳动者报酬＋生产税净额＋营业盈余

表 4　1992 年度 6 个部门的经济剩余近似值①

（均按当年生产者价格计算②）　　单位：万元

	增加值(A)	固定资产折旧(B)	经济剩余（$C=A-B$）
农业	58526140	2036620	56489520
工业	106248457	18435526	87812943
建筑业	15395650	1224191	14171458
运输邮电业	14936581	3611927	11324654
商业饮食业	29094562	2114167	26980395
其他服务部门	42241443	7591331	34650112
合计	266442833	35373762	231069071

表 5　1997 年度 6 个部门的经济剩余近似值③　　单位：万元

	增加值(A)	固定资产折旧(B)	经济剩余（$C=A-B$）
农业	147415838.9	5847862.4	142567976.5
工业	346126725.0	53507227.8	292619497.2
建筑业	49974828.4	2869085.8	47105742.6
运输邮电业	32249602.5	9424073.6	22825528.9
商业饮食业	64361529.2	6485812.2	57875717.0
非物质生产部门	116912188.8	24988131.9	91924056.9
合计	757040712.8	103122193.6	653918519.2

① 资料来源：国家统计局国民经济核算司编，1992 年度《中国投入产出表》（价值型），中国统计出版社 1996 年版。

② “虽然自 1994 年起，我国生产领域、流通领域实行了增值税制度，但 1997 年生产价格与 1987 年、1992 年投入产出表生产者价格一致，即生产者价格中包含应交增值税。它与 SNA 设置的生产者价格有差别，SNA 设置的生产者价格不包含增值税。生产者价格＝购买者价格－流通费用（商业附加费＋运输邮电费）（国家统计局国民经济核算司：1997 年度《中国投入产出表》，中国统计出版社 1999 年版，第 10 页）。

③ 资料来源：国家统计局国民经济核算司编，1997 年度《中国投入产出表》（价值型），中国统计出版社 1999 年版。

表 6　2002 年度 42 个部门的经济剩余近似值①　　单位:万元

	增加值 (*A*)	固定资产折旧(*B*)	经济剩余 (*C*=*A*-*B*)
农业	166304661	7649132	158655529
煤炭开采和洗选业	22802674	121215	22681460
石油和天然气开采业	23209577	5163993	18045584
金属矿采选业	6253129	850406	5402724
非金属矿采选业	7400583	980404	6420179
食品制造及烟草加工业	44971867	6419373	38552494
纺织业	22312735	3468811	18843923
服装皮革羽绒及其制品业	16296894	1541660	14755234
木材加工及家具制造业	10774876	1423122	9351754
造纸印刷及文教用品制造业	23728121	4167806	19560314
石油加工、炼焦及核燃料加工业	10463594	1992364	8471229
化学工业	58092668	10376852	47715816
非金属矿物制品业	19087251	3690998	15396253
金属冶炼及压延加工业	37493108	6791554	30701554
金属制品业	14196940	1840793	12356146
通用、专用设备制造业	36492625	5481267	31011358
交通运输设备制造业	25292201	3409970	21882231
电气、机械及器材制造业	17191326	2285844	14905483
通信设备计算机及其他电子设备制造业	27279701	3415496	23864205
仪器仪表及文化办公机械制造业	4345898	446735	3899163
其他制造业	5765950	476580	5289370
废品废料	8417752	0	8417752
电力、热力的生产和供应业	39624532	10856208	28768324
燃气生产和供应业	741511	303035	438476
水的生产和供应业	2835072	1200874	1634198

① 据 2002 年 42 个部门的投入产出表计算。

（续表）

	增加值 (*A*)	固定资产 折旧(*B*)	经济剩余 (C=*A*－*B*)
建筑业	65941888	7021012	58920876
交通运输及仓储业	68219524	18107203	50112321
邮政业	2039359	296459	1742900
信息传输、计算机服务和软件业	30921909	11116160	19805749
批发和零售贸易业	92822854	7354456	85468398
住宿和餐饮业	28934565	2666345	26268220
金融保险业	46764169	5736725	41027444
房地产业	53776104	27561720	26214383
租赁和商务服务业	17440108	1666241	15773867
旅游业	3957495	351139	3606356
科学研究事业	3417844	160825	3257019
综合技术服务业	12680515	2728111	9952404
其他社会服务业	24257349	3510689	20746659
教育事业	38567218	4079129	34488088
卫生、社会保障和社会福利事业	20592556	2883435	17709121
文化、体育和娱乐业	8201888	799646	7402241
公共管理和社会组织	48678451	7011882	41666569
中间使用合计	1218589041	187405672	1031183369

上述经济剩余值是从各部门的生产经营增加值与其固定资产折旧的差额得出的；同样的数值也可从各部门的劳动者报酬、生产税净额和营业盈余之和得出（此处从略）。因为这些数值是从总产出中减去总投入得出的，所以它比 GDP 更准确地反映了这期间我国经济改革和社会发展的最终成果。

中国航天的经济剩余很大[①]

中国载人航天工程办公室主任10月16日在国务院新闻办公室举行的记者招待会上表示，到目前为止，中国共组织了5次“神舟”飞船发射，前4次每次直接消耗大约8亿元人民币；第5次发射，因为是载人飞行，费用稍多，但也不到10亿元人民币。

这位负责人说，载人航天飞行计划的预算是经过国家批准的。到现在为止，中国载人航天工程已经开展10多年，使用资金约为180亿元人民币。这些资金的使用分两部分：一部分形成了现在的产品，如飞船、火箭、电子设备、应用设备等，有大部分产品在每次飞行试验时被消耗；另一部分则形成了研制载人航天器的各种技术基础设施，如已经建成的航天城、载人航天发射场以及加工设备、测试设备等固定资产，这些技术基础设施的投资费用大约为80多亿元。

对中国航天业来说，欧盟航天工业的商业化之路值得借鉴。目前，欧盟航天工业的年收入近60亿欧元，从其业务构成来看，卫星商业服务和火箭发射分别占到了其中的33.5%和25.8%，这充分说明了欧盟对商用航天市场的重视与依赖。不过，欧盟不可能大幅度增加航天预算，寻求国际合作便成为一个重要的发展战略。近年来，欧盟的宇航员已经通过美国的航天飞机上了太空。此外，欧盟还与美、俄、日等国在国际空间站项目上进行了密切的合作。

“嫦娥”带来的经济剩余[②]

据相关方面的综合统计，月球探测每投入1美元，产出将达4—5美元。

“有人问，探月究竟有什么样的经济效益？虽然中国科学家目前还说

---

① 资料来源：“投入少产出大　中国航天10年仅耗资180亿”，南方网，2003年10月17日。

② 资料来源：中国质量新闻网(www.cqn.com.cn)，2007年10月25日。

不出一个准数，但是美国提供了一个例子，'阿波罗计划'投资了约256亿美元，但它创造了3000多项新技术，包括无线电制导、合成材料、高性能计算机等，带动了20世纪六七十年代美国高新技术的全面发展与工业繁荣，这是世界公认的。"中科院院士、中国探月工程首席科学家这样介绍说。他们还认为，20世纪七八十年代，支撑美国国民经济高速发展的技术，很大一部分来自对月球探测技术的消化和二次开发，其二次开发应用的效益，远远超过"阿波罗计划"本身所带来的直接经济产出。综合统计，月球探测每投入1美元，产出达4—5美元。

据绕月探测工程总设计师介绍，在开展探月工程的过程中，要突破一系列关键性技术，这些新的突破又将推动一大批基础科学和应用技术的发展，并在军事和民用领域得到延伸、推广，为工业与经济发展带来实际利益。

"航天产业不再只局限于航天器的制造和发射。"欧洲空间局（ESA）某专家也说，航天已经日益成为我们生活的一部分，包括商业活动和居家生活。他预期在21世纪最初几年，航天市场年贸易总额为：美国550亿—800亿美元，欧洲80亿—120亿美元，日本30亿—50亿美元。

"而在下一个10年中，亚太地区将是日益显露的市场。"他预计亚太地区将为人造卫星服务提供一个巨大的市场，依据是：存在大量的人口低密度地区；距离太远，用地面线缆来覆盖成本太高；数十亿的人们希望能够得到基本无线通信服务；乐意接受无须再进行研发的产品。

"投资航天意味着投资国家的未来。"中国航天工程咨询中心某专家认为，空间应用产业同其他高技术产业一样，具有高战略性、高创新性、高增值性、高渗透性、高风险性和高竞争性的特征。比如在卫星通信市场，卫星导航定位产品与服务一直呈强劲增长势头。他介绍说，在1998年之前，我国卫星导航定位市场容量以每年约30%的速度递增，1998年之后每年以50%左右的速度递增。

中国石油：大投入支撑节能大产出①

2007年12月23日10时53分，随着一声巨响，大庆油田龙凤热电厂

① 资料来源：中国化工信息网，2008年4月16日。

6座冷却水塔顷刻间从人们的视线中消失，这被众多媒体誉为“中国石油第一爆”。“这6座水塔的成功拆除，意味着40多年来为大庆油田作出了巨大贡献的6台小火电机组从此退出历史舞台，取而代之的将是2台30万千瓦的大机组。这就是龙凤热电厂的‘上大压小’工程。”而新建机组较关停机组年节约标煤量6.54万吨，减少二氧化硫排放量约2700吨。自此，大庆的节能减排大幕正式拉开。

龙凤热电厂的6座冷却水塔爆破之后，大庆石油进行了一系列动作。据大庆石油的资料显示，2001年至2007年，在注水量年均增长1.4%、产液量年均增长6.9%、总井数年均增长16.71%的情况下，能耗总量却实现负增长。2001年到2006年累计节能461万吨标煤。依据大庆油田能源消耗结构折算（耗电占60%、耗气占30%、其他能源占10%），共节约了相当于276.6万吨标煤的68.4亿度电。

根据目前的标煤和水价，大庆油田的直接节能将达到30亿元左右，“这还不包括后续的体现，节能是个长期概念，也能产生长期效益”。据介绍，大庆油田地处高纬度亚寒带，年平均地面温度只有−13.7℃，且原油的凝点高、黏度高、含蜡量高，必须采用加热集输方式。油田进入特高含水开发期为采用不加热集输提供了可能。因此，“我们针对采出液含水高、液量大、出油温度高的良好热力和水力条件，研发了‘特高含水期低温集油技术’，使油井最低集油温度降到原油凝固点以下5—10℃”。

大庆石化公司总经理说：“大庆石化用了一套酮苯脱蜡装置，采用降低蜡膏含油技术，这是节能的典型。”大庆石化同时关停了工艺落后、高能耗的老石蜡发汗装置，使年效益达3901万元。自2006年以来，中石油集团共关停低效、高耗、重污染、高排放炼化生产装置41套。

“目前的节能都是根据技术更新，将节能的因素加进去，这样的产出才更大。”据该厂节能员介绍，一个节能电控箱的成本是300多万元，而以前成本不到100万元，主要是设备更新时考虑了节能因素，换了新设备后现在一年能节省两300万千瓦时的电，两年多就能收回成本。

“技术升级的力度和投入今后将进一步加大。”按照中石油集团的计划，今年安排100亿元节能专项资金，用于实施重点节能节水项目。同时计划投资121.5亿元，实施415项减排项目，以落实“十大减排工程”，确保实现污染减排指标全面下降。

中国制造业:经济剩余不高[①]

低廉的货品和劳动力吸引了全球各类企业进入中国建立制造业基地,这些企业从家具生产商到电子元件制造企业,无所不包。越来越多的企业意识到,世界级的制造业工厂,依赖的不仅仅是成本结构优势,更为重要的是卓越的HR基础。近日,全球知名的人力资源咨询机构智睿企业咨询公司(DDI)和美国制造业绩效研究所(MPI)对中国涵盖所有行业的1000家工厂进行了调研,有406家工厂回答了其提供的包括100余个问题的4页调查问卷,调研结果与美国制造业的相关研究结果一起形成研究报告。拥有卓越HR管理经验的制造业工厂不少,但是由于种种原因,中国的制造业工厂虽然投入巨大的成本,但在一些方面仍然与美国的制造业工厂有投入产出之间的差异。

培训花费高,但收效不大。调查显示,2004年中国制造业将销售收入的72%用于加大固定设备投资,美国为53%;同年,中国制造业将销售收入的5%投资于信息技术,而美国为1.4%;在员工培训方面,27%的中国制造业每年提供员工的培训时间多于40小时,美国是11%。

在中国,那些"有点效果"的培训项目使得工厂在平均的培训花费上占劳动力预算的5%,而那些拥有"非常有效"的培训项目的工厂花费比例为8%,无项目的工厂花费比例为1.5%,而拥有"无效果"项目的工厂花费比例只有4%。DDI表示,由于这些工厂为了保持竞争力而不断地引进新的制造工艺、信息技术和设备,所以拥有足够资金支持员工进行培训变得前所未有的重要。

但是,在培训上的大量投资并没有给工厂带来大幅度的业绩提升,整体来看,培训投资超过劳动力预算5%的工厂可以获得的投资回报率为20%,而投资达到或者不到5%的工厂的这一数字为19.1%。

劳动力成本低,却不是长期的竞争优势。调查显示,中国总的劳动力成本占销售成本的25%,高于美国工厂的20%,但美国的日常管理成本为27%,高于中国的20%。

劳动力成本占销售成本份额较高特别体现在国有工厂和民营工厂

① 资料来源:王立伟,《东方早报》,2006年2月13日。

中，在这些工厂里，人们习惯于使用人力而不是使用设备、技术或者改善流程来解决问题，合资或者外资企业的这一比例是 20%，原因在于它们的 HR 管理方式更多地来源于西方，因此数字显示其更接近于西方特别是美国工厂的做法。

但是与美国相比，中国制造业留住员工的可能性更大……国有企业和民营企业的流动率为 5%，合资和外资企业的流动率为 10%，美国工厂的流动率则达到了 12.6%之多。

投资回报之间有差异。DDI 的调查特别从六个方面对制造业工厂的人力资源管理进行了检验，其中包括招聘和雇用、绩效管理、员工发展与培训、领导者及主管的发展和培训、团队建设、安全与健康。绝大部分工厂表示，它们采纳了这些项目。调查显示，这个比例高于美国工厂，而同时，在实施这些项目的工厂里，认为"非常有效"的工厂比例均超过 20%，在安全与健康上，中国工厂认为采取的措施非常有效的占到了 40%。

房地产的经济剩余有多高？[①]

北京市劳动保障局发布了食品制造业等 13 个行业的工资指导线，房地产业的平均年薪为 53795 元。13 个行业中，房地产开发经营企业的工资投入与销售收入的产出状况之比最高，其中，国有房地产开发经营企业的投入产出比高达 1∶141.46。也就是说，对于国有房地产开发经营企业来说，只要有 1 元的工资投入，销售收入就可达到 141.46 元。

点评：房地产的经济剩余无疑是很高的，但这里给出的数据不能说就是其经济剩余值，因为这里的销售收入姑且可以看做"产出"，但工资却并不能等于全部"投入"，它只是其中一部分。不过，试图指出房地产业的经济剩余值毕竟是可取的，房地产价格一路飙升的事实直观地显示出房地产收益率"直上云霄"的趋势，但究竟高到什么程度，除了业者自己和作为当事人的政府相关部门外，一般公众是难窥其貌的，这也说明要想了解到某些部门的实际经济剩余并非易事。

① 资料来源：中城房网，2007 年 8 月 13 日。

向“减排”要经济剩余[1]

投入减排1000万,产出增效2000万。

沈阳金山热电公司总经理告诉记者,作为苏家屯区节能减排工作的最大亮点,金山电厂改造工程项目总投资将达到26.7亿元,建成运行后,年可创产值27亿元,且每年可节煤23万吨。届时,苏家屯区内89座供热锅炉将被取代,污染环境的烟囱也将销声匿迹。

据悉,作为主要承担苏家屯区生产和生活供热任务的金山电厂也是能源消耗和工业废弃物排放大户,每年都排放大量的烟尘、二氧化硫、废水和废渣。前几年,企业虽然在污染治理上没少下工夫,但都是头痛医头、脚痛医脚,缺少过程管理,钱都花在了末端治理上。

2007年年初,通过国家审批的金山热电改扩建项目上马两台200兆瓦供热机组,从而取代小机组,实现更大规模的节能减排。与此同时,在苏家屯区环保局的支持下,该企业还不断推行清洁生产,这是对企业生产经营过程进行管理的一种模式,即通过对整个生产经营全过程进行审计,找出影响企业经济和环境效益的关键环节进行技术改造,从而达到减少废弃污染物排放、降低生产消耗、增加经济效益的目的。

与此同时,金山电厂还先后投入1000多万元,重点对化学废水治理设施和三台煤粉炉配套装置进行治理,使“三废”排放完全达到了国家排放标准,累计增加经济效益2000多万元。

若羌农民种枣计算经济剩余[2]

据《新疆日报》报道:“‘红枣金娃娃,全靠肥当家’,这话一点也不假。只要你舍得投入,红枣树从来不偷懒。你花1元给它上油渣,它多结1公斤多枣子,至少能卖30多元。”若羌县一位农民高兴地说。

他说,今年他家27亩地共收入了19.6万元,红枣的收入就达到了17

① 资料来源:焦点沈阳房地产网(sy.focws.cn),2007年10月23日。

② 资料来源:中国枣行业门户网站(www.zao.com.cn),2007年11月26日。

万余元，收入比去年翻了一番多，他告诉我们今年他家的27亩地里，施了8车畜肥、2.5吨油渣、50袋化肥。要想让红枣结得多、结得大、吃着甜，除了修剪外就是你必须要舍得花钱，要多给红枣上肥料，你不舍得投入，它的回报就小甚至没有回报，枣树从不偷懒，你花1元买油渣喂它，它多结1公斤红枣，1元换30—40元，这样的投入产出比，是其他作物没办法比的。

10 从经济剩余视角解读我国GDP

我国现已有比较完整和系统的 GDP 数据。如前所说，在一定意义上，可以将 GDP 视为经济剩余的近似值。依照这种思路，即使非常粗浅地解读一下我国 GDP 相关数据（见本章附录），也可以得出一些新的认识。

GDP 是经济剩余的近似值，它的增长可以大体上反映经济剩余的增长。改革开放以来，我国 GDP 每年以约 7%—9%的速度增长，位居世界各国同期增长率之首。我国 GDP 在世界各国的位次，也从 1978 年的第 10 位上升到 2004 年的第 4 位，已经超过英国，居于美、日、德之后。这是我国经济实力增长的重要标志，它反映的是新增的经济实力，而不是包含成本支出的总量，而且包含在成本中的不仅有货物价值，还有服务价值，这是对传统理论否认服务业也创造价值观点的重大突破。当然，它没有包含自然成本，这反映了认识上的局限性；它又包含固定资产折旧，因而比实际的经济剩余值要多，这是一个缺憾。

GDP 经济剩余的增长率来自三次产业，三次产业对它的增长都作出了贡献，不仅如此，从我国的情况来看，第二产业对 GDP 的贡献率大体稳定在 60%左右，其余 40%的贡献率则来自第一和第三产业，其中第一产业的贡献率有所下降（10%左右），第三产业的贡献率则有所上升（30%左右）。这不仅打破了传统理论认定非物质生产部门不创造财富和价值的观点，而且显示出这些部门创造财富和价值的作用还在不断上升，这与当代世界各国发展的趋势是吻合的。

在第三产业中，科学技术和教育文化的作用愈益突出。邓小平同志的名言“科学技术是第一生产力”已是人们的共识；资本的增长是 GDP 增长的又一基本动力，这已为我国 GDP 增长与资本同时增长的事实所证明，这些资本有内资也有外资，有国有资本也有民营资本，而且外资和民营资本的数量和比重日见上升。当然，GDP 的增长还得益于广大普通劳动者的努力，这是经济剩余增长的基础，其中庞大的农民工队伍的成长和贡献尤其引人瞩目，这构成了中国改革开放所释放的巨大生产能力的一个重要侧面。此外，卓有成效的经营管理也是增进 GDP 的不可或缺的重要一环，管理也是生产力，这是改革开放以来我们才逐渐认识的一个真理，可惜对这些要素的贡献率至今尚缺乏权威性的、准确的定量研究成果。

需求对 GDP 增长速度的贡献率是又一个值得重视的方面。与传统价值论和剩余论断定商品价值创造是生产领域专属行为的论断相反，需求在社会财富及其价值的创造中起着举足轻重的作用。前已述及，商品社会财富及其市场价值最终取决于市场供求关系的均衡，供和求两个方面都是不可缺少的。这个原理现在通过最终需求贡献率得到了证明。对 GDP 的使用由最终消费（包括居民消费和政府消费）、资本形成总额（包括固定资本形成总额和存货增加）及货物和服务净出口（等于货物和服务出口减进口）三部分组成，最终需求对 GDP 增长率的贡献率也由这三部分组成。统计数据表明，我国净出口的贡献率较小，经济发展主要是靠内需拉动的；而最终消费与资本形成对总额的贡献率大体相当。

现有的 GDP 统计不计自然成本，人们通常也认为自然资源没有价值，事实证明这种做法和观念非常有害，急需逐步加以扭转。对我国资源及使用状况所作的最新权威性报告称："我国是能源资源严重短缺的国家。石油、天然气人均剩余可采储量仅有世界平均水平的 7.7% 和 7.1%，储量比较丰富的煤炭也只有世界平均水平的 58.6%。按目前探明储量和开采能力测算，我国煤炭、石油、天然气的可采年限分别只有 80 年、15 年和 30 年，而世界平均水平分别是 230 年、45 年和 61 年……近年来能源消费急剧增长，供需矛盾日益突出，已经成为我国经济社会持续发展的最大制约，直接威胁国家经济安全。2005 年煤炭产量达 21.9 亿吨，比 2000 年翻了一番，仍不能满足需要。石油净进口量由 2000 年的 0.76 亿吨，迅速增长到 2005 年的 1.43 亿吨……与能源短缺形成强烈反差的是，能源浪费惊人。我国能源利用效率只有 33%，比国际先进水平低 10 个百分点左右；2003 年单位国内生产总值能耗是世界平均水平的 3.1 倍；2004 年我国国内生产总值约占全世界的 4.4%，而煤炭消费占 35% 以上，原油消费占 7.8%（按当年汇率计算）。近年来单位国内生产总值能耗不降反升，按 2000 年价格计算，2002—2004 年分别为 1.30、1.36、1.43 吨标准煤/万元，2005 年与 2004 年持平，今年上半年同比上升 0.8%。"十五"期间，能源消费弹性系数（能源消费增长速度与经济增长速度之比）年均为 1.04，是改革开放以来的最高值。据测算，如果今后 15 年能源消费弹性系数年均控制在 1.0，

2020年我国一次能源消费将超过50亿吨标准煤，这是我国根本无法承受的。”①

事实证明，传统的高投入、高消耗、高排放、低效率的粗放型经济增长方式难以为继，必须实现经济增长方式的转变。从经济剩余论的角度来看，转变经济增长方式的实质要求，就是以尽可能少的投入取得尽可能多的产出，通俗地说就是如何将饼做大。降低能耗水平是核心的一环，这涉及国家的经济结构、科技水平、管理能力、消费模式以及国民素质等各个方面，是一个十分艰巨又必须实现的转变。为此，首先需要在理论和认识上取得突破，重新认识和大力肯定自然资源本身的价值属性，重新认识和肯定自然资源在创造财富及价值形成过程中的重要地位和作用。

促使我们必须尽快抛弃传统的无视自然力和自然资源价值属性和创造力的动因远不止于此，严重的、频繁的自然灾害就是我们不得不面对的又一严酷现实。2004年我国仅污染、海洋灾害、地震、森林火灾和地质灾害等所造成的直接经济损失就不下110亿元，大量的人员伤亡更是令人痛心，水旱灾害还不在其内。2007年我国东南沿海各地屡遭强烈暴风袭击，酿成重灾；川渝地区遭遇百年不遇的高温干旱，已使1800万人饮水困难，直接经济损失150亿元。这些令人触目惊心的事实从反面显示了自然界的威力和创造力，它再次警示我们，是抛弃人类至上主义的愚蠢观念，老实承认和尊重自然界在财富创造及价值创造中应有地位的时候了，这是经济剩余论给予我们的又一启示。

解决收入分配不公问题是我国当前改革的另一个大课题。国民收入分配的对象是从经济剩余中再作各项必要扣除（积累和储备等）后的剩余，收入分配可分为初次分配和再次分配两个过程，按照生产要素的贡献进行分配应是初次分配的基本原则，同时，政府应该通过二次分配保障和促进适度的平等，我以为这两个方面都是实现社会公平所要求的。

党中央根据我国经济社会发展的新形势，近来提出在经济发展的基础上“要更加注重社会公平”的方针，这是非常必要的，我国现阶段收入分配关系中确实存在明显的甚至比较严重的不公平现象，需要认真加以解决。但是，我以为这并不意味着“效率优先”不再是第一位了，也不意味着

---

① 摘自全国人大常委会副委员长李铁映在第十届全国人大常委会第二十三次会议所作的全国人大常委会执法检查组关于检查《节约能源法》实施情况的报告，见《中国能源网》，2006年8月29日。

要重新审视“效率优先、兼顾公平”的原则，更不是要反其道而行之，实行所谓“公平优先、兼顾效率”。效率说的是生产，公平说的是分配，两者分属不同的经济领域，又有密切的互动关系。与分配相比，生产不能不占首位，高效率的生产是提高收入水平和实现社会公平的前提，而公平合理的收入分配又会反过来促进生产效率的提高。再说，市场经济是竞争经济，竞争就要讲效率，而分配是否公平，又会直接影响人们的积极性和创造性，影响生产的社会环境甚至整个社会的稳定，因此效率总应优先，公平总应兼顾，它们对发展市场经济来说都是生命攸关、不可偏废的。改革开放以来人民的生活水平确实有了大幅度的提高，但是总体水平还是很低的，在这种情况下如果不适当地强调公平而忽略了效率优先，到头来反而会损害实现公平分配的前提和基础。

在目前关于“要更加注重公平”的讨论中，有两个突出的现象十分引人注目：一个是一些企业（特别是建筑和运输等）大量长期拖欠农民工工资，另一个是大型垄断行业（能源、交通、金融和电信等）的收入远高于其他行业。这些问题的存在并非是效率优先所致，而是对个人收入分配缺乏相应的法律规范和保障，以至于按生产要素贡献分配的原则没有真正得到落实，对之采取一切必要措施及时加以纠正是完全必要的。然而，从收入分配的总体格局来看，还有一个更带全局性的问题需要研究解决，这就是工资收入、资本收入和国家财政收入占 GDP 的比重，以及国家如何保障公共服务的问题。

有学者指出，西方发达国家的工资收入一般占 GDP 的 50%以上，高的达到 60%。目前我国城镇工资收入者的总人口大约有 2.5 亿人，以每人每年 1.7 万元的工资水平计算，总的工资收入约为 4.3 万亿元，约占 2006 年 GDP(20 万亿元)的 21%，而资本收益约占 40%，大大高于劳动工资收入。我国的财政收入占 GDP 的比例自 20 世纪 90 年代中期以来持续上升，已从 90 年代初的 12%上升到 20%多，这在一定程度上说明了政府对国民财富的控制程度以及政府规模的庞大程度。然而，国家财政收入是否可以无限制扩张？政府成本是否没有一个基本额度？这是中国改革这么多年来一直未解决的大问题。当前我国经济的一个重要现象是企业利润正在被资本所有者和财政大量拿走，被高管瓜分。尽管经济在增长、在发展，但好处大都被精英们占了，普通员工们永远都处于一副饿不死也阔了的生存状态，这导致处于社会低层的民众很难充分享受到经济发展的成果……因此，改变我国的国民收入分配格局，是解决整个工薪阶层收入的最根本问题。只有改变资本收入和劳动收入严重不平衡的现实,我国整个工资水平才能得以提高。劳动收入如果不能超过资本收入,中国将成为财富高度集中在国家和少数私人手中的国家,这样的社会将很难达到共同富裕。① 这些分析和观点是完全正确和有说服力的。

这些年来国家在二次分配方面制定和推行了一系列重要战略部署和政策举措,随之国家将更多的资源投向了经济发展后进地区,或者分配给弱势群体。在西部大开发、东北振兴、中部崛起和建设社会主义新农村等重大战略部署中,在社会低保和扶贫帮困等事业中,无不体现出在全国范围内逐步调整与克服生产与分配失衡的战略意图,广大民众对这些举措和政策是拥护和支持的。然而,人们对交通、教育、医疗等方面的现状仍多有不满,交通拥塞、上学贵、看病难和贵等,成为相当普遍的现象,这说明了公共服务的缺位,而提供这些公共服务应该是政府的责任。

为什么政府往往不能尽责呢?如上所说,显然不是缺钱;问题在于政府怎样使用这些收入。通过转移支付和社会保障支出等手段缩小收入差距固属不可或缺,但现在更需加大提供公共服务的力度和投入。有学者指出,1998 年以来我国政府推进了养老、医疗和教育体制改革,取消了福利分房,推行教育和医疗体制改革,企业职工的养老也由企业负担转向社会统筹。政府在主动从养老、医疗与教育等需要大量财政资金投入的领域退出的同时,并没有建立起相应的社会保障制度,社会保障的覆盖面相当有限,而政府对社会公共服务品的供给却减少了。政府在社会公共服务方面的缺位,导致居民不得不自行考虑医疗、养老、教育等诸多方面的支出,从而极大地强化了居民的储蓄动机,压抑了居民消费的欲望,进而阻碍了居民消费水平的进一步提升。由此可见,深化包括政府职能改革在内的政治体制改革才是解决分配不公问题的关键。

---

① 参看仲大军:"员工何时能过奢华生活",《作家文摘》,2006 年 9 月 5 日。还有学者指出,近几年我国居民最终实际可支配收入(不限于工资收入)占 GDP 的比重急剧下降,从 1999 年的 63.34%下降到 2005 年的 49.55%,7 年下降了 13.79 个百分点,平均每年下降 2 个百分点。与此同时,政府财政收入占 GDP 的比重不断上升,由 2001 年的 14.9%上升到 2005 年的 17.3%,5 年内上升了 2.4 个百分点。此外,以土地出让金为代表的地方政府的制度外收入急剧膨胀,国土资源部的数据显示,2004 年全国土地出让金的价款高达 5894.14 亿元;2006 年第一季度,全国土地出让金总额更是达到了 3000 亿元左右。

附录：

表 A　国内生产总值及其增长速度

年　度	现价国内生产总值（亿元）	增长速度（不变价%）	年　度	现价国内生产总值（亿元）	增长速度（不变价%）
1952	679.0				
1953	824.0	15.6	1978	3624.1	11.7
1954	859.0	4.2	1979	4038.2	7.6
1955	910.0	6.8	1980	4517.8	7.8
1956	1028.0	15.0	1981	4862.4	5.2
1957	1068.0	5.1	1982	5294.7	9.1
1958	1307.0	21.3	1983	5934.5	10.9
1959	1439.0	8.8	1984	7171.0	15.2
1960	1457.0	−0.3	1985	8964.4	13.5
1961	1220.0	−27.3	1986	10202.2	8.8
1962	1149.3	−5.6	1987	11962.2	11.6
1963	1233.3	10.2	1988	14928.3	11.3
1964	1454.0	18.3	1989	16909.2	4.1
1965	1716.1	17.0	1990	18547.9	3.8
1966	1868.0	10.7	1991	21617.8	9.2
1967	1773.9	−5.7	1992	26638.1	14.2
1968	1723.9	−4.1	1993	34634.4	13.5
1969	1937.9	16.9	1994	46759.4	12.6
1970	2252.7	19.4	1995	58478.1	10.5
1971	2426.4	7.0	1996	67884.6	9.6
1972	2518.1	3.8	1997	74462.6	8.8
1973	2720.9	7.9	1998	78345.2	7.8
1974	2789.9	2.3	1999	82067.5	
1975	2997.3	8.7	2000	89468.1	8.0
1976	2943.7	−1.6	2001	97314.8	7.5
1977	3201.9	7.6	2002	105172.3	8.3
			2003	117390.2	9.5
			2004	136875.9	9.5

注 1:2004 年 GDP 为初步核算数字。1999 年增长速度值暂缺。

注 2:1953—1977 年 GDP 平均增长速度为 5.9%;1978—1988 年为 9.8%;1953—1998 年为 7.7%。

资料来源:《中国统计年鉴》(2005);许宪春:《中国国内生产总值核算》,北京大学出版社 2000 年版。

表 B　国内生产总值的三次产业贡献率

年度	国内生产总值（本表按当年价格计算）（亿元）				三次产业贡献率（本表按可比价格计算）（%，本年 GDP 为 100）		
	国内生产总值	第一产业	第二产业	第三产业	第一产业	第二产业	第三产业
1978	3624.1	1018.4	1745.2	860.5	9.9	62.3	27.8
1979	4038.2	1258.9	1913.5	865.8	21.2	53.9	24.9
1980	4517.8	1359.4	2192.0	966.4	−4.7	86.6	18.3
1981	4862.4	1545.6	2255.5	1061.3	40.2	17.2	42.5
1982	5294.7	1761.6	2383.0	1150.1	39.1	28.8	32.1
1983	5934.5	1960.8	2646.2	1327.5	24.1	43.3	32.6
1984	7171.0	2295.5	3105.7	1769.8	26.1	43.1	30.9
1985	8964.4	2541.6	3866.6	2556.2	4.1	62.0	33.9
1986	10202.2	2763.9	4492.7	2945.6	10.1	54.2	35.7
1987	11962.5	3204.3	5251.6	3506.6	10.4	56.2	33.4
1988	14928.3	3831.0	6587.2	4510.1	5.4	62.3	32.3
1989					16.8	46.2	37.0
1990	18547.9	5017.0	7717.4	5813.5	41.9	41.0	17.1
1991	21617.8	5288.6	9102.2	7227.0	7.1	62.8	30.1
1992	26638.1	5800.0	11699.5	9138.6	8.4	64.5	27.2
1993	34634.4	6882.1	16428.5	11323.8	8.1	67.7	24.2
1994	46759.4	9457.2	22372.2	14930.0	6.8	70.5	22.7
1995	58478.1	11993.0	28537.9	17947.2	9.4	67.4	23.2
1996	67884.6	13844.2	33612.9	20427.5	10.0	66.4	23.6
1997	74462.6	14211.2	37222.7	23028.7	7.1	63.8	29.1
1998	78345.2	14552.4	38619.3	25173.5	7.7	62.3	30.0
1999	82067.5	14472.0	40557.8	27037.7	6.5	62.9	30.7
2000	89468.1	14628.2	44935.3	29904.6	4.8	66.0	29.2
2001	97314.8	15411.8	48750.0	33153.0	6.1	56.5	37.4
2002	105172.3	16117.3	52980.2	36074.8	5.4	59.6	35.0
2003	117390.2	16928.1	61274.1	39188.0	3.9	68.4	27.7
2004	136875.9	20768.1	72387.2	43720.6	9.2	61.8	29.0

注 1：2004 年为初步核算数据。

注 2：产业贡献率指各产业增加值的增量与 GDP 增量之比。

资料来源：《中国统计年鉴》(2005)；许宪春：《中国国内生产总值核算》，北京大学出版社 2000 年版。

表 C 最终需求贡献率(1953—1998)

年度	最终消费贡献率(%)	资本形成总额贡献率(%)	货物与服务净出口贡献率(%)	年度	最终消费贡献率(%)	资本形成总额贡献率(%)	货物与服务净出口贡献率(%)
				1976	493.8	—444.4	50.6
				1977	43.0	56.2	0.8
1953	60.2	40.2	—0.4	1978	39.4	66.0	—5.4
1954	19.6	66.7	13.8	1979	87.8	15.0	—2.8
1955	104.5	5.2	—9.7	1980	71.4	26.9	1.7
1956	42.6	45.1	12.3	1981	110.1	—21.5	11.4
1957	57.9	39.8	2.3	1982	58.5	29.0	12.5
1958	15.3	84.1	0.6	1983	73.6	42.0	—15.6
1959	—39.8	138.3	1.5	1984	68.2	42.2	—10.4
1960	—77.0	151.0	26.0	1985	85.3	86.0	—71.3
1961	20.6	80.8	—1.4	1986	42.7	23.2	34.1
1962	2.1	105.0	—7.1	1987	48.5	22.8	28.7
1963	57.4	42.0	0.6	1988	48.4	39.7	11.9
1964	50.1	50.3	—0.4	1989	32.5	14.2	53.3
1965	49.3	52.6	—1.9	1990	44.9	—1.0	56.1
1966	41.8	59.6	—1.4	1991	62.6	24.9	12.5
1967	—18.3	118.5	—0.2	1992	72.3	36.0	—8.3
1968	—51.5	145.0	6.5	1993	58.1	84.5	—42.6
1969	59.1	37.6	3.3	1994	27.9	43.3	28.8
1970	26.4	76.6	—3.0	1995	43.4	56.2	0.4
1971	53.3	39.1	7.6	1996	58.9	34.7	6.4
1972	163.4	—68.9	5.5	1997	34.6	20.6	44.8
1973	48.3	53.4	—1.7	1998	46.7	36.0	17.3
1974	88.2	48.9	—37.1				
1975	38.0	58.0	4.0				
1953—1970	23.4	74.3	2.3				
1971—1998	61.1	33.6	5.3				
1953—1998	46.0	49.9	4.1				

资料来源:许宪春,《中国国内生产总值核算》,北京大学出版社 2000 年版,第 134—135 页。

11 经济剩余与经济发展方式

中国应当选择什么样的经济发展方式(其内涵比经济增长方式的提法更丰富和深刻),与秉持什么样的经济价值观和经济剩余观是密切相关的,或者说,不同的发展方式所隐含的基本理论是大相径庭的。简而言之,中国在计划经济时代所遵循的社会主义工业化路线——其突出特点是优先发展生产资料生产、优先发展重工业——就是以传统经济价值论及剩余价值论为基础的,即使至今仍亟待扭转的追求高投入、高消耗而效率甚低的做法,也与这些传统理论有切割不断的内在联系。要切实转变经济发展方式,走出一条中国特色新型工业化道路[①],一个重要的条件就是转变对相关基本经济理论问题的认识。

在思考经济价值论及经济剩余论与经济发展方式的关系时,吴敬琏教授的专著《中国增长方式选择》[②],引起我极大的关注和兴趣,在我看来,该书是对最近一个时期关于中国发展方式抉择大辩论的总结性和权威性论述,为我国当前和今后一个历史时期应当遵循的发展方式奠定了理论基础,是作者对我国改革发展事业的又一重要贡献。对吴教授所阐述的基本观点和政策建议,我是完全赞成的[③],同时觉得该书的论述实际上印证了我对经济价值论及经济剩余论等基本理论的观点,不过由于侧重点的不同,他对与之相关的这些基本理论没有深究,往往一笔带过,甚至全

---

① 胡锦涛总书记在党的"十七大"报告中指出:"加快转变经济发展方式,推动产业结构优化升级。要坚持走中国特色新型工业化道路,坚持扩大国内需求特别是消费需求的方针,促进经济增长由主要依靠投资、出口拉动向依靠消费、投资、出口协调拉动转变,由主要依靠第二产业带动向依靠第一、第二、第三产业协同带动转变,由主要依靠增加物质资源消耗向主要依靠科技进步、劳动者素质提高、管理创新转变。"(《文汇报》,2007年10月16日。)

② 吴敬琏:《中国增长方式抉择》,上海远东出版社2006年版。

③ 吴敬琏在回顾他的认识和研究过程后得出结论:"先行工业化国家的经济发展在历史上经历过不同的发展阶段,各个阶段采取了不同的增长方式;投资驱动的早期增长方式是一种缺乏效率和必然带来严重社会后果的增长方式;所谓'霍夫曼经验定理'就是一种反映这种工业化早期增长方式的过时理论;中国作为一个后进国家,应当力求避免落入这一陷阱。而且,以重化工业投资作为我国经济发展的驱动力量,更是与我国的资源禀赋状况相冲突的,因而决不可行。"(吴敬琏:《中国增长方式抉择》,上海远东出版社2006年版,第9—10页。)

未提及，于是我想从经济价值论和经济剩余论的角度对吴教授的论著加以解读和引申，不过要明确指出，吴敬琏教授与这个解读和引申全然无关。

一

经济价值论和经济剩余论与经济发展方式之间的关系是显而易见的，“正像科尔奈所说，可以把生产要素与产出之间的关系区分为两类：一类是要素投入对增产的效应；另一类是要素生产率提高对增产的效应”[①]。投入与产出的差额正是经济剩余，因此，经济发展的不同方式其实也就是获得经济剩余的不同方式，这也就决定了我们在研究和选择发展方式时不能不从理论上考虑经济价值及其剩余的问题，弄清这些理论问题会加深我们对发展方式选择的理解和认识。

上述分类与苏联学者提出的“外延增长”和“内涵增长”的说法是等值的，虽然二者论述的角度有所不同，但苏联学者主要从结果出发，西方学者的分类则主要是从原因角度[②]。而日本发展经济学家速水佑次朗则把先行工业化国家在早期经济增长中采用的投资驱动的增长方式称为“马克思所分析的增长方式”，而把它们在第二次产业革命以后普遍采用驱动的增长方式称为“库兹涅茨所分析的增长方式”[③]，似乎更能反映不同理论的特征。

这两种方式主要涉及现代发展经济学家一般所说的第二发展阶段“早期增长阶段”和第三阶段“现代经济增长阶段”。早期增长阶段是从18世纪后期第一次产业革命到19世纪后期第二次产业革命开始前，主要特点是机器大工业代替手工劳动，生产率大为提高，资本逐渐成长为经济发展的强大动力，M. 波特称之为“投资驱动阶段”。现代经济增长阶段则从第二次产业革命直到20世纪中期，该阶段经济增长主要不是靠资本

① 吴敬琏：《中国增长方式抉择》，上海远东出版社2006年版，第12页。

② 同上书，第12—13页。

③ 同上书，第12页。

积累,而是靠技术进步和效率提高来实现的,波特称之为“创新驱动阶段”。①

吴教授说,就经济发展来说当前讨论所涉及的主要是这两个阶段,我们也可以说,就经济价值论和经济剩余论的研究来说也不例外。特别是马克思所分析的增长方式,以及苏联学者为苏联工业化所提出的理论论证,所涉及的主要是早期发展阶段,这些理论对我国的影响最大。对认识现代经济发展条件下的经济价值及其剩余学说来说,现代经济发展方式具有根本的实践意义。

二

马克思的资本主义发展论,属于对第二阶段即早期发展阶段经济发展方式的研究,其中两个主要部分与我们这里的问题密切相关。一个是关于资本主义条件下简单再生产和扩大再生产的条件,另一个是关于资本主义再生产矛盾发展的结局。关于再生产的条件,马克思在《资本论》(第二卷),基于一系列假定条件和相关分析,得出结论说,简单再生产的条件是第Ⅰ部类的可变资本和剩余价值之和等于第Ⅱ部类的不变资本,即 $\mathrm{I}(V+M)=\mathrm{II}(C)$。扩大再生产的条件是前者大于后者,即 $\mathrm{I}(V+M)>\mathrm{II}(C)$。不过,这种条件只是一种客观必然要求,并不意味着在资本主义条件下能够顺利实现。马克思指出,实际上,在生产资料资本主义占有制下,竞争和无政府状态支配全社会的生产,经济不可避免地陷入波动和危机之中,使得这种客观要求只能通过对社会生产力的无情破坏和重新调整来实现。基于这些分析,马克思在肯定资本积累的巨大历史性功绩,即极大地推动了生产力发展的同时,着重分析和论证了资本主义积累的历史趋势。这种趋势集中体现在:随着资本有机构成的不断提高,必然出现“平均利润率下降规律”,直接危及资本主义生产方式本身,因为利润是

---

① 第一阶段即“起飞阶段”,指第一次产业革命以前的发展阶段,主要特点是依靠土地和劳动分工使工场手工业有了很大发展,生产率明显提高。工场手工业阶段的伟大经济学家亚当·斯密的《国富论》即是对这个阶段经济发展方式的经典论述。但 M. 波特将该阶段称为“生产要素驱动阶段”似乎不妥,因为实际上后来各个阶段的驱动力也是生产要素,只是主要驱动力发生了改变而已。另外,他将李嘉图也列入这一时期也显得不妥,因为李嘉图已是第一次工业革命时期的经济学家,他的经济学也已是这一时期的经济学了。第四阶段是指 20 世纪中期以来逐步进入的信息时代或知识经济时代,信息化成为经济发展的重要特征同上书,(第 24—25 页)。

资本主义生产的本质要求；还会出现“失业人口不断增加的规律”，导致无产阶级贫困化。这些规律的作用，只能激化生产社会化和生产资料私人占有之间的矛盾，加剧无产阶级和资产阶级之间的矛盾，使资本主义生产方式必然走向崩溃。

世界历史后来的发展表明，马克思的这些分析及其革命结论没有得到应验。为什么？吴敬琏教授认为：“并不是由于他们在理论推导上有什么错误，而是由于这种推导的前提——先行工业化国家的经济增长方式实现了前所未曾预料到的变化，即在19世纪后期，先行工业化国家的增长方式实现了由早期增长方式到现代经济增长方式的转变。这种转变的关键，在于经济增长由依靠物质资本的积累和其他资源的投入驱动转变为主要依靠人力资本的积累和效率的提高驱动。”①理论推导本身没有什么错误，却已经不能反映变化了的现实，这是一个事实。在我看来，这个事实本身必定还包含着更多耐人寻味的带有根本性的东西，这就是这种理论推导本身所依据的劳动价值论和基于劳动价值论的剩余价值论。

将产品按照价值划分为不变资本、可变资本和剩余价值三个部分，是马克思分析再生产规律的一个重要前提。贯穿在这种划分中的一个基本思想，就是认定劳动是生产发展的基本驱动力，而劳动又受到资本的支配，劳动的生产力最终表现为资本的生产力，因而马克思的再生产公式所表现的再生产条件集中于资本及其各部分的关系：不变资本和可变资本之和是资本总额，而剩余价值是资本所支配的剩余劳动的产物。一旦新的增长因素加入进来，甚至上升为主导因素，这个公式便不能容纳了，它变得过时是必然的。

将社会生产按照实物形式划分为生产资料部门和消费资料部门两大部类，是马克思分析再生产规律的另一个重要前提。再生产不仅要求价值补偿，而且要求实物补偿，因而不仅从价值角度划分产品是必要的，而且从实物角度划分社会生产也是不可缺少的。问题在于，两个部类的划分只是对物质生产部门内部的划分，而将非物质生产部门完全排除在外了，这是只认定物质生产领域是价值和剩余价值源泉的直接结果。因而，一旦社会经济发展突破了这种认识的局限，基于这种认识的理论也就必然变得不合时宜了。

这些情况说明，马克思再生产理论的局限性与其劳动价值论和剩余

---

① 吴敬琏：《中国增长方式抉择》，上海远东出版社2006年版，第36—37页。

价值论的局限性密不可分，说得更确切些，前者是后者的直接结果。马克思对再生产条件的推导过程本身没有什么错误，但这种推导的理论基础的局限性决定了推导结果不能不具有局限性。

“20 世纪 20 年代，在面对资本主义国家的包围、具有建立强大的军事工业迫切需要的苏联，（列宁的）‘生产资料优先增长’的理论被推演为‘优先发展重工业’的社会主义工业化路线”[①]；“在理论的层面上，当时苏联经济学界的大部分人认为，马克思《资本论》关于生产资料生产（第Ⅰ部类）和消费品（第Ⅱ部类）之间比例关系的原理并不适用于苏联社会主义建设，因为无产阶级国家可以‘自觉地’或‘自由地’规定生产资料部门与消费资料部门的比例，来加快经济技术落后的苏联的经济发展”。[②] 这就是说，他们是从主观主义角度来看待马克思再生产理论局限性的，因而不仅不可能克服这种局限性，反而进一步强化了这种局限性，将经济发展的主要驱动力进一步窄化为生产资料部类中的重工业。“到 20 世纪 30 年代，苏联经济学家甚至认为，优先发展重工业‘不仅是工业发展比较落后的国家’，而且是‘一般进行扩大再生产的国家的发展规律’，是‘包括发达社会主义在内的整个社会主义时期工业发展的规律’”；更严重的是，“后来的社会主义国家，包括中国在内，都是沿着这条道路进行工业化的”。[③]

历史已经得出结论，这不是一条繁荣富强之路，尽管有这样那样的历史的理由，尽管在一定时期也取得了无可否认的历史成就。问题出在哪里呢？“社会主义工业化路线遵循狭义劳动价值论，认为只有物质生产领域才创造价值，服务活动只作为社会总产品的消耗来处理；这样，实现工业化只是意味着工业总产值在工农业总产值中处于支配地位。更重要的是，斯大林所推行的社会主义工业化是在国家私有制的基础上，以中央计划直接调配资源为突出特征的；国家私有制乃是所谓‘自觉地’或‘自由地’规定生产资料部门与消费资料部门的比例关系的制度基础，与先行工业化国家以扩展市场作用为突出特征的早期经济增长方式有很大不同。在后一类国家，市场力量促使增长向更有效率的增长方式转型，而在计划经济体制下，为了尽可能高速度地发展盈利性不高的重工业，可以通过计划定价低估各种生产要素的价格来保证过度投资和优先发展重工业的方

---

① 吴敬琏：《中国增长方式抉择》，上海远东出版社 2006 年版，第 28 页。

② 同上书，第 31 页。

③ 同上书，第 32 页。

针得到贯彻”。[1]

人们在这里又碰到了劳动价值论的局限性。的确，从劳动价值论到社会主义工业化路线，其间存在许多中间环节，经济理论家们为此作过大量论证，但论证无论怎样复杂曲折，劳动价值论始终是这些论证的基本出发点和基本依据。这里所谓劳动价值论应该就是马克思的劳动价值论，它在实质上没有狭义和广义之分，因为马克思在《资本论》第三卷分析价值向生产价格转化之后得出的价值决定规律，有时被认为是广义的劳动价值论，其实并不是对先前在《资本论》第一卷所阐述的那个劳动价值论的突破，而只不过是它的一种变形。先前断定单个商品的价值决定于社会必要劳动，后来则断定这个原理是对整个商品价值决定而言的，不是对单个商品来说的。在论述这种价值决定原理的“变化”时也引进了商品供给和需求之间关系的因素，但是终究没有认可这种关系会决定商品价值和价格，只承认这种关系会使商品价格发生变动，而变动所围绕的中心则仍然被认为是由社会必要劳动所决定的那个价值。应该说，马克思始终没有离开他所钟爱的劳动价值论，这种价值论贯穿他整个经济学的始终。

世界和中国发展到现在，事情已经很清楚，从理论层面来说，问题的症结也不在于劳动价值是狭义还是广义的，而在于劳动价值论本身，只要坚持这种价值论，则决不会认可劳动以外的要素创造价值的可能性，即使在分析资本的场合，如前所述，也要将资本的作用归结到劳动上。可见，要认可现代经济发展方式的主要源泉或驱动力，在基本理论层面上，决不是对劳动价值论加以“深化和发展”所能满足的。因此，在我看来，从早期经济发展方式发展演变到现代经济发展方式，同时也意味着经济价值论和剩余论的突破和更新。

三

事实正是如此。吴教授以充分的理论阐述和大量数据令人信服地证明：“先行工业化国家 19 世纪后期以来效率提高的源泉主要是以下三个：(1)‘与科学相关的技术’的广泛应用；(2)服务业的迅速发展；(3)信息通信技术向国民经济各部门渗透，改造这些部门的生产经营流程，使它们的效率得到提高。这些源泉的开发，使经济增长越来越多地建立在效率提

① 吴敬琏：《中国增长方式抉择》，上海远东出版社 2006 年版，第 32—33 页。

高的基础上。"[1]这是吴教授力主中国经济发展走现代经济发展之路的重要依据。

从基本理论层面来说，这些事实和论述包含着许多发人深省的东西。首先，对价值及其剩余的概念的理解，绝不能再囿于马克思经济学所说的那个概念了，因为这些概念与商品的使用价值是分离的，使用价值充其量只是价值的物质承担者，与价值的创造源泉无缘。而现代经济发展的事实表明，所谓商品价值及其剩余，是一个与使用价值密切相关的概念，离开商品的使用价值，离开商品满足人的需求，简言之，离开主体与客体的关系，便无从理解商品价值及其剩余。上述各种源泉之所以能够上升为现代经济发展的主力，无一不与其能够更有效率地创造更为丰富多彩的使用价值，从而在更大的程度和广度上满足人的不断增长的物质和精神生活需要相关。

其次，对价值及其剩余的源泉的理解，更需要突破先前的狭隘眼光。现代经济发展极大地拓展了价值及其剩余的源泉。物质生产领域当然还是商品价值的源泉，其中的社会必要劳动当然还是价值及其剩余的决定因素，但它早已不再是决定性因素，更不是唯一的决定因素了。"与科学相关的技术"的作用异军突起，上升为社会生产发展的第一生产力；原先被认为属于流通领域、不创造价值的服务业，在创造价值及其剩余中的地位大为提高；而信息产业的发展及其向各个部门的渗透，对提高经济效率的作用，在我们国家还刚刚显露，其前景无可限量。人们往往以为，鉴于先行工业化国家的经验，服务业的大发展应该是在工业化以后，因而也就是重化工业化以后的事情。吴教授却令人信服地证明，这是一种误解。"20世纪后期在产业三分框架下对先行工业化国家产业结构变化的研究表明，服务业发展超过工业的时期，是在进入工业化后期时（第一、二'梯队'）、甚至是在进入工业化中期时（第三、四'梯队'），而不是在工业化完成之后实现的。例如，英国和美国是在20世纪初期，日本则是在50年代中期"[2]。面对这些活生生的现实，如果仍然拘泥于传统的价值论，否认服务业等各种非劳动要素的创价作用，岂不是太可笑了吗？

再次，上述结论包含着对社会产业分类的新认识和新划分。按照马克思经济学的理解，只有物质生产部门和非物质生产部门之分，因为前者

---

① 吴敬琏：《中国增长方式抉择》，上海远东出版社2006年版，第59页。
② 同上书，第151页。

是价值源泉，后者则不是；但是，现代经济发展却表明，“到了20世纪初期，先行工业化国家的服务业（包括一般服务和政府的公共服务）无论在就业方面还是在增加值方面都超过了工业，成为国民经济中比重最大的产业”[①]，从而促成了三次产业划分。这种划分为肯定第三产业的地位提供了一个新的依据，因为它将第三产业与传统的产业并列起来。三次产业的划分，对那些囿于传统观念，认为只有物质资料的生产应该占先的人来说，恐怕是难以接受的，但却是确凿的、无可否认的事实。这种事实和认识的确立，无疑进一步动摇了劳动价值论，以及基于它的剩余价值论的根基。当然，在服务业内，还有生产性服务和生活性服务之分，它们对经济价值及其剩余的创造作用是不同的，但这是属于服务业内部的区分，在突破劳动价值论的框架上，它们的作用是一致的。

虽然还可就其他问题对《中国增长方式抉择》作出解读，但以上论述足已说明，实现经济发展方式的转变，要求我们在经济价值论和经济剩余论领域也实现根本的转变。

① 吴敬琏：《中国增长方式抉择》，上海远东出版社2006年版，第14页。

12 经济剩余与收入分配

一

从产出中减去投入是经济剩余，从经济剩余中再减去积累，余额就是社会成员所能分配的数额。这个余额越多，居民所能分配的收入当然也就越多。改革开放以来，我国居民收入的大幅度增长，就是源于这个余额的增长。这个余额的增长，有赖于产出的增加，也有赖于投入的减少。前面的论述已经证明，这最终要取决于中国经济发展的方式。过去的历史经验教训表明，我们不能再走“从以依靠物质资本积累和其他资源投入驱动，转变为主要依靠人力资本的积累和效率的提高驱动”的老路；不能走先重化工业化，再知识化和信息化的道路，而应当在发展第一和第二产业的同时，力求尽快发展第三产业，特别是通信技术产业。

“公平正义”应该是收入分配的基本原则，它既不同于凭借对各种资源的某种垄断而无偿占有他人劳动成果或社会财富，也不同于否认任何差别的绝对平均主义，当然与所谓按需分配也不可相提并论。不过，“公平正义”是一个历史的、具体的、变化的概念，它会随着社会生产力的发展水平和社会结构的变迁而变化。在我国社会发展的现阶段，在建设中国特色社会主义的历史时期，最能体现公平正义原则的就是按劳分配为主体、多种分配制度并存的分配制度，它的基本要求就是按劳动、资本、技术、管理等各种生产要素对社会经济发展的贡献进行收入分配。

社会成员直接从自己的劳动或财产所得到的收入，包括对各种形式的体力劳动和脑力劳动的报酬，其主要形式是工资、奖励和津贴等；还有各种财产性收入，指家庭拥有的动产（如银行存款、有价证券等）、不动产（如房屋、车辆、土地、收藏品等）所获得的收入，其形式包括出让财产使用权所获得的利息、租金、专利收入等以及财产营运所获得的红利收入、财产增值收益等。再次分配则是政府通过税收和转移支付等手段对收入分配所进行的调节，社会成员或对之作出贡献，或从中获得收益，或两种兼而有之。

二

为什么说按劳分配和按要素贡献分配制度体现了公平正义的基本原则呢？因为它所依据的是这样一个客观存在的基本事实：财富及其价值的源泉是多元的，各种生产要素都对经济发展做出了贡献。

首先，社会财富是由多种要素协同创造的，包括劳动在内的任何一种要素都不可能单独创造财富，这个客观事实已越来越得到人们的认同。人们还认识到，随着生产的发展和社会的进步，不仅参与创造社会财富的要素在不断变化，而且其中起主导作用的要素也在变化。在近代社会生产力发展历史上，起初的基本生产要素是土地和劳动，生活于 17 世纪末期的英国社会活动家和经济学家威廉·配第的名言"土地是财富之母，劳动是财富之父和能动的要素"就是对资本主义原始积累时期生产的基本要素和基本动力的生动概括。18 世纪末期到 19 世纪初期，随着第一次产业革命的进行，资本的作用凸现出来，于是出现了土地、劳动和资本的三要素论，提出此论的最著名的代表人物，先有亚当·斯密，后有萨伊和李嘉图。值得注意的是，马克思主义经济学，作为对该历史时期考察的经济学，也是认同这种财富论的，也就是说，就财富（使用价值）而言，马克思承认其源泉不仅有劳动，而且有生产资料，包括土地和资本。19 世纪下半期，产业革命的深化和发展使企业家阶层逐渐形成、壮大，并在社会经济生活中起着越来越大的作用，以致到 19 世纪 90 年代，阿尔弗雷德·马歇尔（英国剑桥学派领袖，新古典经济学奠基人）将企业经营管理作为三要素以外的一个新要素提了出来，从此有了四要素论。时至 20 世纪中期，科学技术作为第一生产力的作用凸现出来，于是有了五要素论。从两要素发展到五要素，都有一个要素或称第一生产力在其中起主导作用，它们依次是劳动、资本、经营管理和科学技术。这是生产力发展的结果，也是进一步发展生产力的要求，生产力发展的这种辩证法是不以人的意志为转移的。当然，新的主导要素的出现并不意味着其他要素的作用随之消失了，后者只是退居次要地位而已。

其次，财富有两种基本形式：一种是实物形式，另一种是价值（货币或价格）形式。由于它们不过是同一财富的不同表现和存在形式，故它们的创造源泉没有不一致之理。这本来不应当成为问题，可是，作为西方近代资本主义初期的古典经济学，为了反对封建主义的需要，特别是为了论证土地收入(地租)是对资本利润的威胁,从而是发展新生资本主义的障碍,特意将商品的使用价值和交换价值加以区分,着意于将其创造源泉加以分化,指出地租就其实物形式来说,其源泉离不开土地等自然资源,但就其交换价值形式来说却只有劳动,而且是最差土地上所花费的劳动量,他们以此种劳动量说明土地产品价格的形成,进而说明极差地租的形成。马克思出于反对资本的斗争需要,继承和发展了这种学说,将一切商品的交换价值和价值的源泉均归结为雇佣劳动者的劳动,而且是生理学意义上的一般的抽象劳动,从而为比古典经济学更明确地将包括土地地租和资本利润在内的一切非劳动收入均归入对劳动创造价值的扣除提供了理论依据。这样一来,马克思就将使用价值和交换价值作了彻底区分和分化,把本来不过是同一商品的两种不同用途,或两种不同表现和存在形式,视之为商品的两种不同属性,为将它们的创造源泉也加以彻底分化提供了理论依据。根据这种商品二重性学说,再加上劳动二重性学说,马克思终于将财富的实物形式的源泉和财富的价值形式的创造彻底分隔开来。马克思虽然承认财富的实物形式(使用价值)的源泉是包括劳动和非劳动要素在内的各种要素,但坚持认为财富的价值形式的源泉只有劳动,而且是抽象劳动。我们已经论证过这种学说是有缺陷的。我们应当承认财富的实物形式和价值形式的源泉的一致性,承认使用价值和交换价值源泉的一致性。据此可以断定,财富无论采取什么形式,其创造源泉均是多种要素。如果要进一步论及两者在创造源泉上的区别的话,那么,我们不得不进一步承认,财富的价值形式的源泉甚至比其实物形式的源泉还要来得复杂,因为商品价值和价格除了要受市场供给的制约之外,还要受制于市场需求,它是市场供求关系共同作用的结果,由两者一起决定。如果各种要素按照各自的贡献取得报酬的原则得以实现和落实,那么,可以想见,从理论上说,各要素收入份额之和恰好等于经济剩余减去积累后的余额,或者说这个余额将被分尽,这就是分配理论中著名的“尤勒定理”。

三

有人至今仍将公平等同于绝对平均,以为只有平均才是公平,一旦有了差别(哪怕是合理的差别)就是不平等,这是一种误解。从历史上看,这种观念在小生产像汪洋大海一样的国度是极容易流行的。这种观念对不公平的人吃人的剥削制度是一种抵制和反抗,但终究不是顺应生产力发展要求的进步思潮，在建设中国特色社会主义的今天，它更是一种有碍社会进步的消极因素。应该明确，与按照贡献分配的原则相比，平均主义其实也是一种不公平，因为它无视个人之间对社会贡献的差异，不过这种不公平更隐蔽罢了，这就是它压抑人们的创造性和积极性、阻碍社会生产力发展的原因，也是实行平均主义并不能保障社会和谐稳定发展的原因。

有人至今仍只认同劳动报酬的正当性，不认同合法财产性收入的正当性，以为只有按劳分配才是公平正义，认为任何私有财产及其财产性收入都与社会主义不相容。认为社会主义只与公有制兼容，绝对地排斥私有制，这是早期的社会主义观念。这种观念是对早期资本主义制度批判的产物，它与先行工业化国家在第一次产业革命之后所形成的政治经济形势是相适应的，但已同当代资本主义和当代社会主义的理论和实践相脱节了。一方面，某种形式的国有制和公有制早已是当代资本主义经济的不可或缺的有机组成部分；另一方面，现代社会主义特别是中国特色社会主义实践，也已经成功地将非公有制经济纳入自己改革发展的轨道，成为国家经济制度和经济发展的重大推动力之一。这一切都是社会生产力发展的要素和结果，也与生产力的进一步发展相适应。在这种情况下，还用以往关于剥削的旧观念来看待私有财产及其收入的性质，显然已不合时宜。

何况按劳分配原则在社会主义国家的实践中并没有得到真正的实行，它在很大程度上还只是停留在口头上、字面上的一种乌托邦。别的不说，我国改革开放以前声称实行按劳分配的几十年间，占人口大多数的农民并没有享受到与国家干部和城市居民一样的收入就是一个极大的弊端，至于各级干部和城市居民的实际收入，也因为诸多特权的存在，以及对广大民众所刻意实行的阶级性和其他社会属性的划分，而与按劳分配的境界相差甚远。

当然，将按生产要素贡献进行分配的原则视为分配领域的唯一原则也是不对的，还必须辅之以在再分配领域按需要进行分配的原则，也就是说，公平正义分配原则应该贯穿于收入分配的全过程。例如，按照贡献或收入数额以及实际家庭负担等原则征收赋税，国家按照离退休人员在职年限和贡献等因素支付工资或补贴，对未成年人和弱势群体给予扶助，对因地区、民族、性别、职业等项差异给予支付和补贴等。

四

效率与公平是市场经济的一大矛盾,这是常识。没有竞争就没有市场和市场经济,竞争会促进效率的提高,但如对其消极作用不加节制,则极易造成社会不公。效率和公平在这里是就市场经济的整体效果来说的,其中的效率是指整个市场经济体制的社会经济后果,通常是指生产和经营的效率,包括劳动生产率,也包括其他资源和要素的生产率或利用率。而公平则通常是指社会成员能否公平地参与社会生活,以及享受应得的成果,包括所谓事前的平等和事后的平等。总之,它们都是就整个社会生活的效率与公平而言的。

美国已故著名经济学家奥肯在 1975 年提出,公平和效率是市场经济的一大矛盾,二者之间存在互为代价的关系,他强调机会公平或起点公平,也强调政府通过再分配来增进公平。这些见解有一定的概括性和说服力,至今仍有参考价值。1993 年党的"十四大"在确立社会主义市场经济目标模式的同时,提出"效率优先,兼顾公平",就是在考虑到市场经济固有特点和我国现状的基础上提出的一个战略性要求。事实证明,这个要求对推进市场经济体制改革、发展社会生产力、增强综合国力、提高人民生活水平发挥了积极作用。

随着我国经济改革的深入和经济的快速发展,特别是在社会生产力有了大幅提高而社会不公问题逐渐突出的情况下,显然需要对"效率优先,兼顾公平"的提法进行调整。但这种调整不应是放弃效率,只要公平,也不应是颠倒效率和公平的次序。因为当前中国社会出现的社会不公现象,从总体上说是我国社会经济发展到一定阶段必然出现或突出的问题,绝非改革发展之过,因而调整和解决之道也绝不应是停止改革,走回头路,那是没有前途的,只有深化改革,坚持发展,才是正途。例如,在收入分配领域,就需要不断加大国家投入的力度,逐步调整和完善相关政策措施,逐步提高居民收入在国民收入中的比重,处理好政府收入(主要是税收)与居民收入的关系;提高劳动报酬在初次分配中的比重,处理好劳动报酬与财富性收入的关系,同时又要创造条件让更多群众拥有财产性收入;着力提高低分配者收入,逐步提高扶贫标准,建立企业职工工资正常增长机制和支付保障机制;保护合法收入,调节过高收入,取缔非法收入,逐步扭转收入分配差距扩大的趋势,特别是尽快取消垄断行业的垄断性收入,等等。

在新形势下,面对新问题和新困难,我认为应该实行效率和公平相结合的原则,不再分主次,不要论先后,两者都得要。事实上,当时提出"效率优先,兼顾公平"的基本精神,在于强调发展才是硬道理,贫穷不是社会主义。当然,贫富两极分化也不是社会主义,我们的目标是解放生产力,发展生产力,最终实现共同富裕。然而这只能逐渐实现,不可能"一口吃个胖子",在社会生产力水平比较低下的时候,也只能"效率优先,兼顾公平",这是实事求是的科学提法。现在的情况既然发生了重大变化,作出适当调整也是顺理成章之事。

值得注意的是,曾几何时,"效率和公平"却被理解为收入分配领域的一对矛盾,"效率优先,兼顾公平"相应地也被解释为处理收入分配的一种原则。例如,在过去一段时间,不少人(我也是其中之一)主张初次分配着重效率,再次分配着重公平,就体现了这种理解。著名经济学家蒋学模先生的表述最为明确:"改革开放以来,为了纠正新中国前三十年,特别是'文化大革命'十年中严重的平均主义的错误,曾在分配问题上提出'效率优先、兼顾公平'的原则。现在,根据科学发展观中'以人为本'的发展目标和构建社会主义和谐社会的要求,当然应当把实现社会公平放到更加重要的地位。那么,'效率优先、兼顾公平'的原则还要不要提呢?有人认为,为把实现社会公平放到更加重要的地位,应该改提'公平优先、兼顾效率'……"[①]事实上,近期出现的关于改革的第三次大争论中,不管对改革持何种态度,在将效率和公平理解为一个收入分配的原则这一点上,人们的理解往往是相同的。甚至党的"十七大"文件还提出:"在再次分配中要更着重公平",也仍然是将其作为收入分配原则来处理的。

这种理解最大的缺陷是极易导致这样的误解:既然过去在收入分配中实行"效率优先,兼顾公平",现在则强调"在再次分配中要更着重公平",那是不是说初次分配实行"按要素贡献分配"不公平呢?有人就是这样看问题的,他们甚至指责"按要素贡献分配"就是认可剥削,认为财产性收入就是剥削,等等。如前所述,这是一种过时的观念;但我们又不能不说,将"效率和公平"理解为收入分配领域的一对矛盾,将两者孰先孰后理解为一种分配原则,为这种指责提供了某种口实。

其实,如前所述,效率和公平是市场经济的一对矛盾,说的是生产效

---

① 蒋学模:"'效率优先、兼顾公平'的原则是否需要修改?",《学术月刊》,2007 年第 7 期。

率和分配不公，而不是分配领域本身的效率和公平，将效率看做分配原则本身是说不通的。市场的效率涵盖和涉及市场经济条件下整个生产经营过程的效率，所反映的是生产经营的投入与产出的关系，包括劳动生产率、各种经济资源的利用率、经营管理的效率等。这些都是生产领域的问题，怎么可能是一种分配原则呢？尽管这种效率与收入分配密切相关，但效率本身不是收入分配的原则应该是再明显不过的事情。

总之，就社会主义市场经济发展的全局来说，笔者认为应该坚持效率和公平相结合、效率和公平都得要的原则，就收入分配关系来说，则应该坚持公平和正义的原则，并且将这种原则贯彻到包括初次分配和再次分配在内的全部过程之中。

下篇　经济剩余观的发展

引　言

在西方经济学发展的过程中，一直存在着两种经济剩余观，一种是基于财富论和价值论统一的经济剩余观，一种是基于财富论和价值论分裂的经济剩余观。前者总是基于多元价值论，而后者总是基于一元劳动价值论。在这两种经济剩余观之间实际上存在着长期的论争，呈现出此消彼长的曲折态势。本篇即是对这两种基于不同价值观的经济剩余观及其消长的概略考察。

通观经济剩余学说的发展史，可以看到，除了从西方古典经济学到马克思的经济剩余观是走着一条基于一元劳动价值论的思路，从而以对价值和财富的分裂为出发点和分析前提之外，其他历史时期的经济剩余学说，自觉不自觉地总是基于多元价值观，或者说总是以对价值和财富的统一理解为出发点和分析前提。还可以看到，前一种思路和理论在资产阶级革命和无产阶级革命运动中都曾先后发挥过积极作用，但它们在进入资本主义的发展时期和社会主义的建设时期之后，无一例外地都被遵循后一种思路的理论取代，这是符合社会生产力发展的客观要求的，因而是不可避免的。

本篇不是经济剩余学说通史，甚至也不是它的简史，而只是对其发展过程中几次历史性大论争和大转折的鸟瞰和概述。这些大论争无一例外地都历经过长期的历史演变过程，并且往往在社会转折期变得特别尖锐和激烈起来。它们是各该社会不同利益集团或阶级、阶层之间矛盾的反映，又深刻地影响着社会发展的方向或进程。观察这些鲜活的历史和现实，追踪和把握经济剩余学说发展的基本内涵和特点、历史潮流和走向，会有助于探索当今我国社会的经济剩余问题。

在西方主流经济思想发展中，这样的历史性论争大致出现过三次。

第一次是西欧古代和中世纪思想家关于借贷利息的论争，以及后来人们对借贷利息态度的转变；第二次是18世纪中后期英法古典经济学派对重商主义经济剩余观的批判，以及随之而逐渐确立的产业资本剩余观；第三次即最近的一次，是从19世纪中期到现在，围绕资本及其剩余收益问题展开的论争。这场论争最初出现在古典经济学派内部，代表新兴资产阶级利益的经济理论家和代表土地贵族利益的经济思想家，围绕土地地租问题和生产性劳动问题展开论争。随后论争的主角逐渐发生了转变，一方维护资本主义生产方式的新古典经济学和当代西方主流经济学，另一方对资本主义生产方式持批判态度，其中有小资产阶级经济学、德国历史主义经济学、欧洲空想社会主义，最主要的当然是马克思主义经济学。与前几次历史性论争相比，这次论争持续的时间最长，影响巨大，这一时期所发生的社会主义革命运动和随后建立的社会主义阵营，在一定意义上即是这场论争的结果，同时也最为曲折。20世纪下半期，以建立市场经济体制为宗旨的改革浪潮席卷整个社会主义世界，随着改革的深入与发展，在社会主义国家先前被否定的资本及其剩余收益重新得到重视和肯定，这是对资本剩余观的否定之否定，这个过程还没有完结。

01 欧洲古代和中世纪的经济剩余观

古希腊：从荷马史诗到亚里士多德

肯定土地等自然产物，谴责贷款取息

在古希腊和古罗马奴隶制度下，土地和奴隶被奴隶主和教士们视为财富，通过战争、交易或其他手段获取更多的土地和奴隶，便成为奴隶主和教士们致富观的基点，这其实也就是最初的经济剩余观。对于这种财富及其剩余的正当性，反映当时统治阶级意志的思想家们普遍表示肯定和赞同，与此同时，他们对当时出现的另一种经济剩余即贷款取息却采取了谴责、限制或禁止的态度，这同他们对土地和奴隶的态度形成了鲜明对照，但二者却又是相辅相成的。

对借贷利息的批判态度、限制或禁止做法，在古希腊从"索伦改革"一直延续到亚里士多德。索伦禁止以人身为担保的借贷，亚里士多德则认为借贷利息是不自然的，应当受到谴责。而在古罗马，这种态度和做法一直延续到公元1世纪的一系列著述，以及皇帝的法规和禁令之中。

荷马史诗(《伊利亚特》和《奥德赛》)大约在公元前9世纪至迟在8世纪初已系统编成，主题是特洛伊战争，但其内容最早可上溯到公元前21世纪中叶，反映了古代希腊原始公社时期的社会生活和情景。那时只有公社成员的小块土地和氏族贵族占有的大片土地，真正的土地私有制还不存在。原始的最初意义上的社会经济剩余，就是沦为奴隶的战俘和战俘的妻子(女奴)，奴隶从事着构筑城墙等苦役，女奴则为奴隶主磨黄粱、缠纱、织布、梳羊毛等。那里也记载了在公社土地和贵族田地上利用雇工进行耕作的情形，可以设想奴隶主会驱使雇工和奴隶努力耕作，以获得更

多“剩余土地产品”供其享用。[①] 史诗在客观描绘和记载这些场景的同时，也向人们传递了史诗作者们对于这种社会情景的肯定，至于被奴役的奴隶和雇工是否也持这种态度，我们就无从知晓了。

《田功农时》是继荷马史诗之后著名的长篇史诗，其作者是彼阿提亚的田园诗人希西阿德（公元前 8 世纪），史诗描绘了希腊奴隶制城邦形成初期的某些社会情景，对一年四季从耕种到收获的描写尤为具体和细致，字里行间显示出人们的最大期盼莫过于使“万物之母的大地”结出更多的果实。看起来“经济剩余”在作者的心目中无非就是指更多的土地产品，还有雇工和奴隶。

古代雅典政治改革家和诗人梭伦（约公元前 638—前 559）在他所实施的改革中，曾禁止以人身为担保的借贷，永远地解放了人民，他还下令取消公私债务，其法案曾以“解负令”闻名，意即卸下他们的重担。换句话说他并不反对借贷，但他反对以人身作为借贷的担保。

古代希腊的著名僭主庇西特拉图（约公元前 600—前 527）执政期间扶持农业生产，鼓励发展手工业和商业，致力于国家的集中统一，对雅典社会的发展起了积极作用。他曾拨款借给贫民，以供他们产业之需，依靠农耕自足。他这样做有两个目的：一是防止他们逗留城市，使之散居农村，忙于私事，无心留意公众事务；二是使土地得以充分耕耘，他自己的收入也会有所增加，因为他抽取产品的十一之税。这实际上就是说，这位僭主明白剩余产品来自农业生产。

色诺芬（约公元前 430—前 355）是古代希腊著名的思想家和政治家，出生于雅典富人家庭，受过贵族教育，是苏格拉底的学生。他基本站在贵族奴隶主立场上，拥护斯巴达的贵族寡头政治，反对雅典的民主政治。他首创“经济”一词，指代家庭经济，他的《经济论》就是论述奴隶主家庭经济的著作。

色诺芬首先对“财产”和“财富”提出了明确的定义，这在西方经济思想史上可能是首创。他论证这个问题的基点在于某物是否“有用处”，这可以说是后来大行其道的效用论的萌芽。他提到了交换，但这种交换还

---

① 参看巫宝三：《古代希腊、罗马经济思想资料选辑》，商务印书馆 1990 年版，第 2—8 页。该书是目前关于古代希腊和罗马经济思想的最新的中译文资料选辑，与多年来为中外学者广泛引用的 A.E. 门罗：《早期经济思想——亚当·斯密以前的经济文献选集》（哈佛大学出版社 1924 年版）一书相比，它的内容也比较全面和丰富。

只是为了换来对自己有用的东西的手段，而不是以交换价值为目的的，这是奴隶制度下刚刚萌生的财富观和财产观。

他论证的基本思路如下：财产管理也是一门学问，其功用就是管理好自己和别人的财产；一个没有财产而懂得管理的人也能靠给别人管理财产来挣钱并得到很优厚的薪给；“一个人的财产等于他所具有的一切东西”，“一切好东西或有利的东西而不是坏东西”，“有害的东西是损失，不是财富”；一个东西是否是财富还要看会不会使用它，会使用的是财产，否则不是财富；但是如能将自己不会使用的东西卖出去，换进一些他会使用的东西，那么他不会使用的东西就变成了财富；“财富是一个人能够从中得到利益的东西”，哪怕是仇敌，如能从他们身上得到好处，他们也是财富，因此要善待仇敌，否则就不是财富，哪怕她是老婆；事实是许多王公和平民靠战争增加了他们的财产，就是这个道理；同样地，“具有知识和资力的人，如果他们工作，他们可以凭这种知识和资力增加他们的财产”，可是，如果他们懒惰、怯懦和疏忽，热衷于赌博和滥交朋友，就会妨碍他们去做有益的工作；如果他们甘为饕餮、好色、贪杯和野心的奴隶，也会使他们失去财产和尊严，因此要反对这些损害人们的身体、精神和财产的“暴君”和“女主人”。①

色诺芬借苏格拉底之口，将“增加财产”或“获取盈余”即“管理财产”的方法归纳为：省吃俭用；用最少的钱去办最有用的事；把东西放在适当的地方，而不是到处乱放；善待仆人，不要给他们带脚镣；在农业上有足够的钱可供支付，并将钱用在必要的用途上；买一些小孩子，训练他们做农工……马和人是相同的，一到一定的年龄就变得有用，而且越来越好；最后，要善待妻子，因为收入大部分是丈夫勤劳的结果，而支出则大半是由妻子管理的。如果两个人各尽自己的本分，财产就增加了；如果他们做得不好，财产就要减少。

然而，最值得注意的是色诺芬对农业的重视，在他看来农业是“最高尚、最必需的”事业之一(另外一个是战术)，也是增加财富的手段。他说：“从事农业在某种意义上是一种享乐，也是一个自由民所能做的增加财产和锻炼身体的手段。”②他列举了农业的种种好处：土地给人以食粮、奢侈品、装饰品、美味食品的原料、役畜和供祭祀用的牲畜。同时土地又促使

① 色诺芬：《经济论·雅典的收入》，商务印书馆 1961 年版，第 1—5 页。

② 同上书，第 16 页。着重号为引者所加。

人们去具备享用和获取这些物品的技艺和本领，包括忍受寒暑、锻炼力气、按时耕作、喜好狩猎和鼓励农民保卫国家，等等。色诺芬满怀激情地说："什么技艺能比农业训练出更好的跑手、投掷手和跳高手呢？什么手艺能给劳动者以更大的报酬呢？什么技艺能更高兴地欢迎它的追随者，请他们来并让他们取走他们所需要的东西呢？……人们说得好，农业是其他技艺的母亲和保姆，因为农业繁荣的时候，其他一切技艺也都兴旺；但是在土地不得不荒废下来的时候，无论是从事水上工作或非水上工作的人的其他技艺也都将处于垂危的境地了。"[①]可以将这些思想看做日后法国农业主义，即将农业生产视为经济剩余的源泉这一思想的先声。

色诺芬《经济论》的很大一部分篇幅论述"怎样做一个高尚的人"，其核心思想就是如何做一个合格的奴隶主，论述他在管理自己庄园中所应具备的品质和条件。色诺芬提出：此等人应该能够教会妻子忠心、心灵手巧，且不刻意追求虚饰和外表；他本人则应具备健康的体魄和雄辩的才能；像饲养动物一样，奖勤罚懒，使仆人忠实和小心谨慎；以同样的方法教育管家忠诚能干；最重要的是懂得农业技艺：了解土壤，知道如何播种、收割、栽树，以及使用和鉴别真假货币。他进一步指出并深信：一个人是贫还是富不在于是否知道这些技艺、而在于是否勤勉、是否遵守这些技艺、是否会管理。他说，是否注意"指挥和监督"劳工在工作时间里好好劳动，结果就会大不相同；不善管理和懒惰比缺乏知识对农业的损害严重得多；只要好好照料土地就可以得到良好的结果，甚至可使一块土地"增加上百倍的价值"。

可以说，色诺芬的《经济论》是一本古代版的经济管理学教材，从我们现在研究的经济剩余问题的角度来说，撇开涉及的社会制度不谈，这本教材告诉我们的最重要一点，就是经济剩余来自农业，来自农业的劳动和管理，当然，请不要忘记，这一切被认为都是出自"神"的启示和教诲。

色诺芬《雅典的收入》一文谈的是增加雅典国家收入的办法，其实又何尝不是在论述如何增加经济剩余，因为从该文可以看出，色诺芬懂得只有通过各种办法增加"利润和贡赋"，国家的收入才能增加。当然，他所说的利润与我们今日理解的利润不可相提并论，然而他既以利润和贡献一词指减去代价后的余额，我们就有理由视其为对经济剩余的观察，甚至可以认定属于今日所谓"宏观"层次的经济量。

---

① 色诺芬：《经济论・雅典的收入》，商务印书馆 1961 年版，第 17—18 页、第 19—21 页等。

色诺芬逐一详细分析和论述了雅典国家“得天独厚，具有大量收入的来源”，包括：气候、海洋、土地、交通和白银等自然资源；制定适当的法规和政策以吸引外国人侨居雅典；授予商人特权，增加国内外贸易；开发银矿等[①]；他指出需要奴隶的工作是很多的，而且不少“市民”通过出租奴隶而发了财，所以他主张“像私人因拥有（并出租）奴隶而获得经常收入一样，国家也应该拥有公共奴隶（供出租之用），其数目应该三倍于雅典公民”[②]。这就是色诺芬所说“怎样安排公共事务，使全体雅典人民可以借助于我们的公共资源来维持充裕的生计”的办法，而且他以为不必担心金钱不够，“无论是建筑房屋，或者是建造船舶，或者是购买奴隶，都可以马上带来利润。逐渐地完成这些事情，一定比同时并举更为有利；因为同时并举，比之逐渐完成，不但代价大，而且效率差”[③]。

古希腊著名思想家、雅典贵族后裔、苏格拉底的学生柏拉图（公元前427—前347年），在他勾画的《理想国》即理想的城邦中，存在农夫、建筑匠、织匠和鞋匠之间明确而恰当的分工，各自按照需求从事生产；需要与异邦互通交易，也需要有城邦内部的交换，市场和商人自然不可缺少；当然还有雇工和奴隶。在柏拉图看来，这是一个简单的健康的城邦；如果是一个奢华的或侈靡的城邦，那么“我们所配置的各类人就不够了。那种生活方式将不能满足他们”，城邦的地域需要扩大，医生也应需要出现了。需求膨胀而土地不足，于是将面临战争。随之而来的就是建立军队，等等。在柏拉图看来，判断这些变化的是非标准就是“正义原则”，而所谓正义就是每个人只做一件最适合他本性的工作，专注于自己的事情，否则就是非正义。显然，柏拉图是基于分工的必要性来论证社会等级制度的必要性的。

柏拉图后来在《法律篇》中勾画的城邦制度则显得比较现实，这是一个基于自然经济和私有制度的城邦。他设想这种城邦的最佳规模是5040户，每家只让一个最受喜爱的孩子继承田产，各家有自己的一块土地，房屋也是自己的；但是这个国家不许拥有金银，禁止通过不道德的买卖来赚钱，只许务农，公民既不极端贫困，也不极端富有。他认为“任何有理性的人”，只要愿意，都可以“基于合法的目的”占有并役使奴隶；追捕逃

---

① 参看色诺芬：《经济论·雅典的收入》，商务印书馆1961年版，第66—75页。
② 同上书，第75页。
③ 同上书，第73页。

亡奴隶并加以妥善看管，对那些闹事和暴动者予以惩罚；至于商业和贸易，他主张在交易市场、物品价格等方面严加限制。可以看出，在柏拉图的心目中，经济剩余只应是一种小私有的并役使奴隶的自然经济的产物。

亚里士多德（公元前384—前322）是古希腊最著名的哲学家，他在哲学、逻辑、生物学、心理学、形而上学、伦理学、政治学、修辞学和诗学等方面均有重大建树。他的经济思想主要见于他的《政治学》和《伦理学》。在我们现在研究的经济剩余问题上，他的思想可以说是对奴隶制经济及其统治阶级思想的一个总结，虽然他还没有明确提出经济剩余这类概念，但他在关于财富及其源泉问题上的论述实际上包含着有关经济剩余的思想。这些思想归结起来就是：在致富或获利（剩余）的两种方法中，农牧等是合乎自然的、正当的，以牟利为目的的贩卖是不自然的和不正当的，以钱生钱的所谓钱贷最不合乎自然，最应受到谴责。

作为奴隶主阶级的思想家，他坚决维护奴隶制，视主人和奴隶为天生和本性使然，不仅事属必需，而且也是有益的。在他看来奴隶是“有生命的生产工具”，他们与土地、牲畜、农具等“无生命的生产工具”一起构成主人的财富（财产）及其源泉，包括管理和使用奴隶在内的工作就成为家政的一部分。

从眼前研究的问题来说，亚里士多德关于两种类型的生活方式或致富技术的论述最值得注意。第一类是指“靠自己的劳力，不凭交换和零售（经商）以取得生活资料”的“生活方式”或“谋生方式”，这包括五种：游牧、农作、劫掠（奴隶）、渔捞和狩猎。这一类方式是自然的（人们凭借天赋的能力以觅取生活的必需品）致富技术，“熟悉并运用这些手段应该是家务技术的一部分，以取得家庭所必需的各种物品，而且不仅要足够当时所需数量，还得有适量的积储，以备日后的应用。这种致富方式和技术不但有益于家庭团体，也有益于城邦团体。真正的财富就是这些物品。”

第二类是指“获得金钱的技术”，这是“不合乎自然的，这毋宁是人们凭借某些经验和技巧以觅取某种（非必需品的）财富而已”。为什么呢？他提出的理由是，物品的自用或交易本是物品的两种不同用途，自用是“正用”，交易是以有余换不足，也是为了自用，这都是自然的。可是随后出现的“以谋取利润为目的的贩卖”就是致富技术中“不合乎自然的一个部分了”。起初贩卖还是不复杂的，钱币只是作为计量单位，本业仍是以交换物品为目的，可是后来，逐渐发展演变成以聚敛钱财为目的并视钱币本身为财富的交易了。这种致富技术之所以不合乎自然，不仅在于这种交换是以牟利为目的的，而且还在于这种目的没有限度，取得必需品是有限度的，聚敛金钱则永无满足之日。

亚里士多德小结说："治产（致富）有两种方式，一种是同家务管理有关系的部分（农、牧、渔、猎），另一种是指有关贩卖的技术（经商）。就这两种方式来说，前者顺乎自然地由植物和动物取得财富，事属必需，这是可以称道的；后者在交易中损害他人的财货以牟取自己的利益，这是不合自然而应该受到指责的。至于（由贩卖发展起来的极端方式）'钱贷'则更加可憎，人们都厌恶放债是有理由的，这种行业不再从交易过程中牟利，而是从作为交易的中介的钱币身上取得私利。（贩卖脱离了物物交换的原意，钱贷又脱离了贩卖（商业）的原意。）为了交易的方便，人们引用了货币，而钱商竟然强使金钱（做父亲来）进行增值——所谓'利息'正是'钱币所生的货币'。我们可以由此认识到，在致富的各种方法中，钱贷确实是最不合乎自然的。"①

亚里士多德关于商品交换的一番议论也是值得关注的，因为它无异于表明亚里士多德实际上看到了经济剩余不能或者不应该从商品交换中产生。他一方面用"需要"来说明交换的必要性：因为个人生产东西有限，不足以满足自己的需要，所以需要用自己生产的东西去交换别人生产的他所需要的东西，别人也因同一原因而用自己的东西来交换；另一方面，他指出交换必须在"价值上平等"，否则就会出现一方得益而另一方吃亏的"不公道"局面，至于这种价值平等的基础是什么，或者说不同的东西何以能够进行平等的交换，亚里士多德并没有回答，他只是满足于指出金钱（货币）可以使这种平等得以衡量和实现。如他所说，在没有货币出现以前，五张床＝一座房子，交换就得以实际存在的床和房子本身来进行，自从出现货币之后，就可以用钱来表示这种相等的关系了，就是说五张床的钱等于一座房子的钱。亚里士多德明白，金钱出现之后的交换变得方便了，不过等价的原则还是一样的。他到底还是没有解释等价的真正基础是什么，但其中却暗含着等价交换不可能出现经济剩余的明确信息。

亚里士多德的上述财富（剩余）观充分显示了古代希腊奴隶主阶级的利益和要求：维护对土地和奴隶的占有，拒绝可能侵蚀这种占有制度基础（自然经济）的商业和借贷活动，而他关于交换应该等价的论述则强化了

① 转引自巫宝三：《古代希腊、罗马经济思想资料选辑》，商务印书馆 1990 年版，第 149—150 页。

他对贷款取息致富方式的否定，排除了交换生利的正当性，这是对奴隶制度下自然经济的一种写照，也是对经济剩余学说的一个重要贡献。

古罗马：大加图、瓦罗、西塞罗

推崇农耕，对经商和高利贷的态度各有不同

与上述古希腊文献相比，能为我们显示相关内容的古代罗马文献比较贫乏，这也许同我们所见到的古罗马文献多属法律一类有关。最著名和最具代表性的经济文献可能就是大加图的《农业志》和瓦罗的《论农业》，从中可以隐约窥见那时主流的经济剩余观。

马可·鲍尔奇·大加图（公元前234—前149）是古罗马共和国时期著名的政治家和作家，他的《农业志》大约写于公元前160年，他在这篇文章中论述了管理奴隶制农业的若干基本原则，明晰地描绘了公元前2世纪中部意大利的农业经济情形。从我们研究的课题来看，最值得注意的内容都包含在寥寥数语的序言中。他说："有时经商逐利，如不十分危险，那是很好的；贷款取利，如果非常公道时亦然。盗贼处罚两倍，贷款取息者四倍，我们的先人们持这种观点，并这样写在法律中……但我认为商人是勤奋和热衷于逐利的，然而如上所述，却是多冒风险和易遭灾难的。不过，最坚强的人和最骁勇的战士，都出生于农民之中。（农民的）利益来得最清廉、最稳妥、最不为人所嫉视，从事这种职业的人，绝不心怀恶念。"①

很显然，在农、商、贷三业中，加图最为肯定的是农业，对经商逐利和贷款取息则表示了有条件的认可和理解。可惜，从现有摘录的片段还看不出他对此的说明和论证：为什么应当以这种态度对待这些职业？在上述序言之后，我们所看到的只是他对管理奴隶制农业所提出的一系列办法和原则，诸如购置房产时的注意事项；庄主注意检查监督庄头的工作；考虑种田和建筑事宜；庄头的职责（包括"审理家奴的纷争"）；耕种、植树、种植花果事宜，等等。不过，看来贯穿在加图《农业志》中的一个重要思想是：农业提供了丰富的生活资料和剩余，农业是一切经济生活的基础，因此一定要重视农业，管理好农业的各项事宜。

---

① 转引自巫宝三：《古代希腊、罗马经济思想资料选辑》，商务印书馆1990年版，第259页。

瓦罗(公元前116—前27)是罗马共和国时期的学者和作家。他的《论农业》(作者80岁时所写)是西方著名的古典农业文献之一,该书是农业技艺方面的一部集大成著作,是研究古罗马奴隶制经济的重要史料。

从我们研究的问题看来,该书最引起我们注意的是第一卷第一章"引言"中对主宰农业的各种神的"召请",这些神在瓦罗看来是农业力量的源泉,又是使农业免除各种灾害的保护者,因而是瓦罗详细论述农业各种技艺的根本前提。

他说:"按照顺序,我首先召请朱庇特神和提勒斯神,这两位神用天空和大地养育了农业的各种果实,而这也就说明为什么朱庇特被称为'父亲约维',而提勒斯被称为母亲大地(因为据说他们是万物的父母)。其次是日神和月神,因为播种和储藏谷物都要按照它们的时节。第三是色列斯和利倍尔,你看他们赐予的果实是人们为维持生存所特别需要的,因为正是由于他们的力量,食物和饮料才得以从农庄上产生出来。第四是罗比古斯和佛洛拉,因为正是由于他们的恩惠,各类谷物和树木才能免遭虫害,而且能够随季节繁荣生长……同样地我还要敬奉密涅尔瓦和维纳斯,因为前者守护橄榄园,而后者守护果园……最后我还要向林帕和好运神乞求,因为没有水,一切农活都将会难以取得成果而又无法施展工作,如果没有好运,如果不顺遂的话,那么农活儿将会是一种妄想和白费气力。"[①]我们大可不必轻蔑瓦罗对神灵的崇拜和迷信,在这种迷信外表下包藏的认可存在支配农业的力量的思想倒是发人深思。这表明瓦罗不满足于承认农业的重要性,想指出农业之所以能够承担如此重任的缘由。

不过,瓦罗在这里还没有涉及经济剩余问题,哪怕只是间接地提到;但瓦罗关于"农业的要素和目标"的论述则让我们看到他显然明白农业剩余的意义。他将水、土地、空气和阳光视为农业的也是宇宙的"四个要素","因为它们是一切产物的根源";又将"效用和乐趣"视为农业的两个目标。"效用是为了寻求利益,乐趣是为了获得愉快。"[②]关于效用他还有更明确的说明:"意大利居民在农业方面最重视的好像有两点:他们付出的费用能不能得到相应的报偿?土地的地点是否有益于健康?如果对这两点的回答都是否定的,而一个人仍然想经营农业的话,那么这个人就一定是脑子有毛病……一个神经正常的人,如果看到收不回成本,或是看到

① 瓦罗:《论农业》,商务印书馆1981年版,第18页。

② 同上书,第29页。

虽然可以收回谷物，但谷物会毁于病害的时候，他是不肯费力气和花钱去经营农业的。”[①]在这位古代罗马思想家的笔下，农业应以取得超过成本的剩余为目标的观点呼之欲出了。我们甚至可以说，作者往下对他所谓农业的四个“部门”及其各个“部分”[②]的技术性和应用性的详细描述，无一不以取得更多的剩余为目标，但我们在此对这些技术性和应用性描述就没有必要评论了。

马尔库斯·图里乌斯·西塞罗（公元前106—前43），罗马共和国末期著名的政治家、思想家。他认为私有制是自然而然确立起来的，在私有制基础上建立的制度是最理想的制度，而各个阶级、阶层以及父母子女等之间的亲密、和谐和相互帮助的关系的建立也是“依循自然”的结果，人们敛财的目的半是为了满足生活所需，半是为了恣情享乐；只要不伤害别人，不以不正当手段取得财富，追求享乐无可指责。他看到人类既是相互帮助之源，也是相互残杀之源。国家理应保护公民的私有财产权不受侵犯。

西塞罗概括了前人对各种职业的看法，包括对高利贷[③]和商业（尤其零售业）的否定，对雇工和工匠的轻蔑等；对“传统的”观点，有的他也赞同，例如对医生、建筑师和教师正当地位的肯定，认为这些职业要求较高或者社会从中得益不少；有的他有所修正，例如他虽然仍然蔑视小本经营商业，但他对大规模海外进出口商表示了一定程度的认可，认为它们对社

---

① 瓦罗：《论农业》，商务印书馆1981年版，第23页。

② 瓦罗说“农业的实践”和“农业科学”应当分为以下四个部门：首先是关于农庄的知识、土壤的性质及其成分；其次是关于农庄上所需要的物品和为耕作而应当准备的物品的知识；再次是关于耕作过程中必须做些什么的知识；最后则是一年当中什么时候适于干哪些活儿的知识。在这四个部门知识之内，瓦罗又将每一部门的工作细分为若干部分。第一部门之内包括关于土壤、农庄建筑和各种附属房舍的事情；第二部门包括耕作所需的“动产”，其中有“不会说话的”耕具，也有“会说话的工具”——奴隶；第三部分包括耕作方法和耕作地点的选择；第四部分是与太阳和月亮相关的农耕季节。这些说法就是瓦罗论述的完整框架。参看瓦罗：《论农业》，商务印书馆1981年版，第31页。

③ “必须承认，高利贷这样一个灾难在罗马可以说是根深蒂固的，它是叛乱与不和的经常的源泉；甚至在较早的还不是那样腐化堕落的社会里，人们已经想办法对它采取抑制的措施了。在最初，是有钱的人随意地规定贷款的利息，继而十二铜表法规定年息不得超过1%（又一说为10%），后来，一名保民官的法律又把这样的利率降低了一半。最后放高利贷这样一个行当无条件地被禁止了。”转引自对罗马朱里亚·克劳狄王朝的皇帝提贝里乌斯（公元14—37年在位）取缔高利贷规定的论述，见巫宝三：《古代希腊、罗马经济思想资料选辑》，商务印书馆1990年版，第354页。

会是很有益的；至于农业，他不仅像前人一样地加以肯定，而且还有自己值得引人注意的提法，这就是他所说的“在一切收入有所保障的职业当中，没有一种比从事农业更好，更有利可图，更使人愉快，更适合于一个自由民了。”①

“更有利可图”是什么意思呢？西塞罗在这里没有多说，但后来的著名罗马学者老普林尼(23—79)在《自然史》中的解释似乎明确回答了这个问题。他说：“我们做什么事都应该得其分寸，适可而止。认真种田固属必需，但若过于认真，若农民不少亲自同家属或者同他本来就供养的人一起耕作，那就会赔本。倘若计算一下耗费的工作量，那么对于主人来说，种植某些作物是无利可图的，同样，对于照顾橄榄树粗率马虎就会无所收益，而耕种某些土地则将徒劳无功，这些情况据说常见于西西里岛，而且至今还不断有人在那里碰壁。”②那么，怎样耕作土地才最适当呢？老普林尼的回答是，“采用最便宜的耕作方式”，“最大限度地紧缩开支”，“毋庸置疑，农业是建立在劳动的基础上，也是建立在各项开支的基础上的，正因为如此我们的祖先才说：‘对农田最有益的乃是当家人的眼光’”。③ 很显然，老普林尼的这些说法是近两千年前的学者对经济剩余的最明确的表达：无利可图是指“赔本”，有利可图则直指“剩余”。谁能说这不是对“以最小代价获得最大收益”这个现代市场经济基本原则的最原始的一种表述呢？

欧洲中世纪教会法学家的观点

肯定土地和劳动是财富及其剩余之源，谴责高利贷

简单地说，肯定土地和劳动产物，继续谴责和禁止高利贷，是欧洲中世纪统治阶级及其思想家的主流观点。对高利贷的谴责和禁止，起初是教会作为约束僧侣的戒律而提出来的。公元9世纪在宗教会议后一段时间内，这种谴责和禁止有所沉寂；12世纪后教会再度重视高利贷问题，陆

① 转引自巫宝三：《古代希腊、罗马经济思想资料选辑》，商务印书馆1990年版，第313页。

② 同上书，第327页。

③ 同上书，第328页。

续出台了一些严禁高利贷的教规和立法[①]，及至1311年教皇克里门特五世在维也纳宗教会议上宣布了新禁令，将这个已历经千年之久的做法推向了顶点。他宣布，任何承认高利贷的世俗法律均无效，任何政府当局、首脑、教区长、法官、地方议员以及其他人等，凡敢于擅自制定要求债务人支付高利或允许高利贷者不必退还高利的法令，都将被开除教籍。如果他们不在三个月内取消这种法令，就将受到同样的惩处。任何人如果胆敢坚信高利贷无罪，都将被宣布为异教徒，并责成所有忏悔牧师和审判官严厉打击这种有异端嫌疑的人。

在素称“漫长和黑暗的”中世纪，教会是西欧社会的支配力量，教会法学家则是思想和意识形态的权威，他们被视为上帝和皇帝的代言人。在经济生活的一般准则上，教会法学家一贯强调不要追求财富，因为这会使人不敬畏上帝，还会泯灭人们的良知。按照这种教义，他们对个人逐利行为严加谴责，他们认为上帝已经为芸芸众生安排好了一切，不仅赋予人们财产，而且作了公平分配，因而人们没有权利也没有必要去追逐超过与其自身地位相适应的私利，否则就是贪婪，而贪婪是一种罪行，因为它是对上帝旨意的公然违反和亵渎。在他们看来，私有财产的出现是违反以纯朴等为特征的自然法则的结果，因而是不正义的。他们认为“土地是一切财富的最终源泉，但须通过人类的劳动才能获得它所能生产的东西。因此，劳动，作为生产中依赖于人类意志的一个成分，就成了他们学说的中心。一切财富都是人类的劳动被施之于大自然所提供的原材料之上的产物，而且，只有证实了确系由于劳动的使用才带来了产品，个人的所得才算是正当的”[②]。可以认为这是后世劳动价值论的萌芽，但是需要注意，这里的劳动是指封建主义体制下的平民或自由民的劳动（包括各种社会服务）；农奴和匠工的劳作不在其内，而贵族和僧侣则是社会的支配者。

在这种观念支配下，经商致富很自然地被视为一种罪恶。虽然人们不能无视商业给社会带来的好处，可是眼见原先富有者经商更富了，商业中损人利己的欺诈行为又屡见不鲜，就更强化了宗教教义对经商逐利的谴责。如果不能完全禁止世俗人员经商，早期基督教则禁止僧侣经商。好在那时几乎没有什么普通商业，存在的只是为王公贵族提供奢侈品的商业，因而对商业的上述谴责对个人没有发生什么影响，未能阻止有用的

---

① 参看巫宝三：《欧洲中世纪经济思想资料选辑》，商务印书馆1998年版，第198—200页。

② 同上书，第258页。

商品流通。

进入中世纪中后期，社会经济情况发生了巨大和深刻的变化，随着商品生产和商品流通的扩展，自给自足的生产方式和生活方式被打破。城镇兴起，商业团体出现，形成了一个又一个市场。在原先的农业结构之外，缓慢而又明显地冒出了手工业者这个新阶层，这个阶层是要靠市场和货币才能生存的。加之十字军东征事件促成了修建教堂的热潮，也加剧了对货币的需求。一些经济问题，特别是买方和卖方的关系、债权者和债务者的关系，成为头等重要的大事。可能是出于适应地中海地区活跃的商业活动的需要，罗马法认可契约可以无限制地自由签订，认可财产所有权，而这种罗马法对包括英国在内的西欧各国发生了深远影响，于是消除这种世俗的"罪恶倾向"的影响就成了当务之急。①

宗教法规学家的办法就是对基督教教义作出新的解释。他们极力强调两个基本原则：一个是交易必须遵循"公平价格"，另一个则是谴责借贷取息。他们认为违背公平交易原则和贷款取息是不可饶恕的罪恶，而土地和劳动仍被视为财富的源泉。他们的目的显然在于维护土地贵族和教士的封建统治，维护他们世袭的特权，维护其经济基础即封建土地私有制及其收益（地租和税收）。可以说，在封建主及教士们看来，土地和劳动仍然是经济剩余的来源，也是他们赖以生存和统治的基础，而坚持公平价格论和谴责高利贷则是维护这种经济剩余不受侵蚀和动摇的至关重要的条件。

圣·托马斯·阿奎那（1225—1274）是中世纪最伟大的经院哲学家，他最重要的著作是注释神学和概括基督教教义的《神学大全》。他在这部著作中对公平价格和高利贷等问题作出了经典性论述。围绕"公平价格"（"公平价格"这个术语一般认为是圣·奥古斯丁首创的）问题，他在第七十七题"论买卖中的欺诈行为"中分别论述了四点：

（1）按超过价值的价格出售物品是否合法？

（2）出售有缺点的物品是否合法？

（3）卖方是否有义务说明出售物品的缺点？

（4）贱买贵卖是否合法？

在讨论每一点时他都是遵循着同样的思路，即首先提出一些同他的

① 据阿什利：《欧洲中世纪经济学史》，转引自巫宝三，《欧洲中世纪经济思想资料选辑》，商务印书馆 1998 年版，第 178—186 页。

观点相反的论点，然后从《圣经》或其他早期基督教著作中挑出与之正好相反的警句加以对照，接着提出他自己对该问题总的解答，最后再对前面提到的不同意见逐点地加以反驳。看得出，阿奎那这些论述的矛头所向都是商人，在阿奎那看来对商人的活动和行为必须严加防范，否则就会危及社会安宁，损害土地贵族和教士们的利益，然而，与此同时，阿奎那对"正当的"商品交换也表现出了一定程度的认可。

关于超过价值出售物品是否合法的问题，阿奎那在援引亚里士多德的论述的基础上，强调指出"一切的价格高于或低于其价值，都是因为失去了公平精神所要求的均等所致。因此，比一件物品的价值卖得昂贵或是卖得低贱，其本身就是不公道、不合法的"①。需要注意的是，这里所谓价值，在中世纪后期的条件下，指的是生产物品所花费的各种实际成本，包括劳力和原料等，但不包含在后世备受关注的资本及其利润中，资本那时还处在萌芽时期，距离商业资本兴起尚有很长一段历史路程，距离产业资本时代就更远了。另外，阿奎那所谓价值完全是指依赖物品本身的客观存在，它不以买卖双方的意志为转移，这同后世某些学派对商品价值的主观解释是大相径庭的。

关于出售有缺点的物品是否合法的问题，阿奎那的回答是：故意销售"有本质缺陷"的物品（例如掺水的酒），有意出售分量不足（短斤少两）的物品，以及把次品当正品卖的行为都是欺骗，对这些行骗者应当施以处罚，并要求其赔偿。

关于卖方是否有义务说明出售物品的缺点的问题，阿奎那的回答是：明知有隐蔽的缺陷而不揭示出来，这是欺骗，有赔偿的义务；但如果缺陷显而易见，而且已经适当削价，则卖方没有义务指出缺陷，以免自己蒙受损失。

关于贸易中贱买贵卖是否合法的问题，他按照亚里士多德的看法将交换分为两类：一类是"自然的和必要的，通过它以一物交换另一物，或以物换钱来满足生活需要"，另一类是为了赢利的交换；同时也完全赞同亚里士多德的看法，认为前者值得称道，后者应受谴责。不过，阿奎那又说，有时有人通过贸易取利是为了养家糊口，甚至为了帮助别人或其他公共福利，则这种贸易就不是以牟利为目标，这种贸易活动就成为合法的了。

阿奎那对高利贷的态度从另一个侧面反映了作者对当时经济剩余的

---

① 转引自巫宝三：《欧洲中世纪经济思想资料选辑》，商务印书馆 1998 年版，第 4 页。

看法。在《神学大全》第七十八题“贷放中所犯的高利盘剥罪行”中，阿奎那也讨论了四个问题：

(1)借出资金收取高利是否有罪？

(2)对贷款要求其他补偿是否合法？

(3)是否有义务退还从高利贷中所获得的收益？

(4)以高利方式借钱是否合法？

从阿奎那对这些问题的回答可以看出，他对高利盘剥是坚决反对的，但对一些场合的借贷行为则表示了一定程度的理解和认可。

关于贷款取息是否有罪的问题，阿奎那依据亚里士多德的论证，强调指出贷款取息是不公平和不合法的，因为“这是出卖并不存在的东西的行为……为了证明这一点，应当指出，对某些物品的用途，就是对它本身的消费……所以，当物品的用途被转移给某个人时，物品的本身也就随着用途的转移而被转让出去了。因此，在这种情况下，贷放行为就包含了所有权的转移。由于这个缘故，如果一个人打算分别出售酒和酒的使用权，他便是将一物出卖两次，也就是出卖了并不存在的东西。他就显然犯了不公正的罪行。根据同样理由，如果出借酒或小麦而指望取得双重补偿，将一份作为相等之物来偿还，另一份作为物品使用的代价，即高利贷，那就是一种不公道的行径了”①。此外，阿奎那还依据亚里士多德的说法，将货币的用途归结为交易，因此，贷款取息被认为是对货币的非法使用。

关于对贷出款项要求其他补偿是否合法的问题，阿奎那仍然依据亚里士多德的论述，指出“任何人或凭默契或按明文规定收取其价格可用金钱衡量的其他任何物品，也同样是犯罪的。不过，倘若他收受的这类物品并不是他要求的，也并不曾通过默契或明确的契约收取，而只是作为一种不须付款的礼物，那他就没有犯罪……至于那些由不以金钱来衡量的东西所作的补偿……则是并无不可的，对法律是毫无违碍之处的”②。

关于是否有义务将高利贷收益退还的问题，阿奎那认为这要看以高利贷方式索取的是什么东西，如果是金钱和小麦之类，其用途就是这些东西本身被消费，那么“一个人就没有以多于他所得的高利的东西作退赔的义务。这是因为以这样的手段所获得的并不是这类东西的产物，而是人类辛劳的产物……如果有人要是以高利贷方式索取他人的房屋或土地，

---

① 转引自巫宝三：《欧洲中世纪经济思想资料选辑》，商务印书馆1998年版，第16页。

② 同上书，第20—21页。

那么，他不仅有义务退还房屋和土地本身，而且还有义务退还从中得到的收益。因为这些收益是从他人所拥有的东西中产生的，所以这些收益也是属于他人的"[①]。透过这种牵强附会的论证，分明可以感受到阿奎那维护土地和房屋该有多么心切。

关于以高利方式借钱(注意不是贷款)是否合法的问题，阿奎那的回答多少有些令人意外。在他看来以高利方式借钱无异于"诱使别人犯罪"，因而绝对不会是合法的。不过，他又认为如果一个人出于某种善良意图(例如为了自己或别人摆脱困难)，就可以高利借贷，这种"利用别人的罪行"的做法是合法的。总之，我们看到阿奎那对待高利贷的态度，原则上坚决反对，但在不触及或者不损害封建主利益的前提下，他又表现出一定程度的认可。

从经济剩余观的角度来看，阿奎那显然不会赞同经济剩余来自交换，否则有违其公平交换原则；也不应来自高利贷，否则也有违其正义原则。那么，阿奎那会认为经济剩余究竟来自何方呢？这是需要弄清楚的一个重要问题。可惜眼下还没有看到他正面回答这个问题的资料，我们只能依据当时的社会经济条件和阿奎那的根本立场，推测他的看法会同亚里士多德一样，认为土地耕作是财富之源，也是剩余财富之源，区别恐怕在于他应该早已走出了亚里士多德所拥护的奴隶制，转向维护封建土地制度，因而在将超过成本的土地产物视为经济剩余的同时，他应该不会再将奴隶或农奴视为财富本身和剩余财富了。

---

① 转引自巫宝三：《欧洲中世纪经济思想资料选辑》，商务印书馆 1998 年版，第 24 页。

02 16—18 世纪：贷款取息的理论与实践

关于高利贷或贷款取息是否合理合法的争论，在有关经济剩余问题的论争中出现得最早，延续的时间也最长。[①] 如前所述，从古希腊和古罗马到欧洲中世纪，在长达 2000 余年的漫长岁月中，贷款取息一直备受基督教《圣经》和教会法学家的严厉谴责，并被明令禁止。然而，随着社会经济的发展和思想禁锢被逐步打破，从 16 世纪中叶开始出现了批判经典和传统学说、支持和拥护贷款取息的声音；到 17—18 世纪这种声音在西欧各国逐步占了上风，对贷款取息的限制和禁止在一些国家先后被取消；及至 1830 年 8 月 18 日罗马教廷宣布可以准许贷款取息，则标志着禁止贷款取息这一历史陈案的正式完结，而且是以教会对自己坚持了若干世纪的教条的抛弃而告终。[②] 从此以后，除了来自批判资本主义的各种思潮和运动对贷款取息的批判和否定之外，贷款取息这种经济剩余的合法性和正当性被西方经济学说认可和接纳，它也不再成为主流经济学说争论不休的问题。从否定贷款取息到认可它的正当性和合法性，这是经济剩余学说发展中的一个重要历史性跨越和成果。

16 世纪末为利息辩护的先锋

最早反驳教会法规和法令的是法国神学家加尔文和法理学家莫利诺斯。

---

① "usury"这个词在现代法律中是指高利贷或高利盘剥，即贷出款项时索要高昂利率的做法，一如它在古代和 13 世纪以前的含义；然而到了 13 世纪，随着货币信用关系的发展、贷款需求的扩大，正常的借贷成为一种常规，这个词的含义也发生了变化：虽然它在一些学者笔下仍是指高利盘剥，但是越来越多的学者用它来指按照正常利率进行的借贷，而人们争论的焦点也已不是高利盘剥的存废（对此已经没有多少分歧了），而是如何看待正常的贷款取息的是与非。

② 参看庞巴维克：《资本与利息》，商务印书馆 1959 年版，第 47 页。

约翰·加尔文(John Calvin,1509—1564)法国基督教改革运动的主要领袖,第二代基督教改革运动最重要的人物。他对基督教的解释,特别是他的《基督教原理》(1536),以及为日内瓦制定的体制和社会模式深刻地影响着欧洲其他地方和北美的新教。加尔文派新教教义被广泛地认为对现代世界的形成具有重大的影响。[①]

他对反高利贷的教会法令的批判,主要见于他致友人约翰·奥克兰帕迪乌斯(John Oecolampadius, 1482—1531)的信中。[②] 他说:"首先我在《圣经》上找不到任何根据可以证明利息是完全被禁止的。因为人所周知的,常常被引用的基督的'借钱给人不要希望任何报酬'的说法,至今仍然被曲解。摩西法既是属于政治性的东西,除非合乎公正和人道,我们并没有义务去奉行它。今天我们的社会关系在各方面都与以往不相同了。"[③]这些话鲜明地表示了他对《圣经》权威的蔑视。

加尔文认为教会法学家向来所谓货币不能生殖的议论是没有价值的。他指出货币与房屋和田地一样,房屋本来不能生殖,但是把房屋出租就可收取法律允许的现金。货币也是如此。以货币购买土地,也就是想使货币能以土地年收入的形式生殖。放置不用的货币当然不能生殖,但是债务人正是为了用钱才借钱的,如果不用就不会借了,因此债务人并非因为受骗才支付利息,他是用货币产生出来的收益支付利息的。

他又说,用钱买地并出租而获利被认为是公平的,为什么把钱用于放债取息就要受到非难呢?因此不应该谴责放债取息。当然,放债取息又应以不妨碍公正及仁慈为本,因此他认为对紧急需要的债务人不应索取利息,对贫穷的同胞和国家福利的借款要予以照顾,国家法律应该规定不得随意超过的最高利率,等等。[④]

卡洛律斯·莫利诺斯(Carolus Molinaeus, 1500—1566)是16世纪法国最杰出的法理学家,他在《论契约与高利贷》(1546)中详细分析和反驳了历来谴责高利贷的主要论点,为高利贷作了强有力的辩护。他将这些论点归纳为七点并逐一加以反驳,其中前三点被认为是反高利贷论最主要的论点,也是他反驳的重点。

---

① 参看《不列颠百科全书》(国际中文版)(第3卷),中国大百科全书出版社1999年版,第341—342页。

② 他的书信和应答集于1597年在汉诺威出版。

③ 转引自庞巴维克:《资本与利息》,商务印书馆1959年版,第22页。

④ 同上书,第22—23页。

莫利诺斯分析说:“第一个论点是托马斯·阿奎那提出的。他认为高利贷等于是在出售并不存在之物,或将一物出售两次,或由一物上得到了两份酬报。其论证是:就借贷说,贷出之物的使用就是该物的消耗,所以物的使用跟物的本身无法分开,也不能撇开物来计算。因此,如果收回之数超过贷出之数,就不管是由物的使用或并非由于物的使用,或是由于并不存在之物而收取的,都是将这同一物出售了两次,或者说在这同一物上收到了双份的酬报。第二个理由是斯科图斯的观点:我不应该出售给你不属于我而属于你之物,而 mutuum(货币)这个词是从 meum(我的)和 tuum(你的)演变而来,从其原意就可以知道,借贷过程就有所有权转让的性质。由于你是在使用已经属于你的资金,我便不能要求你对我有所酬报。第三个理由也是斯科图斯提出的。他认为即使我们承认借出的资金还是债权人所有,但由于本金仍然完好无损,所以在本金之外再有索取是非法的,因为这种额外收益并非来自资金本身,而系债务人的辛勤所得。”①

莫利诺斯不无道理地认为,对于以上三种论点“几乎可用同一方式加以驳斥,因为它们基本上都错在同一点上,他们不能辨识一个时期中本金的使用或由于本金的使用而自然增生的利益和本金本身之间的区别。可是不但根据民法,就连经验常识也可证明,货币的使用或享用,都会对人类的各项用途产生适合而有价值的效用,其价值远过于本金的总数或归还的本金。所以第一个论点,即贷款者出售并不存在之物或一物出售两次的观点是没有说服力的,只要贷款者由于本金的使用而收取的利息不超过正当的利息标准。因为这并非出售本金,这种所得并非用本金换得的报酬,所出售的也不是并不存在之物,而是应付给本金所有者的地地道道的利益,同时本金和外加的这项利益在偿还以前,并非由贷款人所掌握,而是在债务人手里,这就说明,货币的使用就是货币的耗费,从而货币的使用不能脱离本金来考虑的提法就是幼稚可笑的……”②应当说这种反驳是比较透彻的,当然,他没有指出利息的最终来源究竟是什么,他只是就事论事,然而就反驳亚里士多德的论点来说似乎已经很充分了。

针对上述第二个论点,莫利诺斯强调了欠债和出售之间的联系,他

---

① 转引自:庞巴维克:《资本与利息》,商务印书馆 1959 年版,第 52 页。

② 同上书,第 54 页。

说，只要你欠了我的债，不管有没有条件，我都可以将它出售给你。你无条件欠了我的货币使用权，也就是无条件地欠了我的债，所以我能将它出售给你。同样，本金要求权本身或其利益，也就既可卖给债务人自己，也可卖给其他人。莫利诺斯的这个反驳显然没有击中要害，反而陷入对手的错误逻辑的圈套，错误地将本金的"出借"认定为"出卖"。实际的情况是："借出"的本金还是债权人自己的，他出借的只是本金在一定时间内的使用权，所以他才有权收回本金加利息。如果本金真的"出卖"了，那么它的所有权也就转移了，贷款人代替债权人成了新的所有者，后者就真的无权索取报酬了，就好像不能再向已经售出的其他商品索取报酬一样。

针对上述第三个论点，莫利诺斯正确地指出，认为资金不能繁衍的说法毫无意义，因为即使是土地，如果不投入资金和劳动，没有辛勤耕作，也是不能生产的，资金也是一样。然而通常的情况是，有了资金，"通过人们的勤劳"，就会产生大量成果，等等，因此不能以资金不能增殖为由拒绝付息。在这里莫利诺斯显然已将资金视为与土地和劳动同样重要的一个要素了，这难道不是后来的生产三要素论的萌芽么？

莫利诺斯认为其他四点都是"依附于"上述三点的各种"巧辩"。他说："第四论点是由一个老宗教法规学家约翰·提尤托克斯提出的，似乎比较言之有理。他说：借款人借来的资金从一开始就担着风险，再增加他的负担以求额外收益是不当的。还有一些学者和富有经验的人提出来一些较合情理的论点，那可归纳为两点，现按上面的顺序将其列为第五和第六个论点，以清眉目。第五个论点关系到国家的利益，唯恐人们醉心于通过高利贷轻而易举地获得高额利息，不惜舍弃农业、商业以及其他必要的实用技艺，或敷衍了事；也唯恐少数高利贷者榨尽其他一切人的财富。英诺森对此曾明白阐述，亚里士多德也抱同样见解……第六个论点涉及行动的本源和发展以及自然规律的目的，认为货币是作为一种获得的手段而创制的，货币的使用并不是目的，因此货币不是商品，而是价格的体现，所以高利贷是违背自然法则的，这是亚里士多德毫不含糊的创见。我这里还要加上第七个论点，即认为高利贷越是在人们困难和急需时乘人之危，就越是应当取缔；借款的需要越是频繁和普遍，就越是应该严禁高利贷从中取利，以免必不可少的一般借贷活动遭受困难。"①

我相信，近五百年以前概括的这些反高利贷的论点（其中有些观点提

---

① 转引自庞巴维克：《资本与利息》，商务印书馆 1959 年版，第 53—54 页。

出的时间更“古老”），即使今天看来人们也不会感到陌生和不可理解。且看莫利诺斯如何反驳。针对第四个论点，他说，债权人即使没有承担风险，他也作出了贡献；另外，即使有风险，通常也不会导致金钱毁灭，全无所获；当然，如果债务人确实因意外事故丧失了全部资金，而且有据可查，债权人再收高利就不当了。“第五个论证不过是说明高利贷行为不应过火。实际上，人民所需的百工技艺和国家的安全是不会因小量适度的高利贷而蒙受不利和打击或受到干扰的。同样，第六、第七两个论点也没有别的，只是对于高利贷，尤其是那些过分和漫无限制的高利贷行为表示愤懑，认为必须限制，他们并没有对比较合理而适当的高利贷一概否定。”①

与教会法学家历来谴责高利贷的做法相反，莫利诺斯坚定而明确地指出贷款取息在一定的限制条件下是合理合法的。他说：“事情很清楚，一方惠然借出他的一份资财，另一方以贷款孳生的一部分利润酬报那给他恩惠的人，而他并没有蒙受任何损失，所以债权人收取超过本金的收入是合法的。以此推论，只要不蓄意敲诈对方或索取不当的高利，债权人在开始时就可按这个意思在法定范围内订立契约。但如债权人会因付出利息而遭受损失，则债权人就确实根本不应该收取这项利息。”②

莫利诺斯的结论是：“第一点是有的高利贷是可以保留和容许的，这样做既有利也有必要。第二点，尽量使用一些规章，不管是何名义，加以限制和约束。第三点，在这种情况下，不论根据人的法律还是根据神的律令和自然法则，高利贷都是合法的。第四点，除了为防止欺诈，基于某种特殊原因可以取得特殊利息的情况外，不论以什么方式直接或间接、公开或私下地，使用托词或玩弄手腕，或是以利息为借口……使高利贷超越既定限度，都是与法律不相容的。”③

莫利诺斯所要求的高利贷显然不是那些高利盘剥的非法行径，而是合法的有益社会的经济活动，这就说明，这种合法的高利贷同土地耕作产物及自然产物一样，实际上开始被纳入社会经济剩余的行列，这是对自古以来谴责和禁止高利贷这一传统态度和做法的重大突破。但莫利诺斯本人命运多舛，这同他反对、谴责和禁止高利贷的态度不无关系，他的书被禁，他本人也不得不流亡国外，在颠沛流离中度过余生，但这都没能阻止

① 转引自庞巴维克：《资本与利息》，商务印书馆 1959 年版，第 56—57 页。
② 同上书，第 49—50 页。
③ 同上书，第 60 页。

他的思想广泛流传。

加尔文和莫利诺斯的直接后继者们先后发表了一些拥护利息的论著,其中尤以贝松德(Besold)的《利息问题》(1598)最为著名。"他以为利息起源于商业制度,在商业制度下,货币再不是不生殖的了。每个人都可以寻找自己的利益,只要不伤害他人,自然的正义是不反对利息的。"[①]他赞同地征引莫利诺斯的话,将有报酬的放款与有报酬的租赁相对比。他还认为放款利息的高低必须与自然利息的高低相适应,以后者为前者的根据和来源。他主张如果由于货币的使用而使现实的利润率有所提高,则放款利息也可较高。此外,英国大哲学家弗朗西斯·培根(Frances Bacon)几乎与贝松德同时发表了拥护利息的言论。在他看来,利息是经济上的必需;再加人心冷酷,不付利息便不肯放款于人,所以只得有利息。他的认识带有明显的宿命论色彩,也应该算是对现实生活的一种认可罢。[②]

尼德兰

为贷款取息进行辩护的理论在17世纪有了较大发展,在资本主义工商业发展较早的尼德兰尤其明显。商品交换的发展既为贷款取息这种货币信用制度和办法的流行提供了动力和需要,也为它提供了发挥作用的广阔空间。旧日教会和哲学家反对贷款取息的说教在这里很难继续立足,世俗法庭也不得不准许贷款取息。

尼德兰著名政治家、法学家和神学家格劳秀斯(Hugo Grotius,1583—1645)堪称新潮思想的先驱者之一,尽管他对贷款取息的态度是折中的,但与先前占支配地位的反对贷款取息的思想相比,毕竟是一种值得肯定的进步。他认为不能像教会法典学者那样,依据自然权利来禁止利息。他指出货币不能生殖的论点毫无道理,因为货币像房屋一样本来也不能生殖,而同人类技巧相结合就具备了从中取息的条件,货币也是一样。也就是说,既然本身不能生殖的房屋出租取息是合理合法的,那么也就没有理由说贷款取息不合理不合法。他赞同放弃禁止利息,赞成对债

① 庞巴维克:《资本与利息》,商务印书馆1959年版,第26页。
② 同上书,第26—27页。

权人的损失、利润的放弃、危险和麻烦给予补偿，但是他又认为《圣经》上禁止利息的一些段落应该得到遵守，所以他在理论上又站在教会法学家一边。[①]

推翻禁令、拥护利息的著作在此后几年如雨后春笋般涌现出来，仿佛长期的思想禁锢在一夜之间被一扫而光，其中位列榜首且影响最大者当推萨尔马修斯(Caudius Salmasius，1588—1653)的论著。此人是一位法国古典学者，但长期在尼德兰莱顿大学任教(1631 年起)。他在短短几年间连续发表了为贷款取息辩护的论著，这些论著被认为决定了百余年来利息学说的发展方向。[②]

萨尔马修斯认为，利息是为使用一定量借来的货币的一种支付。出租或出借(lending)属于一种合法的交易，在这里物主将某个物品的效用(the use)转移给了别人。为了论证货币这种易毁和可替代物品的借贷取息的合法性，他区别了两种借贷并加以对照。他说，当物品是耐久物品时，如对被转移的效用不支付报酬，这种合法交易就是借用(commodatum)；如果支付报酬，这种交易就是出租(locatio or conductio)。当物品是易毁的或可替代的物品时，如果不给报酬，这就是无利息借贷(mutuum)；如果给报酬就是有利息借贷(foenus)。他接着说，在物品是耐久品的场合，借用和出租这两种借贷都是合法的，对此大家似乎没有异议，同样，在借贷物品是易毁的或可替代的场合(例如借贷货币)，有没有利息的借贷同样也应该是合法的。

这其实也就是(像莫利诺斯一样)用房屋之类耐久品租赁取息的合理合法，来说明货币借贷取息同样合理合法。萨马尔修斯说："那使从租赁取租赁费的东西，同样也使借贷取利即报酬。在租赁上取酬大家都认为是正确的，我不了解为什么在借贷上取酬就不正当，并且我也看不出来有什么不同之处。租赁房屋、衣服、牲畜、奴隶、田地、企业、劳力是合法的，那么真正的租赁金钱、小麦、大麦、葡萄酒以及其他各种新旧(湿干)谷物，就可以没有利息么?"[③]

判断借用(如借用的耐久品是一本书或一个奴隶)和无息借贷(如借

---

① 见格劳秀斯:《战争与和平法》(1625)。

② 主要包括:《论利息》(1638)、《论利息的形态》(1639)、《论钱庄利息》(1640)、《关于借贷的讨论:借贷不是出卖》等。

③ 转引自庞巴维克:《资本与利息》，商务印书馆 1959 年版，第 29 页注①。

出的可替代物品是谷类或货币）两种场合在支付报酬上的区别的唯一可以想到的根据，大概就是两种场合下"效用"性质的不同。在后一种情况下（被转移的是易毁的或可替代的物品），效用是由一种完整的消费构成的；并且不能说在这种情况下物品的使用不能同物品本身分开来。我们记得，这正是反高利贷者所谓"一物不能被出售和报酬两次"的一种论据。但是，萨马尔修斯对此的答复是：第一，这种议论将导致谴责和废弃无息借贷，因为在易毁物品的场合，否认了它的效用的存在，即使不索取利息，它的"效用"也不可能转移。第二，借用物品的易毁性又会构成放款取息的另一个理由。在出租（locatio）的场合，债权人可以随时取回他的财产，因为他还是这财产的物主。在放债场合他就不能如此，因为他的财产在消费中已经被毁灭了。结果，货币的借出者就会遭遇延缓、担心和损失，因此，借款要求报酬比借用要求报酬更加合理。

阐述了自己的基本理论以后，萨马尔修斯像莫利诺斯一样，也逐点反驳了对方的论点。针对所谓贷款取息就是对同一物品出售两次，或者就是出售本不属于自己之物，因而贷款取息是不合法的说法，萨马尔修斯说，这些说法是可笑的，不费吹灰之力就可驳倒。因为不是为了物品本身要求利息，而是为了使用物品才要求利息。这个使用不是空的，也不能当做白费。如果借钱是为了立即把它扔到河里，或是用其他方法毁掉它，而对他本人毫无利益，这就等于白费，然而一个人总是为了对自己有用才向别人借钱的，或是为了建屋自住，或出租，或是为了买地，或买奴隶，等等。再说，我并没有把你的东西卖给你，而是把我的东西卖给你，条件是我把金钱的效用交给你多长时间，让你使用，那你就应该按照我们事先约定的条件向我交纳利息。

萨马尔修斯说，贷款取息并不是把物品出售两次，也不是毫无代价地取得报酬。当你用我的钱去买你的必需品，或谋求你的利益时，我却不能用这些钱，有时甚至要因此而受到损失，这些难道都可以不加考虑吗？萨马尔修斯依据显而易见的事实，对一些人以货币生殖来解释利息的做法不屑一顾。如果你硬要使东西变成废物，那么任何东西都是无用的。相反，如果你决心使它产生效果，那就没有什么东西是不会生利的。有人说金钱在本质上并不生产什么，那么，为什么他们对其他作为借贷的东西及各种果实所下的结论就不同呢？

萨马尔修斯以后还有许多相同宗旨的著作出现。一直到 18 世纪中叶，反利息的言论越来越少，拥护利息者终于取得了胜利。

德　国

据说早在16世纪二三十年代，德国许多州的法律就准许贷款取息。1654年德意志帝国制定法律时仍依此例，这种情形一直延续到18世纪末。

在理论上，很晚才确定贷款取息合法，1629年亚当·康金(Adam Contaen)还主张应对贷款取息者施以盗贼一般的刑罚，他视犹太人如毒蛇猛兽，主张将他们统统驱逐出境。直到17世纪末相信贷款取息为合法才成为确定的学说。

但此时，德国的理论家和作家对利息理论却没有多少创新和发展，他们以宣扬既有的理论(主要是萨马尔修斯的学说)为满足。这固然同实际上没有多少迫切需要有关，但同当时德国盛行的官房学恐怕也不无干系。官房学集社会经济政策、立法、行政管理和公共财政于一身，在这种氛围下，人们对社会经济问题更注重的是实际的处理和解决办法，而不是理论层面的是与非。不要忘记，直到19世纪中叶，德国还没有自己的(政治)经济学。

尽管如此，德国一些学者，特别是德国官房学的两位系统化者约翰·海因里希·戈特洛布·冯·尤斯蒂(Johann Heinrich Gottlob von Justi, 1717—1771)和约塞夫·冯·桑尼菲尔德(Joseph von Sonnenfels, 1733—1817)还是明确表示了态度或发表了一些值得注意的言论。

尤斯蒂在其多达48部著作中并没有论及贷款取息这个大问题，也没有提出一种利息学说，“他默认贷款取息是一种事实，无须加以解释。如果在一两段简短的说明中(《国家经济》卷一，第268页)他反对重利的话，他是指——仍然是默指——过高的利息。”①

桑尼菲尔德在其主要著作《商业学》的最初几版也没有提及利息问题，直至1787年该书第五版时才触及这个问题。他对教会法典表示蔑视，明确驳斥教会法典对贷款取息的禁令，嘲笑他们最为悖理的是：在把货币换成商品可以得到加倍的利润时，却禁止6厘的货币贷放利息。他还论及利息的起源，认为那是由于货币所有者阻断了货币流通之故，要使

① 转引自庞巴维克：《资本与利息》，商务印书馆1999年版，第33—34页。

货币脱离所有者之手，只有以利息加以引诱。他认为这有许多坏处：价格高涨，工业利润降低，而货币所有者却要分这种利润。他指责货币所有者就是这样一种不劳而获者。但同时他又在另一处为货币所有者辩护说，他们担负风险，他们本可以用货币去购买能生殖产品的物品以致富，等等。他还认为固定利率一般是不适当的，不是多余，就是有害。

英　国

1545 年英王亨利八世下令取消利息禁令，同时规定了一个法定的最高利息，超过该最高额的任何数额均被视为高利贷；不久，爱德华六世又恢复了利息禁令；但在 1571 年女王伊利莎白又取消了禁令，从此便再没有禁止过。

法律既早已允许贷款取息，贷款取息也早已是既成事实，利息是否合法的问题已经变得无关紧要，人们关注和论争的焦点逐渐转向了另一个现实的问题，即利息率的高低及其与利润率之间的关系。这是英国资本主义经济关系发展较早的反映，也是它的一种迫切要求。

17 世纪 90 年代在英国经济学界发生了一场大论战①，其中心议题除了铸币问题以外，便是利息率的高低及其调节手段问题。在利息率问题上，工业家和土地所有者出于自身利益的考虑要求压低利率，而资本所有者则反对这样做。这场争论实质上涉及 1688 年“光荣革命”后资产者和土地所有者之间、资产者不同利益集团之间利益的重组。卷入论战的大多是商人，也有约翰·洛克(John Locke，1632—1704)这样的著名哲学家。在利率调节问题上站在洛克一边的还有达德利·诺思(Dudley North，1641—1691)。论战对方的代表人物是约瑟亚·柴尔德(Josiah Child，1630—1699)和巴尔本(Nicholas Barbon)。

1624 年英国的法定利率曾从 10%降低到 8%，后来又降到 6%。柴尔德在《略论商业和货币利息》(1668)中主张将法定利率再降到 4%，并举出 15 条理由加以说明，其中心思想是要证明降低利息有利于促进生产和贸易。柴尔德还力陈此举不会造成反对论者所担心的种种不良后果，

---

① 关于这场论战的较详细的论述，可参看晏智杰：《亚当·斯密以前的经济学》，北京大学出版社 1996 年版，第七、八两章“配第的直接后继者：1690 年代的争论”。

例如外商撤资、价格上涨和信贷萎缩等。柴尔德的观点显然反映了新兴工商业家的愿望和利益。

洛克在其《论降低利息和提高货币价值的后果》(1691)中反驳了柴尔德的观点。洛克坚信利率决定及变动有其自然法则,即它决定于借贷双方的要求,决定于流通中的货币量和贸易所需的货币量。他指出人为干预利率是徒劳和有害的。洛克认为通过法律强制降低利率会带来各种恶果,其中尤以妨碍贸易为最,而贸易是英国致富之源:利率降低使人不愿意放款,从而减少流通中的货币量,这会使币值相应提高,从而使其他商品的价格相对降低。洛克还反驳了认为降低利率可提高商品价值(价格),从而促进英国经济繁荣的观点,在这里他试图回答有关商品价值和价格决定的一系列基本问题,并提出了一系列后来发生广泛影响的观点,包括:商品价格决定于商品数量和销路之间的比例,亦即后人所说的商品供给和需求的关系;货币价值的决定也是如此,即货币的供求比例,不过由于货币的销路变化还小,或者说其销路永远很大,所以只考虑货币数量即可决定其价值;洛克还在实际上将地租和利息的来源归结为劳动。他说,土地由于"租地人的勤劳"而产生多于地租的成果,同样,货币在贸易中由于"借款人的勤劳"而产生多于利息的收益。他处处将利息与地租联系起来,以地租的合法合理来证明利息也是合法合理的。洛克的观点代表了放款者与宫廷的愿望和利益。顺便说一句,上述论争最后以妥协告终:1692 年 1 月英国下议院通过决议将利率降到 5%。

巴尔本力主由法律决定利率,更赞成由法律降低利率。为此,他否认货币有其内在价值,认为货币价值完全可以人为决定,这样他就在反驳货币金属论的同时,走向货币名目论的极端。他追随柴尔德之后,认为英国利率高于荷兰是妨碍英国贸易的重要原因之一,他竭力主张将英国利率降到 3%。

诺思和洛克一样,在利率问题上维护资本所有者的利益,反对低利率,主张高利率。他也像洛克一样,认为借贷关系决定的利率是自然的、有利于经济活动的,而人为利率是有害的。在反驳要求降低利率的观点时,他强调指出:并不是利息下降促成了贸易,而是贸易发展促进了国民资本,使利息降低;荷兰利息较低从而商品价格较低是事实,但那是以抵押地契和收税为条件的,而且荷兰利率低是其资金多的结果,不是法律强制压低的结果,强制压低利率只会带来妨碍贸易等不良后果。

进入 18 世纪,利息高低及其与利润率的关系问题仍是英国经济学家关注的话题，而且主张降低利率以及将利率同利润率联系起来的观点逐渐被人们接受。例如，著名哲学家大卫·休漠(David Hume，1711—1776)在其《论利息》(1752)中就重申了这样的观点。他赞成降低利率，强调低利率是国家繁荣的标志；他驳斥了自洛克以来流行的货币数量论，指出利息率并不决定于货币数量的多寡，而是决定于借贷资本的供求关系；他明确地将利息与利润相联系，认为利息取决于利润，将"经商的利润"视为利息的基础，将利息看做利润的派生形式。特别是后面这一点，表明休漠已经在相当大程度上理解了资本主义条件下利息和利润的关系，而不是停留在前人将利息同地租相联系的认识上，这是对英国资本主义经济关系发展现实的一种初步的概括。[①] 又如，著名功利主义哲学家耶里米·边沁(Jeremy Bentham，1748—1832)在其以书信体所写的出色的小册子《为高利贷辩护》中，以轻松的笔调议论了贷款取息的利弊得失，表达了他拥护降低利息的观点，至于古代学者和教会的传统说教，在边沁笔下则变成了被嘲讽的对象和笑料。贷款取息问题在当时英国思想家和民众心目中是个什么形象，由此可见一斑。

意大利

意大利就在罗马教廷的眼皮底下，但是意大利的工商业在欧洲各国中发达得最早，因此它对教会法典禁令的压力也最先感到难以忍受，这就是为什么教会禁令的实行在意大利比其他国家显得松弛的原因，而禁令的松弛又使意大利学者对教会法令的批判也显得那么缓和。

事实上，凡能逃避禁令的办法在意大利无不用过，而且也很管用。最便利的办法就是在这个国家首先出现的票据交易，以及用利息给予补偿。世俗法律也很早就准许事先规定与贷款成一定百分比的利息以及最高利率。教会对贷款取息的禁令形同虚设。

难怪意大利学者们在贷款取息问题上没有多费笔墨，实际上已经流行的尼德兰著名学者萨马尔修斯的理论已经使他们感到满足了；虽然其间也出现了一些相关论著甚至争论，但是未见真有创见、有影响的著作问

---

① 参看休谟：《休谟经济论文选》，商务印书馆 1984 年版，第 41—51 页；也可参见晏智杰：《亚当·斯密以前的经济学》，北京大学出版社 1996 年版，第 166—263 页。

世。一直到 1750 年著名学者和社会活动家加利阿尼（Ferdinando Galiani，1728—1787）的《货币论》出版，才终于打破了本国学者无甚建树的局面①，可是此后又乏善可陈了。

加利阿尼注意到"近几年"在意大利围绕利息问题出现的争论，不过他认为争论双方各执一词，太过极端，都不足以服人，也未见得击中利息的性质和来源这个要害问题。在加利阿尼看来，理解利息的关键首先在于理解物品的价值在于物品对于人的需求的"效用"和稀缺性；其次在于懂得物品"效用"会随人们对物品在现在和未来的不同感受而变化，这种感受是可以预测的，预测正在变得具有科学根据和可信，使得人们在"确切无疑的现在"和"不能断定的未来"（从而使物品在不同时点的价值）"获得一个真正的认识"；最后，加利阿尼说："于是发生了汇水和利息，两者是一对难兄难弟。汇水是现存货币和在空间上远离的货币，通过明显的升水（这项升水有时加在现存货币上，有时加在远离货币上），使两者的在内价值归于均等的一种措施，这项汇水随着通汇时的便利条件和风险的大小而增减。利息是对待现存货币和在空间上远隔的货币，在性质上与汇水类似的措施，时间与空间对货币具有同样的作用。"②加利阿尼暗含的意思是，出于风险和便利条件的考虑，人们对空间上远隔的货币的估价（即物品价值）会比对现在货币的估价低，所以在借贷期满时必须归还比借入货币额更多的货币才能实现价值均等，这分明就是后来奥地利学派著名代表者庞巴维克提出的"时差利息论"的先声。

基于上述观点，加利阿尼对其他各种利息来源说，包括货币生殖力说、劳动说和利润说等，均表示反对。他说："货币天生是不生产的，由货币取得的利益，不论是多是少，都应受到责备，也不能把这项收益叫做劳动的产物，因为从事劳动的是借入者而不是借出者。但是，涉及的如果是均等关系，就谈不上利润，当货币的在内价值，由于所负担的风险和麻烦而有所降低，须设法使它恢复到原有价值时，这不能叫做利润。"③因此，在加利阿尼看来，利息问题与穷人、富人无涉，也用不着公正和同情，否则就是错误的和庸俗的观念。他说，不论穷富，谁都有权要求公平待遇，即

① 对加利阿尼经济学说的一般评论，可参看晏智杰：《亚当·斯密以前的经济学》，北京大学出版社 1996 年版，第 15 章。

② A. E. 门罗编：《早期经济思想》，商务印书馆 1985 年版，第 259—260 页。

③ 同上书，第 260 页。

等值归还，这是上帝的安排。

法国(魁奈和杜尔阁)

16世纪下半期两位为贷款取息辩护的先锋都出现在法国(如前所述)，然而此后两个世纪法国在反对贷款取息的实践上一直很落后，在理论上则在重农主义出现以前，始终皈依教会法典的教条。

政府反对利息的法律实行了几个世纪，而且在欧洲各国中是最严厉的。在其他各国公然允许或默许利息的时候，路易十四认为最好恢复利息禁令并加以扩充，甚至商业借款也应禁止取息，只有里昂例外。一个世纪后，当各国久已废除的利息禁令为边沁或桑尼菲尔德所嘲笑时，在法国的法庭这些禁令仍被宣布有效。直至1789年许多有中世纪精神的法令被取消了，这种禁令才被废止，该年10月12日国家法律正式废止利息禁令，规定最高利率不得超过5厘。

16世纪中叶出现的两位先锋加尔文和莫利诺斯质疑教会法典说教的影响未能持久，该世纪之末竟然还有一个著名学者博丹纳斯(Johannes Bodinus)拥护贷款取息的禁令，主张根本消灭利息。17世纪中叶出现了著名的法国学者萨马尔修斯关于利息的学说，而且对其他国家发生了广泛影响，然而作者那时在尼德兰而不在法国，其观点的影响也未能扩及法国。进入18世纪，虽有一些学者如约翰·罗(John Law)、梅隆(Melon)和孟德斯鸠(Montesquieu)等人发表了倾向于取消利息的言论，但其影响远不及继续为禁止贷款取息进行辩护的两位著名人物，一位是教会法学家波蒂埃(Robert Joseph Pothier)，另一位是重农主义的重要成员老米拉波(Victor Riqueti Mirabeau，1715—1789)。[①]

波蒂埃常被人引用的一段话如下："在非无偿的交易中要求双方物品的价值相等，这是公平的，无一方的付出多于收入，也无一方的收入多于付出。所以，债权人向债务人要求本金以上的东西，就是要求超过他付出的东西，因为如果他收回本金，他也就正好收回了他所给予的。对于并不损坏而使用的物品来说，肯定是可以要求租金的，因为这种使用在任何时候(至少在想象中)都可与物品本身分开，这些物品可以定价，它有一个与

---

① 参看庞巴维克:《资本与利息》，商务印书馆1959年版，第42—43页。

其本身分离的价格。所以，如果我把这种物品让给任何人使用，我可以要求租金，这是我准许他不必归还该物品而使用它的价格，而这物品的所有权我从来就没有放弃过。但是，对于那些法律家所称的可替代物品（这些物品在使用时就被消耗了）情况就不同了。因为使用这些必然被毁掉的物品时，不可能想象这些物品的使用会同物品本身分离开来，或者想象它会具有同其本身脱离的价格。因此，一个人不可能把一种物品的用途让给别人，却又不向别人完全和整个地让出物品本身，不向别人让出物品的所有权。如果我借给你一定数额的货币供你使用，条件是你归还同额货币，那么，你从我这里收到的就是这个数额，没有任何多余。你从这笔货币将获得的效用就包括在你所得到的这笔货币的所有权之内。除了这个数额的货币以外，你什么也没有收到。除了这个数额货币以外，我什么也没有给你。因此，我要求你将不多于我借给你的数额归还给我，这没有什么不公平，因为只有在所要求的就是所给予的时候才有公平。"①

显然，波蒂埃重申了先前教会法学家早已提出的论点，其要点在于强调借贷货币不仅是货币使用权的转让，而且也是货币所有权的转让，所以不应在本金以外再要求利息，否则就是不公平。不用说，波蒂埃是将使用权和所有权混为一谈了，因为如果所有权也转让了的话，那就不是借贷，而是出卖了。

重农主义学派的重要成员老米拉波侯爵是赞成波蒂埃的，他把货币利息称为违反自然的高利贷，这对贵族出身的"守旧的怪人老米拉波"（马克思语）来说是完全可以理解的。不过他并没有提出什么值得重视的有力论据，他的态度只是一种标志，说明时至18世纪60年代，法国上层人士中竟然还有如此守旧之人仍然秉持如此守旧之说。

然而，这层不免令人迷惑的封建外衣（米拉波就是其活生生的代表）到底还是掩盖不了重农主义为资本主义鸣锣开道的本质，在贷款取息这个欧洲各国论争了几个世纪，且已在其他国家取得实际进展、唯独在法国还没有决出高下的问题上，重农主义学派创始人魁奈（Francios Quesnay，1694—1774）和后期主要代表和实践家杜尔阁（Anne Robert Jacques Turgot，1727—1776）终于发出了决定性的声音。

魁奈在《关于货币利息的考察》（1766）一文中专门讨论了这个问

① 转引自庞巴维克：《资本与利息》，商务印书馆1959年版，第43—44页注⑤，引文据英译文（Bohm－Bawerk：*Capital and Interest*，New York 1932）有改动。

题。该文开宗明义地指出："向别人出借资本，要求得到利钱或利息，如同他以土地财产得到收入，或以转手贸易获得收益一样，是公平合理的。用货币可以得到带来收入的土地所有权，土地所有权就代替了用于购置这块土地并借此所有权每年带来收入的货币资本，这样一来，货币就在保留资本的情况下还得到了年收入。可见，按照最公平的制度的要求，以货币能够获得年收入，同时仍保留着保证这种收入的货币资本。我们说按照最公平的制度的要求，是因为带来这种收入的仅仅是用货币购置的土地，而没有向其他任何人索取分毫。所以，每个出借货币的人，公平地说，就是将能够给他带来收入的财富出让给别人，同时保留着被出让的资本。"①

如同前人一样，魁奈是以土地租金或转手贸易获利的合理合法性来证明货币利息的合理合法性的。为了确认这一点，也似乎是要反驳包括米拉波在内的一些学者关于贷款取息总会损坏债务人的观点。魁奈强调指出，货币一旦借出，债权人就失去了他的财富使用权，而这笔财富是在保持资本价值和不损害任何人的情况下为他带来收入的。债务人现在是这笔财富的所有者了，就看他如何使用这笔财富，在不损害第三者的情况下给他带来应当支付给债主的收入。同时魁奈也明确指出，贷款取息这个收入显然有一定的界限，这个界限是由自然和公平的秩序确立的，要求收入超过这个界限是不公平的，国王的法律应以消除这种明显的不公平为目标。

在魁奈看来，规范货币利息水平的"自然法则"就是决定土地收入即地租的法则，也即土地纯产品水平。他说，土地提供的收入和以货币获得的收入，只是纯产品的一部分；买卖双方都知道的这一部分纯产品决定着这块土地的价格。因此，购买土地后所能获得的这个收入的数量既不是随意的，也不是不可知的；这个明显的受自然限制的尺度对买者和卖者来说是一种法则。按照公平的秩序，上述法则还应当调节货币利息的水平或者不间断收入的水平。

那么，贷款利息是从哪里来的呢？魁奈的回答带有典型的重农主义性质。他说，货币本身是非生产性财富，什么也不生产，它在交换中得到的是等价物。货币只能在这样的条件下带来收入：用于购买能够带来收入的土地，或者出借给借款人，而借款人将它用于同样的目的。因为除了

---

① 魁奈：《魁奈〈经济表〉及著作选》，华夏出版社 2006 年版，第 343 页。

土地和水以外，没有什么东西能够带来收入，甚至可以简单地说，除了土地之外，其他东西均不能带来收入。所以，按照自然的和道德的秩序，为获利而出借货币的动机，如果不是基于同以货币购买土地所能带来的收入相似的理由，这种利息就不可能站住脚，因为以货币是不可能在不损害别人的情况下公平地获得收入的。

根据农业纯产品水平决定贷款利息水平，以保护农业生产，同时又保障借贷双方的权益，这就是魁奈的出发点。据此他反对借贷双方任意规定资本利息。他认为除了自然的，即自然界所提供的、能以货币取得的实际收入的状况之外，不曾有过固定不变的法规，能够确立一种为公平性所允许的货币利息水平。他认为国王的法律应当体现这个法则，法官也必须遵从这个法则办案。

魁奈说，有些放债取息的人以贸易利益为由任意索取利息，他们认为让货币利息高度严格地服从于货币利息和土地收入之间的相似关系的原则，一定会破坏贸易。他们主张放债取息的货币的价格，应当同市场上的商品价格一样是自由的、可以变动的，不过有一个条件，议定的利息就绝对不能改变。魁奈对此反驳说，这就是想让不断变动的原因的影响仍然保持不变，因为地产的收入会依其购买价格而发生很大的变动。此外，这些人实际上维护的仅仅是“转手贸易”，而绝不是能为国家带来收入的“第一手贸易”，而人民的购买只能限于出售了自己的产品或收入的范围内，所以转手贸易总是同人们能够购买的量相适应的。

魁奈认为，在富裕的国家中，商人总是很多的。然而，不是商业使国家富裕，而是财富使商人数量增加，并使贸易繁荣。不过，这是转手贸易的繁荣，这种贸易除了国家财富的吸引以外，不需要其他的刺激。但是，商人的贸易、国家的贸易、工业、奢侈品、国家的收入、贸易开支，所有这一切同贸易有点瓜葛的东西，都被一股脑归入到贸易这个含义不清的概念之中。在这种混乱的情况下，形形色色的放债取息都被看做是贸易的辅助手段，这种庸俗概念所庇护的总是高利贷者的贪婪之心。

魁奈特别强调指出了利息过高会给国家和人民带来的种种危害。他说：“当利息超过它的自然水平时，过多的负担就落到了所有居民头上。商人在这种情况下就要随着利息的大幅度提高而增加贸易支出，而他们的打算是建立在货币给他带来的利息上的；这会减少第一手销售商品的价格，而提高商人转手贸易的商品价格；所有这一切的总和就形成了一种隐秘的普遍的勒索，由于人们极少注意这种现象发展的根由，所以它变得更加严重了……这样一来,在货币的这种用途(即购买土地)和借出以取得难以置信的高利息之间的相似关系就消失了,因为利息超过取得收入所依据的自然价格就是掠夺,国家和全体人民都会遭受这种不公平。当国家在困难时需要借款,成为高利贷的主要债务人时,这种过高的利息就更为有害……实际上,要知道,国家就是人民本身,如果人民负担过重,力不能及,那么不按自然秩序办事,给人民沉重负担的人的力量也会削弱……因此,风险最小的办法,是采取按照自然法则和要求确立秩序的公平呼声的规则,因为超过正常收入水平的虚假收入,是国家的寄生的瘤,它会给农业国的整个经济制度带来可怕的混乱。"[①]可以看出,魁奈有一个以纯产品学说为核心的资本和收入理论,所以他对贷款取息的利害得失的分析比前人都要深入。

在魁奈发表上述论著的同时和稍后一些时候,杜尔阁也连续提出了为贷款取息辩护的观点,与前人相比,杜尔阁的观点没有什么独创,大多是对前人观点的重申。然而,就旗帜鲜明、论点明确、论述有力、极富说服力来说,其称得上是超过前人的杰作。尤可注意的是,杜尔阁在正面阐述自己观点的同时,还明确批判了古代和中世纪教会法学家的教条,而且明确回应和反驳了他同时代人波蒂埃的论点,从而为18世纪下半期法国社会关于贷款取息的论争作了一个总结。杜尔阁的这两篇相关论著是《关于财富的形成和分配的考察》(1766)和《论借贷取息》(1770)。

杜尔阁将贷款取息,即"把资金借给那些需要资本的人以收取一笔年利"看做是运用资本的五种方法之一[②],这说明他对这种经济行为的重视和对其合法性的认同。这一点在他以下的论述中得到了发挥和加强。

他以货币"使用权"(而不是"所有权")的交易来界定贷款取息的性质和基础,并同人们早已接受和认同的土地交易相比较。他说:"有息借贷不是别的,只是一种商业交易,贷款人是出卖货币使用权的人,借款人则是买进这种使用权的人;这正如一份地产的所有者和一个农业经营者分别地卖出和买进一块土地的使用权一样。"[③]这说明贷款取息具有合理

① 魁奈:《魁奈〈经济表〉及著作选》,华夏出版社2006年版,第347页。

② 其他四种运用资本的方法是:买进一份可以带来一笔确定收入的田产;租用土地,把货币投入农业企业;把资本投入工业或制造业;把资本投入商业。

③ 杜尔阁:《关于财富的形成和分配的考察》,商务印书馆1978年版,第62页。

性:正因为这是使用权而不是所有权的交易,是货币的出租而不是出卖,所以,贷款出借者有权利要求贷款利息,“理由很简单,因为他的货币是他自己的。既然是他自己的,他就可以自由地保有它;没有任何东西规定他有出借的义务;因此,假使他把货币出借的话,他就可以在借款方面附上他所选择的条件。这样做,他并没有对不住借款人的地方,因为后者同意这种条件,而且他对于那笔借款并无任何权利……只要货币是他自己的,他就有权利要求利息;这种权利是与财产所有权分不开的”①。他以此反驳了宗教法学家历来所谓贷款取息是在出卖别人的东西,或是将自己的东西出卖两次之类用以证明贷款取息不合理的论点。

杜尔阁引进了收入和风险等因素来进一步说明利息的合理性,他指出:“简单地说,在借款尚未到期的那一段时间里,对借款人来说,得到他所需要的货币是一种利益,而对贷款人来说,丧失这笔货币则是一种损失。这种损失是可以估计的,而且事实上是估计到了的;利息就是它的价格。如果贷款人承担着由于借款人的破产而失去他的本金的风险,那么这种价格就应当高一些,由此可见,这种买卖对双方是完全平等的,从而是公平的……贷款人并不只是放弃了一笔货币的无益的所有权;他和剥夺了他本人原来可以利用这笔货币而获得的利润或收入;因此,补偿他这部分损失的利息不能认为是不正义的。”②这是对宗教法学家历来所谓货币不具备生殖力之类观点的直接否定。

杜尔阁受加利阿尼的启发,也用类似于“时差”的因素来解释利息的合理性。他指出一般商业交易是以现货进行的,而货币借贷往往有时间和地点的差异,而这种差异会在货币价值上引起差别。杜尔阁解释说,如果现在借的1000法郎与将来归还的1000法郎具有相同的价值,那谁还会借出呢?也就是说,前者的价值一定大于后者才会使借款者认为值得向贷款者支付利润,以补偿贷款者因放弃借期内的使用权而受的损失,这个补偿就是利息。至于为什么现在的货币会比同一数额的未来货币的价值多呢?杜尔阁说这是因为现在既然有人需要借钱,就说明货币数量相对稀缺。③ 再往前引申一步,就是说稀缺会使人们高估物品的价值,这显

① 杜尔阁:《关于财富的形成和分配的考察》,商务印书馆1978年版,第66页。

② 同上书,第64页。

③ 参看格瑞尼威根《杜尔阁的经济学》,(荷兰)马丁努斯·尼基霍夫/汉格出版社1977年版,第158—159页 。

然是后来庞巴维克的时差利息论的萌芽。

《圣经》福音书所谓“借给人，不指望偿还”的经文，历来是宗教法学家用以反对贷款取息的似乎神圣不可动摇的根据，但杜尔阁却指出，那不过是“一种关于仁爱的箴言”：它教导人们在别人需要时不要贷款取息，但这不意味着无论在什么场合都不应该取息，更不意味着取息就一定是不道德的、不仁义的。杜尔阁说：“凡是不怀偏见来读这节经文的人，都会懂得它的真正意义，那就是：‘作为人，作为基督徒，你们大家都是兄弟，都是朋友；像兄弟般地、像朋友般地相处吧；当你们有急需的时候，相互帮助吧；把你们的钱袋相互敞开吧，不要采用对贷款取利息的办法来出卖你们相互受到的援助吧，这种贷款是仁爱心为你们规定的一种义务’……不要利息而贷款和取息贷款显然是结合在一起的；它们的地位都是一样的；两者谆谆教诲的都是一项仁爱的义务，而并不是一条在任何可能发生贷款的偿还都能应用的严格的正义的箴言。”[①]换句话说，贷款不取息固然是履行《圣经》的教导，但不能将它看做是一条普遍的正义标准。

问题在于贷款的代价应该怎样决定？杜尔阁认为：“这种价格，像一切商品的价格一样，是通过买主和卖主双方的讨价还价、通过供给和需求的平衡来决定的。”[②]或者说决定于货币市场的供给和需求关系或市场交易过程。[③] 他还有进一步的解释：“货币在交易中实际上被看做一种真正的货币，它的价格像所有其他商品的价格一样，依据供求之间的比例来决定和变动。利息即是一笔贷款金额的价格，它会在借款者多于贷款者时上升，相反地，当货币供给多于对它的需求时会下跌。正常利息率就是这样确立的，不过，这种正常利息率并非唯一的准则，也不是每次个人交易时都一定会遵循的法则，资本在借款者手上可能遇到的风险、借款者的需求，以及他希望从借来的货币中获得的利润，都是一些条件，这些条件一旦以各种不同方式同正常利息率结合起来时，便常常会使利率高出它在正常贸易中的水平……（利率）主要取决于通过收入和年产品的储蓄而积累起来作为资本的可动的财富的数量……”也就是说，主要决定于资本的

---

① 杜尔阁:《关于财富的形成和分配的考察》，商务印书馆 1978 年版，第 67—68 页。

② 同上书，第 63 页。

③ 参看“‘对柴尔德译注的评论’及‘古尔内颂’”，见格瑞尼威根《杜尔阁的经济学》，(荷兰)马丁努斯·尼基霍夫/汉格出版社 1977 年版，第 11、30 页。

供给数量。[①] 据此，他指出如果认为货币利息应当由国家来决定，那就是一种错误。

这些就是著名的法国重农主义创始人魁奈和伟大代表者杜尔阁在1766—1770年间对贷款取息所发表的主要观点，它们清楚地表明魁奈和杜尔阁的思想无论在高度上和深度上都明显地超过了前人。可以说，他们的理论观点是对延续了几个世纪之久的宗教法学家观点的总清算，也是对贷款取息这一历史悠久的经济现实在资本主义新条件下合法性的肯定，从而最终结束了关于贷款取息合法性的历史性论争，这是他们的一个历史功绩。尽管他们的这个历史功绩还带有明显的历史局限性，但对于结束贷款取息这一历史课题来说已经绰绰有余了。何况，他们同时还将资本在生产领域生成的利润这一新形式推到了经济剩余学说历史舞台的前沿，不过这需要另辟专章加以讨论了。

① 参看格瑞尼威根《杜尔阁的经济学》，（荷兰）马丁努斯·尼基霍夫/汉格出版社1977年版，第153—154页。

03 贸易差额论的理论和实践

重商主义经济剩余观的兴衰

对外贸易的差额是经济剩余的主要形式吗？或者说，对外贸易是国家的根本致富之道吗？西欧各国的重商主义对这个问题的回答是肯定的，而且这种回答也的确为这些国家带来了巨大的利益，致使这种思想和政策能在16世纪中叶起的两多年间居于支配地位。然而进入18世纪中叶以后，它遭到了英法古典政治经济学的批判，并在实践上最终被产业资本主义生产方式否定。如果说以往两千余年间围绕贷款取息的是非之争是关于经济剩余的首次历史性论争，那么，围绕重商主义经济剩余观的论争则是第二轮的历史性论争。

重商主义是资本主义生产方式初期阶段商业资本的思想体系和政策措施，它特别反映了垄断性对外贸易资本的利益，这些垄断性商业资本在当时欧洲各国皇权支持下，通过对外贸易在为自己积累巨额财富的同时，也为各国王权对国内的统治和对外的扩张提供了巨大支持，成为国家社会经济生活中居于支配地位的力量。

重商主义者认为发展对外贸易是使国家致富的必由之路，从而也就是获取更多经济剩余的必由之路，而这种经济剩余的最主要代表就是金银货币。为此，早期重商主义主张采取各种措施将金银留在国内，故而被称为重金主义；而晚期重商主义则认为只要实现和维持对外贸易顺差即可，故而被称为重商主义。晚期重商主义显然比早期重商主义显得更“成熟”，也更“合理”。

重商主义的施行为西欧各国积累了巨额资本，开拓了世界市场，显示了商品流通领域为国家积累财富和经济剩余的巨大作用。然而，一味地推向重商主义也给包括英国和法国在内的西欧国家带来了一系列不良后果，主要是产业落后、货币信用破产、经济混乱、竞争力下降等。事实证明，有利可图的对外贸易是国家的致富之道，但不是根本之道，如果脱离了生产领域的支撑，它的有利作用终究不能持久。资本向生产领域的扩张势不可挡，从注重对外贸易向注重发展生产的转变不可避免，重商主义的施行也为这种扩张准备了条件，工业资本主义终于在18世纪下半期到19世纪初期的西欧各国占了上风。

生产方式的转变也使经济剩余观发生了转变，生产领域逐渐被公认为国家致富的主要途径，工业资本利润代替商业利润成为经济剩余的主要形式和追求目标，于是就出现了代表这种新思潮和新政策的古典政治经济学对重商主义财富观和经济剩余观的批判。可以说，古典政治经济学的财富观和经济剩余观的形成之日，也就是重商主义经济剩余观被替代之时，这是财富观和经济剩余观的一次新的历史性革命，英国古典政治经济学的奠基人亚当·斯密无疑是这场革命的伟大旗手，他的《国富论》则是公认的划时代著作。

英国重商主义者的回答是肯定的

1581年问世的署名W.S.的《论英国本土的公共财富》[①]被公认为英国早期重商主义的代表作，又被誉为“英格兰都铎王朝经济思想的最先进的表述”。该书的主题如其最初的书名所示，是《对近来我国同胞常有的一些抱怨的简单考察》，抱怨集中在以下几方面：“我国各物昂贵，但并不匮乏；由于圈地，农村一片荒凉；市镇因缺乏住户和工匠，满目萧条；对宗教问题有意见分歧，把人们吸引到东，吸引到西，使他们争论不休。”[②]作者又将这种不幸归纳为以下几点：“首先，这种普遍的、全面的物价上涨现象，是所有的人对之颇有怨言的最主要的不幸事件。其次是我国财富的浩劫。第三是圈地和把可耕地变为牧场的行径。第四是城镇、郊区和乡村的凋敝。最后，人们对宗教的意见分歧和差异。”[③]

在分析了各种不同的次要原因之后，作者指出：“硬币的改变是一切灾难的最根本的原因。除了这件事情本身的根由十分清楚而外，经验和证据也使人们对它看得更加清楚；因为这种物价上涨的现象甚至是在改变硬币之后才开始发生的；新币一出现，各种物价随之上涨……总之，我

① 参看晏智杰：《经济价值论再研究》，北京大学出版社2005年版，第154—163页。

② 伊丽莎白·拉蒙德：《论英国本土的公共福利》，商务印书馆1989年版，第48页。

③ 同上书，第102页。

认为硬币的改变是外国人开始以高价向我们出售商品的最根本的原因；他又使所有培植任何农作物的农民和佃户也同样高价出卖他们的商品；由此而产生的物价上涨的情况使乡绅们提高他们的地租，并把农田掌握在他们自己的手里以争取改善供应的条件，结果就把更多的土地圈了起来。”①

为什么物价上涨的主要原因被归结为货币减色呢？因为减色货币首先会被外国人发现，他们打折扣地接受这种货币，从而抬高他们输入英国的物品的价格，促使足值货币流向国外，这必然导致英国货币贬值，使英国人也不得不高价买进、高价售出。货币减色就这样把价格推了上去，同时又使英国不断地丧失了金银财富。

提出的主要解决办法是收回成色不足的铸币，发行足值铸币。作者说：“我的意思是说，目前流通的一切硬币仿照现今已经不再流通但人们乐于接受的某个时期的钱币铸造，对其原料和核算也一模一样；从此以后，就只准那种旧币或按照其同样的价值、成色和名称铸造的新币在市上流通；这样，我们的硬币便完全恢复它旧日的等级和优良的程度了。”②

上述分析所体现的货币财富论和货币差额论，正是早期重商主义的中心思想。

第一，足值货币和金钱是真正的财富，是君主及其臣民所从事的各种经济活动的最终目标，也是判断各种经济活动是否有利的唯一标准。劣币驱逐良币的结果，只能降低甚至破坏英国的货币和财富的交换价值。③保持货币足值是致富的关键，同样也是英国当时一切灾难的根源。

第二，利润是贱买贵卖的结果，但国内贸易不会引起货币的外流，因而不会使国家财富增减。“我们最好还是付出较高的代价向我们自己人购买那些货物，而不要以低价向外国人购买；因为不管多么少的收益流往国外，对我们来说总是一项损失。可是，不论多大的收益从一个人手里转到另一个人手里，毕竟还是保留在国内。”④

第三，对外贸易是财富的真正来源，对外贸易的原则应当是少买多卖，只有出超才能使金银进口，使本国财富增加。“务必使我们向外国人

① 伊丽莎白·拉蒙德：《论英国本土的公共福利》，商务印书馆 1989 年版，第 110—111 页。
② 同上书，第 111 页。
③ 同上书，第 79、81 页等。
④ 同上书，第 76 页。

购买的货物不超过我们销售给他们的货物，要不然我们就会自趋贫穷，让他们发财致富。如果一个庄稼人每年除了赖以糊口的农业收入以外别无其他进帐，在市场上买得多而卖得少，他就不会是个出色的庄稼人。”[1]对庄稼人来说如此，对国家来说也不例外。

第四，提倡保护关税，使用本国产品，发展本国加工工业。“我特别希望不要使用海外任何以我们的原料如羊毛、兽皮、锡等制造的、返销到这里来的商品。所有这些东西都应在我们国内加工。如果我们能够安排自己的人民来生产这些东西而不让外国人染指，那岂不是对我们大有好处吗？”[2]这可以增加就业，增加出口关税，挣得的收益将全部留在国内。

爱德华·米塞尔顿(Edward Misselden)是英国晚期重商主义者。他极力强调货币的重要性，称其为“贸易的生死攸关的精神”；他认为英国当时经济衰退、货币短缺的原因在于进口过多(尤其是奢侈品)，而不在于马林斯认为的汇兑不平衡。他称“贸易差额法”是一项极好的政治发明，而出超则是使国家趋向富裕的必由之路，因为这样可以使金银财宝流回国内。显然，米塞尔顿是将对外贸易视为国家经济剩余的源泉。

托马斯·曼(Thomas Mun, 1571—1641)是英国晚期重商主义的主要代表者[3]，他的《英国得自对外贸易的财富》(大约写于1630年，1664年由其子出版)被马克思称为是它出版后一百年间重商主义的“圣经”。

托马斯·曼提出的“贸易差额论”是晚期重商主义的基本思想和主张，这种思想和主张是对重商主义思想的合理表达。他的基本信条是：货币与商品是一国的财富，“虽然一个国家可以由所得的礼物或由购自他国的货物而增加财富，但是这些事情到底在什么时候会发生，乃是没有把握的，也是无足轻重的。所以，对外贸易是增加我们的财富和现金的通常手段，在这一点上我们必须时时谨守这一原则：在价值上，每年卖给外国人的货物，必须比我们消费他们的为多。”[4]显然，托马斯·曼谈论的是某种经济剩余，这个剩余是通过带来顺差的对外贸易而来的。这是对英国17

---

① 伊丽莎白·拉蒙德：《论英国本土的公共福利》，商务印书馆1989年版，第73页。

② 同上书，第130页。

③ 托马斯·曼出身于商人之家，祖父是皇家造币厂货币总监，父亲是伦敦一名商人。他于1615年获选东印度公司董事，继续成功经商并置地产。1621年他首先反驳对该公司的批评，1628年他在议会发表演说，力主发展对外贸易，其基本论点写于该书中。

④ 托马斯·曼：《英国得自对外贸易的财富》，商务印书馆1965年版，第4页。

世纪资本原始积累经验的一种总结。

以往我们总是说,重商主义将国家致富的源泉局限于流通领域,不可能揭示财富及其价值的真正来源,因为这种源泉据说只是生产领域,因而只有将眼光转向生产领域才是科学政治经济学的开端。这种说法有其可取之处,因为生产领域显然是增加财富的绝对数量的基本源泉,这是没有疑问的。如果没有当时世界其他国家确实生产了财富,拥有财富,也就没有英国等资本主义国家通过不平等贸易致富的前提。因而就整个世界而言,没有生产也就没有财富的增加,而对外贸易不过是改变了这种财富在各国配置的格局而已。然而,我们也不能不承认,就一个国家而言,对外贸易确是致富的一大领域。这不仅是客观的历史,更是严酷的现实。如果拘泥于传统理论观点,因重商主义将致富眼光局限于流通而加以贬抑,不承认重商主义的历史合理性和现实合理性,那不是教条,就是迂腐。当然我们也不至于无知和幼稚到只顾流通而不思生产的地步。

詹姆斯·斯图亚特爵士(1712—1780)通常被看做"迟到的重商主义者"、"最后一位重商主义者",马克思称他"科学地复制了"重商主义观点。斯图亚特关于利润的看法,包含着对经济剩余(而不是剩余价值)的理解。[①]

他说:"我将利润和亏损区分为绝对的、相对的和混合的。绝对利润对谁都不意味着亏损,它是劳动、勤勉或技能的增进的结果,它能引起社会财富的扩大或增加。绝对亏损对谁都不意味着利润,它是停止劳动、勤勉或技能增进,或停止由其引起的作用的结果,它能使社会财富减少。相对利润对有的人意味着亏损,它表示财富的天平在有关双方之间的摆动,但并不意味着总基金的任何增加。相对亏损,相反地,对有的人意味着利润;它也表示天平摆动,但没有从总基金中取走什么。混合利润很容易理解:这种利润一部分是相对的,一部分是绝对的。我称其为混合的,因为二者能够不可分割地存在于同一交易中。"[②]

从这段集中和系统的论述中,可以看出,他说的绝对利润是指"社会

---

① 詹姆斯·斯图亚特出生于爱丁堡官宦之家,青年时学习法律,游历欧洲大陆。后因参与查理国王反对资产阶级控制议会的活动,流亡国外多年,直到1762年才获准回国。他的主要著作是《政治经济学原理研究》,该书于1767年初版,1770年再版,1805年收入其子汇编的《詹姆斯·斯图亚特爵士著作集》(六卷集)第一卷。

② *An Inquiry into the Principles of Political Economy*, by Sir James Steuart, Bart. Book Ⅱ, Chap. viii.

财富”的扩大或增加，又是“劳动、勤勉或技能增进的结果”，因而就是我们所说的“经济剩余”。第一，他说的是“社会财富”而不是脱离财富的所谓“价值”；第二，这种财富增加的源泉不仅有劳动，还有勤勉和技能。勤勉和技能是指手工业者的勤勉，以及手工业者的劳动技能，包括分工。这些要素当然都是与人的劳动相关的，但它们又不是劳动本身，就好像科学技术和经营管理同劳动相关，但不是劳动本身一样。斯图亚特将勤勉和技能同劳动加以区分，不是没有道理的。

斯图亚特的“相对利润”是指交换中一方得利而另一方亏损的情形。在这种情形下，总基金没有减少，不过是财富的天平在相关双方之间发生了摆动，使财富在相关各方之间的分配起了变化。也就是说，这种利润是让渡的结果，是让渡利润。让渡利润算不算经济剩余呢？应当算，因为它也是产品与其成本之间的差额，只是这种差额只对交换的某一方有利，而使另一方受损。从这个角度来说，让渡利润是有利一方的经济剩余的来源。从这个角度来说，“迟到的重商主义者”斯图亚特的相对利润说是对经济剩余之一的合理解释。

意大利重商主义者的回答也是肯定的

意大利重商主义者也将对外贸易看做是国家致富的根本途径，将对外贸易利润视为经济剩余的主要形式。意大利是资本主义工商业最早发达的国度，具有产生和发展重商主义的深厚土壤。安东尼奥·塞拉（Antonio Serra）的《略论可以使无矿之国金银充裕的成因》（1613）被认为是对重商主义信条的首次系统论述，虽然其影响远不及托马斯·曼的《英国得自对外贸易的财富》。

塞拉认为金银的重要性是一个人所共知的真理，甚至不必加以说明：“作为一个国家，如果是盛产金银的，则对一般老百姓和王公大臣们来说是何等重要，由此将产生多大的利益，对于防止犯罪行为将是个多么有效的手段……以及缺乏金银会造成多大的损害——这些我在这里都不打算讨论，因为这已为人所共知……因此，不妨把它作为一个已经证明的定理。”①

① A. E. 门罗：《早期经济思想》，商务印书馆 1985 年版，第 126 页。

基于这种判断，他着重探讨的是像意大利这样的无矿之国应当采取什么措施才能做到金银充裕。塞拉将他提出的办法分为两类，一类是只会在一国而不会发生在别国的使本国金银充裕的“特殊因素”，这有两个：一个是国内农产品超过自己的需要，从而可以输出国外；一个是为了自己的利益和别国的利益而全力从事贸易，从而吸入大量金银。另一类是在一切国家都会发生的所谓“共有因素”，这有四个：行业的多样化、人民的素质、商业活动的广泛程度和主政者的管理方式。他指出，行业的多样化将为一个国家或城市广辟财源，因为产品丰富可以出口国外换回金银。从获得利润从而获得金银的角度来看，最有把握获利的是商业，其次是手工业，最后是农业。人民如果既有事业心，又勤劳干练、善于开拓经营，则有利于在国内外发展生产和贸易，从而获得金银。贸易的扩大化在于不仅出口自己的剩余产品，而且从事转口贸易，将无资源的不利条件转变为最有利于换回货币的手段。主政者的管理在于从自己国家的国情出发，制定合适的政策，扬长避短，这是一切成因中最重要的、最有效的成因。① 塞拉的这些分析都是密切联系意大利国家的情况进行的，具有极强的针对性。

塞拉还批判了认为汇率是支配金银是否充裕的成因的观点，批判了早期重商主义者关于禁止输出资金的做法，指出持此观点者不明白这样一个道理：“不管资金输出到哪里，它必然会附带着利益回到这个国家。”②塞拉的观点显然属于晚期重商主义。

柯尔贝尔主义证明了什么？

在我们考察法国重商主义的经济剩余观时，不能不注意到17世纪中后期的柯尔贝尔主义，它是法国重商主义思想和政策的典型，而且对法国社会经济生活产生过重大影响。

柯尔贝尔(Jean-Baptiste Colbert，1619—1683)是路易十四时期的财政大臣，一生致力于巩固和加强国王的强权统治。如果说黎塞留(Richelieu，Cardinal de，1585—1642)和马萨林(Mazarin，Jules Cardinal，

① A.E.门罗：《早期经济思想》，商务印书馆1985年版，第129—133页。
② 同上书，第139页。

1602—1661)主政时期主要致力于从政治上统一法国，那么，柯尔贝尔则主要致力于从经济上统一法国。

柯尔贝尔的经济思想和政策贯穿着重金主义精神。他认为国家富强取决于财政，财政则有赖于税收，税收又决定于货币的多寡，所以唯有货币充裕才会使一国伟大和强盛。为此，他采取了如下吸引和增加货币的政策：为了吸引货币，鼓励出口，扶植能够换回贵金属的产业。为了将货币留在国内，禁止金块出口。发展本国自给产业以减少进口，发展矿产品、制造品、海产品、奢侈品以及法国必须消费的农产品。不主张完全禁止进口，但应以税收和对消费的引导来减少进口：法国不能生产的产品需要进口，但须由法国自己来进行。出于这些考虑，他明确支持马赛港与列文特的贸易，也支持发展其他的对外贸易公司。为筹措发展各项有利于出口的产业的资金，应当减少其他开销，政府开支也应按照这种精神来分配。

柯尔贝尔不遗余力地发展对外贸易，认为它是吸引货币、使法国致富的主要途径。为此他进行了多方面的努力。为了对付猖獗的海盗活动，他发起创办了法国海运保险公司，组建了护航船队。在同黎凡特国家(大体指现今中近东国家)、西班牙以及其他欧洲国家的贸易中，柯尔贝尔均倾注了大量心血。他还主持对法国原先弊端丛生的关税制度进行了改革，于 1664 年和 1667 年出台了关税改革法案，其基本精神是减低对进口原料和出口制造品的关税，而对进口制造品和出口原料征收高额关税。

为了确立法国的商业霸权，柯尔贝尔进行了多方面的努力。他兴办国营制造业，给予许多私人企业以特权，鼓励外籍工人把技艺传入法国，以生产出优质商品远销国外。他发起组织了庞大的商业船队和海外贸易公司，其中最主要的是 1664 年创办的法国东印度公司。该公司具有明显的垄断性和扩张性，例如，该公司条例规定："国王授予该公司同下列地区从事贸易的排它性特权：从好望角到马吉冷海峡，包括整个东印度和南海地区；此项特权在国王批准年限内有效(国王同意 50 年)。准予该公司将金银送往东印度和马达加斯加……该公司有权占有从国王的敌人征服来的全部土地，以及它们发现的所有荒野不毛之地，免受野蛮人侵扰的所有疆域等，对此等土地该公司享有完全的所有权；它享有在此等土地上的完全开采权。它有权拥有奴隶。""在该公司领有土地上，它获准享有最高裁判权。它的裁决应服从皇家批准。”[①]从1668年起柯尔贝尔担任海军国务大臣，进一步扩大法国海上军事力量，为其对外经济扩张提供了更为强大和可靠的保证。

柯尔贝尔赞成发展国内贸易，主张消除国内贸易中的诸多障碍，认为这是增强法国国力的必要措施。他上台后干的第一件事就是在国王支持下于1664年9月正式成立了一个新的贸易理事会，旨在研究商业形势、向国王作出分析报告和政策建议，并有权就商业事务直接作出决定并发布政令。1669年后柯尔贝尔越来越倚重财政委员会和国家委员会，使贸易理事会的作用有所下降。1700年又成立了一个新的贸易理事会，一直存在到1789年大革命爆发。

为了调整和重建法国贸易及经济秩序，柯尔贝尔主持制定并于1673年发布了贸易法典。该法典共122条，对贸易活动的法规及特许权利作了一系列规定，涉及银行家和经纪人的活动。记账方法、公司及其成员的构成、信贷规则、取息、债务、财产转让、破产处置、限制利率等，可谓应有尽有。

柯尔贝尔大力改革了税制，首先是通行税。针对关卡林立、税额过高、各地不一的混乱局面，他提出应修复道路、消除通行税、疏通河流、开凿运河、改革市政债务、关注利率等措施；并且在一定程度上得到了实施。1661年11月命令各地将征收通行税的名目重新登记、审核，1663年初重申调整和整顿通行税的收集办法(14条)，经审核取消了一批不合法项目，减少了合法征收项目，并对征收通行税的地点、数额以及惩戒欺诈等均作了具体规定。一年后柯尔贝尔即向国王报告取得了初步成效，此后柯尔贝尔继续坚持了尽量减少甚至取消通行税的作法。但在改革市政债务方面，柯尔贝尔未能取得成功。柯尔贝尔还想统一法国度量衡制度，同样未获成功。

为发展国内贸易，柯尔贝尔鼓励和支持商人组织运输公司，给它们减免税收等各种优惠待遇。这些公司不仅经营国内运输，而且从事海外运

---

① 法国东印度公司在其存在的最初十多年间由于国王的大力资助，其经营活动有了相当大的扩展，但1675年后由于国王忙于应付对外战争，无力继续大力资助，致使公司财力短缺。柯尔贝尔晚年在连年征战形势下，已无力挽回财政紊乱的困难局面，遂失宠。东印度公司随之陷于困境。不过，进入18世纪以后该公司还曾一度有所发展，1720年改名为法国东印度公司，1721年获得毛里求斯，1724年获得马拉巴尔的马埃为殖民地，但在英法七年战争(1756—1763)中法国失败，法属印度首府失陷，东印度公司终因缺乏政府支持而在法国大革命中消声匿迹。

输。柯尔贝尔还为改善道路、桥梁和水路交通作出了巨大努力。

柯尔贝尔的经济重建和改革措施取得了相当的成效，法国工商业的发展尤其外贸的扩展为法国带回了大批财富和金银，使货币充裕、财力充实；而且在工商业上成为英国的有力竞争对手，替代荷兰成为英国的劲敌，1678 年英国甚至完全禁止法国货进口，从此埋下了此后一百多年间法国与英国及其他欧洲国家连绵不断战争的祸根，直到 19 世纪初期（1815 年）拿破仑大败于滑铁卢。

柯尔贝尔主义的重大缺陷主要表现在忽视农业和农民利益上。法国农业在亨利四世和路易十三时代呈兴旺之势，但在路易十四初期摄政时期（1642—1660 年），首相马萨林推行专制统治和横征暴敛措施首先使法国农业深受其害，以致激起贵族阶层内部的反抗王权的“投石党运动”。马萨林死后路易十四亲掌朝政之初着力恢复农业。不久柯尔贝尔上台，着力发展工商业，虽对农民采取了若干减轻赋税的措施，但总的来说是将农业降到服从工商业的地位，听凭谷物国内市场仍照旧样（主要由国家和地产所有者）调节，而且以国内食物欠丰来决定谷物出口。在柯尔贝尔看来，以廉价谷物供应工场和商业之需，比出口谷物进行贸易更加重要。因此，对农业的沉重赋税负担（什一税、酒税、盐税等）并无根本改观，这种现象因路易十四连年对外征战以及宫廷的奢华浪费而愈加严重了，这就加深了法国封建专制王权的危机。

“约翰·罗体系”破产的启示

“约翰·罗体系”试验是发生在 18 世纪初期的一件引起轰动的事件。该体系的实质在于企图利用无限制地增发纸币和建立投机性的信用制度来创造财富。如果说柯尔贝尔主义是重商主义的典型，那么“约翰·罗体系”则是重金主义的典型。前者的成功和弊端互见，后者则以彻底失败告终。这一事件再次证明，柯尔贝尔之后法国主政者仍然深陷重商主义和重金主义经济剩余观的泥潭而不能自拔。

约翰·罗（John Law, 1671—1729）是在法国社会经济深陷危机时出马的。路易十四对外连年征战和大肆挥霍使法国陷入民穷财尽的地步。1715 年路易十四去世时，王国已负债 34.6 亿法郎，其中 33 亿多法郎是在柯尔贝尔 1683 年去世后积欠的。连绵不断的战乱和对异教徒的迫害，使法国人口自1660年以来(到1715年)减少了400万(也有人估计为600万)。农产品自路易十四执政以来减少了1/3,而人民的负担却加重了。

深陷危机的法国摄政王奥尔良·菲力浦公爵得知约翰·罗自荐的设想和计划不禁喜出望外,而此前屡遭挫折和冷遇的罗本人也觉得机会难得,决计大干一场,双方一拍即合。在摄政王的支持下,约翰·罗采取了一系列措施。他先是在1716年创办了通用银行并在开头两年多取得了相当的成功:控制了法国的货币和信用系统,发行了适度的纸币,保持着纸币兑换成硬币以及纳税等重要功能,还对利率进行了适当调整,从而有效地促进了经济的复苏。1717年8月他又获准创办"西方公司",取得在北美(路易斯安那地区和加拿大)从事殖民开发的特权。1718年12月通用银行改为皇家银行,更加强了他的地位和该银行的权威。1719年他出任法国财政大臣,使其事业达到巅峰。

为了不断扩展西方公司的殖民事业,约翰·罗从1718年下半年起大肆抬高行市和推销股票,在其殖民活动蓬勃发展的声势下,该公司股票行情不断上涨,面额500利佛尔的股票一夜之间也许可以涨到1万到2万利佛尔。在叫得最响的时候,10张股票的价格等于14—15公担白银!约翰·罗将发行股票获得的巨额货币大部分用于购买国债券,承担了全国近20亿利佛尔国债。

然而,危机和风暴不久就开始了。促成"罗氏体系"破产的直接原因是股票投机和银行券挤兑,这是不难理解的。没有股票的人千方百计要买股票,有了股票的人又恨不得立即得到更多股票,或使之转手为实际的财富。一夜暴富的心理和投机倒把的气氛好似一个魔鬼,使人们变得痴迷和疯狂。为了维持股票,罗拼命增发钞票,并限制银行券兑换黄金,这激起了更汹涌的挤兑浪潮;各种商品价格暴涨和巴黎缺粮使局势更为恶化。到1720年秋银行券大幅贬值,很快便不再作为合法的支付手段了。

罗氏体系终于垮台。罗本人流亡布鲁塞尔。1723年摄政王去世使约翰·罗重振旧业的希望最终破灭,新当权者对他不加理睬,英格兰当局也不见容于他,他不得不远走德国,最后来到威尼斯并于1729年病死此地。

约翰·罗的疯狂冒险是以其对重金主义的崇尚为基础的,这在他的《论货币和贸易》以及《关于货币的考察》、《论数字和商业》等著述中有充分的表现。他将商品价值仅仅归结为商品的效用和市场供求关系的结合,并认为商品价值的大小与其说取决于其用途的大小或人们对它的需要程度，不如说取决于相对于需求的商品数量的多寡。这种说法虽然在重视效用和市场供求关系方面是一种值得肯定的进步，但他完全排除生产商品所花费的实际要素，包括劳动和其他支出，却是一种片面的观点，这种观点极易为将商品价值纳入某种随需求而变动的东西打下基础。约翰·罗关于白银及银币的价值问题的看法也是如此，他仍是只看到效用论与供求关系的作用，却完全没有触及另一半，即生产货币所耗费的人类劳动等要素。

约翰·罗的财富观也是典型的重金主义。他说："国家的实力和财富，是由人口和国内外货物的储存量构成的。人口和货物储存量依赖于贸易，而贸易又依赖于货币。由此可见，要比其他国家富强，就要比其他国家拥有更多的货币，因为倘若没有货币，法律再好也不能使人得到雇用，也不能使农业、制造业和贸易得到发展。"[①]约翰·罗详细论述了国内和对外贸易对货币的依赖，最主要的理由是货币越多，雇用的人越多，从而增加国家财富，生产出更多剩余产品，满足国内外人民的需要。他强调说："贸易和货币是相互依赖的。贸易衰落，货币便减少；货币减少，贸易便衰落。"[②]另一方面，"正如贸易依赖于货币那样，一国人口的增减也依赖于贸易。如果人们在国内有工作做，人们就会留在国内。如果贸易额增大，人手不够用，就会从人们没有工作的地方把人吸引来"[③]。这里的着眼点仍然是就业状态同货币及贸易的关系。

约翰·罗认为，苏格兰虽有优越的自然条件，但经济落后，主要原因在于贸易不发达；贸易落后又同货币缺乏有关。怎样增加货币呢？他认为："利用银行来增加货币，是迄今所采用的最好的方法。"[④]这就是发行信贷。约翰·罗充分肯定银行信贷的作用，但他明确指出，扩大保证支付货币的信用，必须与所拥有的货币数量成一定的比例。既然我们所拥有的货币很少，扩大信用也就很有限。约翰·罗也知道，最可靠的银行是库存现金等于信贷额的银行，因为即使人们要求全部兑现，银行也拿得出现金。他了解银行库存现金不足在面临挤兑时所要冒的风险，但他过于相信可以采用宣布降低币值的办法的效果，以为这样便可平息挤兑，甚至会

① 约翰·罗：《论货币和贸易》，商务印书馆1986年版，第43页。

② 同上书，第74页。

③ 同上书，第13页。

④ 同上书，第25页。

使人们把货币送还给银行。这显然低估了风险的危害。他赞扬信贷增加给人们带来的方便,但强调以银币作保证的信贷扩大很有限。

约翰·罗认为,银币价值不稳定,所以增加银币本身无济于事。他主张应该用白银以外的其他货物做货币,只要这种货币不易损坏,使用起来方便。他的建议是发行以土地作担保的纸币。他认为这种纸币能够履行货币的一切职能,但又不会有金银币或以白银作担保的纸币那样的缺陷。土地作担保也更可靠,等等。

约翰·罗体系给世人很多启示。首先,事实证明,货币不仅是价值尺度,而且还有其他职能。不了解这一点,就可能导致否定或无视纸币虽可代表贵金属但不能脱离贵金属这一客观基础的事实,以为只要能够充当价值尺度,方便交易即行,需要多少就能发行多少。即使像约翰·罗那样刻意地排除以贵金属作为担保品的纸币,论证以土地为担保品的纸币更可靠也不行,因为事实上土地的价值本身也不是不变的,所以代表土地的纸币也不可能不变。这样,约翰·罗所建议的纸币就失去了它所代表的贵金属的基础和其他客观物质基础。其次,约翰·罗认为以纸币形式发行信用货币,就可增加货币,从而扩大就业和增加财富的观点也是站不住脚的。诚然,信用在经济生活中有重要作用,因为信用制度的推行扩大了货币支付手段的职能,从而加速了资本的联合与集中,推动了生产的扩大和发展,但是,信用并不就是货币,它是作为金属货币符号充当流通手段和支付手段的一种凭证,而且只在一定范围内流通。信用也不等同于资本,它作为借贷资本的一种运动形式,本身不像资本那样具有真实的价值额,只是一种虚拟的借贷资本。银行信用的规模取决于社会再生产的规模和客观条件,不能由银行随意决定,像约翰·罗所说的那样,需要多少就发行多少。信用不可能代替再生产所需要的客观物质条件。约翰·罗显然忽视了信用制度与社会生产过程的内在联系,不适当地夸大了信用的作用。同时对资本主义条件下信用制度固有的投机欺诈和破坏作用缺乏应有的认识。罗氏制度的破产不能不同他认识上的这些缺陷密切相关。

04　古典经济学对贸易差额论的批判

重农主义创始者魁奈的批判

法国重农主义的整个学说和政策主张都是反对重商主义的，事实上，重农主义就是在柯尔贝尔主义的重商主义和约翰·罗的重金主义给法国社会带来深重灾难的背景下产生和发展起来的，其意图就是要以新的重农主义取代重商主义和重金主义，认为这是使法国摆脱困境、重新走向繁荣富强之路的唯一正确选择。因此，毫不奇怪，重农主义奠基人魁奈和伟大实践家杜尔阁在建立他们的学说时，都对重商主义和重金主义进行了严厉的批判。这不仅反映在他们对重商主义和重金主义教条本身的直接批判上，而且贯穿于他们自己学说的始终。

先来看看魁奈对重商主义教条的直接批判。魁奈在1766年发表《论商业》一文中着重指出，商业是非生产部门，因为商业交易是等价交换，不会使财富增长，当然不会产生任何剩余，所以他认为商业是不生产的劳动。那么，商业利润是从哪里来的呢？他认为那是生产阶级向商人支付的"工资"。

魁奈说："不要让国民在同国外的相互贸易中蒙受损失，即使这种贸易对销售进口商品从自己同胞身上赚了钱的商人有利。因为这些商人的财产增加了，就会减少收入的流通，损害分配和再生产……人们不可被同国外相互贸易的表面利益所欺骗，仅以贸易的货币差额来判断，而不考察买卖特定商品所得利润的大小。因为损失常常落在获得货币余额的国家身上，这种损失会损害收入分配和再生产。"①魁奈认为："商业无非就是价值与相等价值的交换……它难道不是不生产的吗？……贸易不过是具有售卖价值的某种产品，同另一种具有相等价值的产品相交换；交换就其纯粹形式来说是没有盈利也没有亏损的，简单地说，竞争双方都没有输赢；尽管有些原因会压低一方的价格，抬高另一方的价格，使竞争的某一

① 《魁奈〈经济表〉及著作选》，华夏出版社2006年版，第182页。

方遭受巨大损失，但这些原因可以同商业完全无关……所出现的这些价格的平衡只能保证双方避免损失，绝不会创造任何真正的产品。这种平衡的价格不会增加产品量，它只是影响价格不相等的原因失去作用。从这个观点来说，商业本身简单地说是不生产的职业。"[①]

魁奈又说："价格的形成总是在买卖之前。如果买者和卖者之间的竞争没有改变什么，那么，价格就是由商业以外的原因决定的。如果这里的竞争改变了什么的话，那也仅仅是与消费者的需求有关……转售商业所能作的也是改变价格，其目的在于获得生产阶级支付给他们的工资……只有通过需求给予生产的价格，生产阶级才能以耕种土地的劳动再生产每年的财富。通过这种价格，生产阶级才能补偿自己再生产财富的费用，支付所有者的收入，支付国家和有权获得十一税的人，还支付不生产阶级的全部费用。（照这样说来）我们所说的这个（不生产）阶级似乎消失了，它不再由生产阶级不断再生产的财富来支付了。生产阶级能依靠自己的劳动独立生存。不生产阶级则不能仅靠自己的不生产劳动生存；他需要立即从这种劳动停止下来，以便最好去从事耕种土地，或者去寻求土地产品，这些产品是以自然的方式生产出来的，是满足人的物质需求所必需的。"[②]

还可以引述魁奈的这个论断："满足国家非常之需的资金，只能求之于国家的繁荣，而不能指望金融家的信贷；因为货币财产是一种隐秘的财富，它是不认国王和国家的。"[③]所谓隐秘的财富，是相对于农产品这样的实在的和明显的财富而言的。

用今天的视野和观点可以轻易地指出魁奈和杜尔阁观点的种种不足甚至错误。例如，不能说只有农业是生产的，也不能说商业或交换过程是不生产的；相反，它是狭义的生产过程的继续和延伸，是整个社会经济活动的一个不可或缺的环节和领域，同样是财富及其价值的形成和增值过程的一部分。然而，从重农主义者的思路和逻辑来看，他们对商业的论断又是前后一致和自成一体的。既然只有农业是生产的，包括商业和手工业等其他各业当然就是不生产的，甚至都要靠农业来维持，连商业利润都要被视为农业生产者支付给商人的"工资"，换句话说，商人是靠农业生产

---

① 《魁奈〈经济表〉及著作选》，华夏出版社 2006 年版，第 318—319 页。

② 同上书，第 319—320 页。

③ 同上书，第 183 页。

者来养活的。为什么他们会持如此偏颇的观点呢？这恐怕只能从他们所产生的背景，即重商主义和重金主义肆虐多年给法国带来的深重灾难得到说明。当然，他们看来是走过了头，从一个极端走到另一个极端，应验了矫枉必过正，不过正不足以矫枉的说法。无论如何，他们的看法是一种历史的进步，这是必须加以肯定的。

现在，我们再来看看魁奈对重商主义的批判如何贯穿他们学说的始终。

首先，众所周知，纯产品学说是重农主义学说的核心。所谓“纯产品”是指“每年创造的构成国家收入的财富，是从土地产品中扣除了全部费用以后，构成盈利的那部分产品”①。纯产品是从土地耕作中得来的，它是自然的恩赐，又是农业劳动的成果。按照这种学说，唯有农业的收成超过农业支出的剩余即纯产品，才是真正的剩余。之所以会这样，是因为他们认为唯有农业才会发生财富的“增加”，而商业和手工业仅仅是财富的“相加”，这就从正面排除了重商主义关于只有对外贸易是财富源泉的观点。

魁奈说：“君主和国民绝对不应忽视一个事实：土地是财富的唯一源泉，只有农业能使财富增长。”②他又说：“农业为生产必需品提供原料，保障了国家和土地所有者的收入，给僧侣以十一税，给耕作者以利润。正是农业财富的不断再生产，才是所有其他各种形式财富的基础，它保障了所有的职业，促进了商业的复兴，人口的增长，工业的活跃，维持了国家的繁荣……农业和商业通常被看做我们财富的两个源泉。然而，商业本身如同工业生产一样，不过是农业的一个分支；而工业比商业更为广泛，意义也更为重要，这两个部门的存在仅仅是促进了农业经营而已。农业经营为工业提供原料，为商业提供商品，还为它们支付工资。商业和工业会将它们获得的利润返还给农业，农业则重新生产出每年支出和消费的财富。实际上，如果没有我们的土地产品，没有土地所有者和耕作者的收入和支出，哪里能够产生商业利润和给工人支付工资呢？认为商业具有脱离农业的独立性，这是一种抽象的概念，是一种非常不完整的思想。然而，这个概念却吸引着研究此类问题的作者，其中有些人认为国内商业具有生产性，但是实际上商业什么也不生产，它不过仅仅为国民提供服务，并接

---

① 《魁奈〈经济表〉及著作选》，华夏出版社 2006 年版，第 144 页。

② 同上书，第 178 页。

受国民支付的报酬而已。”[1]

让我们再援引一段魁奈的精彩论述：“严格地说，只有以劳动生产人们所必需的产品的人，才创造财富。因为土地所有者和国家的所有收入，给工人的全部报酬，给仆人的工钱和各种挣钱职业的工资，都是来自这些产品的价值。以自己双手制成商品的人，并没有创造财富，因为他们的劳动给那些商品所增加的价值，仅仅是支付给他们的那一部分报酬额，而这些报酬是从土地产品来的。织布的制造业主，缝制衣服的裁缝，制鞋的鞋匠，不会比为主人做饭的家厨，锯木头的工人和举办音乐会的音乐家创造更多的财富。他们所有的报酬都来自同一个来源，都来自他们以自己劳动所交换的并花在生活资料上的工资。因此，他们所消费的等于他们所生产的。他劳动的产品等于他需要的费用。总之，他没有取得任何财富的增长。因此，只有运用在土地上的、提供产品的、而且其价值超过费用的劳动，才创造财富或年收入。总之，除了为出口而从事制造和销售的工人以外，其他所有人的收入或工资都是从土地产品来的。”[2]

其次，为了增加财富，魁奈认为必须着力排除妨碍纯产品增加的几个障碍。第一，农产品价格过低。“谷贱伤农”，这是他们反复强调的一个观点。魁奈说：“产品价格低廉对下层阶级有利，这种说法是不可信的；产品低价会使下层人民的工资减少，削减他们的福利，减少他们工作和获得报酬的机会，破坏国家的收入。”[3]他又说：“国内产品和商品的价格决不要跌落；否则相互对外贸易对该国不利。有怎样的市场价值，就有怎样的收入：丰富而无价值不等于财富；稀缺加昂贵等于贫穷；又多又值钱才是富足。”[4]

第二，税收过重，而且都加到生产纯产品的阶级身上，这完全颠倒了事物应有的自然秩序，应当反过来实行地租单一税制，让土地所有者等获得纯产品的阶级纳税，而免除生产阶级的税赋。魁奈说：“赋税不应太重，以致破坏国民的收入，或者同国民的收入不成比例；赋税应当随收入的增加而增加，而且应当直接落在土地财产的纯产品上，而不应当落在工资上和产品上，否则就会增加收税的费用，破坏贸易，每年破坏一部分国民财

---

① 《魁奈〈经济表〉及著作选》，华夏出版社 2006 年版，第 55—56 页。

② 同上书，第 117—118 页。

③ 同上书，第 181 页。

④ 同上。

富。也不应当对农场主的财富征税；因为王国的农业预付应被视为以极大关注给予保护的固定财产，以保证赋税、收入和各阶级公民的生活资料。否则，赋税就会变成掠夺，使国家迅速衰落。"①

第三，解除对农产品对外贸易的限制，允许农产品出口，这样有利于提高农产品价格（他坚信法国农产品在国外市场上有竞争力），从而提高农业收入。魁奈说："对原产品（指土地产品）的对外贸易不应有任何障碍；因为有怎样的市场，就有怎样的再生产……应当维持完全的自由贸易；因为最可靠、最正确、对国民和国家最有利的国内和国际贸易政策，是竞争的完全自由。"②

不消说，魁奈首次将生产纳入财富的源泉，扩大和深化了人们对社会财富及其价值源泉的视野和认识，打破了支配人们的思想和政策达2000年之久的重商主义和重金主义教条，这是一个巨大的历史进步，尽管他的认识显然有重大的局限性和矫枉过正的缺点。本着这种认识，他提出为增加纯产品就必须排除几大障碍的观点，矛头直指长期以来在农产品价格、税收和对外贸易领域重商主义的种种教条和传统做法，这反映了发展生产力的客观要求，无疑是其学说和政策主张的历史进步性的又一表现。尽管这种要求还仅仅局限在农业领域，但是对于当时的法国来说，这些要求已经很高了，而且具有现实的意义。

重农主义伟大代表者杜尔阁的批判

应当说，魁奈以其重农主义学说在相当大程度上重创了重商主义和重金主义，将经济剩余学说向前推进了一大步，而重农主义后期的伟大代表者杜尔阁③又将这种批判向前推进了一大步。

首先，他在一系列问题上发展了重农主义原理，这本身就是对重商主义的进一步批判。例如，他明确指出，农业劳动是其他一切劳动得以独立存在的自然基础和前提，指出"唯有农人的劳动才能生产出超过劳动工资

① 《魁奈〈经济表〉及著作选》，华夏出版社2006年版，第178页。

② 同上书，第181—182页。

③ 马克思说："杜尔阁发展到了最高峰。"见《马克思恩格斯全集》（第33卷），人民出版社2004年版，第27页。

以外的东西。因此，它是一切财富的唯一源泉。”[①]又指出：“土地永远是一切财富首要的、唯一的来源；作为耕种的结果而生产一切收入的就是土地；在完全未耕种以前，为人类提供第一批垫支基金的也是土地。”[②]这里完全没有重商主义的对外贸易才是财富源泉的影子了。又如，他虽然也说“纯产品”是自然赐予，但他实际上比魁奈更明确地将纯产品归结为人的劳动，他说：“农人的劳动一旦生产出多于他的需要的东西以后，他就能够用自然界在他的劳动工资以外作为纯粹的礼物给予他的这种剩余产品，来购买社会中其他成员的劳动。后者在向他出卖这种劳动时所得到的东西只能维持他们的生活；但是农人除了维持生活的资料以外，还能得到一笔独立的、可以任意支配的财富，这笔财富并不是由他买进来的，而是要由他卖出去的……他的劳动生产出来的产品超过了他的工资。”[③]他又说：“土地耕种者的劳动除了生产他自己的工资以外，还生产出用来偿付整个工匠和其他薪给人员阶级的收入；而工匠所得的则只是他们的工资……土地所有者除了通过土地耕种者的劳动以外，什么都得不到……土地离开了劳动，便不能生产任何东西。”[④]这种观点离重商主义观念显然更远了。再如，他认为资本主义大农业经营是提高收益的最方便和最有利的方法。

其次，杜尔阁的商品价值与价格理论进一步破除了重商主义信条。他着力证明货币（包括金属币）不过是衡量商品价值的一种尺度，它本身也是一种商品，没有什么神秘，这是对约翰·罗体系对货币极度崇拜的明确批判。他还力图证明商品价值和价格决定及变动有一定的法则，不能用任何别的东西来规定，从而进一步排除了价值和价格决定上的神秘主义，也为他所主张的自由放任政策提供了依据。“价值”在杜尔阁看来即是使用价值或效用，他认为决定“估计价值”的要素有三：个人的欲望或需求；物品本身的适用性或物品满足个人欲望的相对能力；“一个人在生产他所希求的物品时所遇到的困难的程度；显然，两种物品虽然有同样的用途和质量，然而他会更看重花费他更多辛劳的物品，会为获取它而作出更多努力。基于此，水尽管对人必不可少且能提供多方面享乐，但在水资源

---

① 杜尔阁：《关于财富的形成和分配的考察》，商务印书馆1978年版，第21页。

② 同上书，第48页。

③ 同上书，第21—22页。

④ 同上书，第27页。

丰富国家中人们并不认为它们是贵重之物，也不谋求占有它们，因为就近便可得到水。可是水在荒漠中就成了无价之宝了……稀少性是估价过程中的要素之一。”[①]杜尔阁的价值论是主客观效用论和劳动价值论的结合，这里涉及生产，还涉及消费；而重商主义的价值观则仅仅停留在流通领域。杜尔阁在对市场价格决定法则的进一步说明中，还将价格归结为交换双方的欲望及满足欲望能力的平衡。这显然是一种供求价值论。

在交换价值之外，杜尔阁还提出了“基础价值”的概念。他说：“可以将价值划分为两种类型，即基础价值和交换价值。基础价值是指卖者在物品上所花费的东西，即原料开销、垫支的利息、劳动和勤劳的工资。交换价值则是指买卖双方商定的价格。同交换价值相比，基础价值是相当稳定和不常变动的。前者取决于供给和需求，它随需求而变动，一个简单的事件往往就足以引发它发生显著和突然的波动。它同基础价值并没有一种原封不动的比例，然而它却具有不断地接近基础价值的倾向，并且决不可能长久地远离基础价值。交换价值不可能长久地跌落到基础价值之下，这是因为，一旦某种商品只能亏本出售，该商品的生产就会缩减，致使它稀缺，从而使其价格重新上升到超过基础价值。价格同样也不会长久地超出其基础价值，因为这种高价格包含着高利润，势必激发该商品的生产以及卖者之间激烈竞争，竞争的自然结果是使其价格重新接近基础价值。”[②]以今天人们对商品价值和价格决定规律的认识来看，杜尔阁的这些观点不免肤浅，甚至存在相当的混乱，但是比重商主义的商品价值和价格观显然要深刻得多。他的价值和价格论既不是纯粹的主观理论，也不是纯粹的客观理论，而是两者的结合。

再次，透过杜尔阁的资本分析，我们更可以发现他的学说比重商主义的进步之处。在重商主义者眼中，资本的主要甚至唯一形式就是用于流通领域的商业资本，将其利润归结为让渡利润。在杜尔阁看来，资本可以是“年产品的储备”，又是“可动的财富”和“垫支”，还是“积累起来的价值”等，总之不再仅指流通中的商业资本了。资本的形式也不仅是货币：“无论是在土地耕种、在工业或在商业方面，各种不同的劳动都需要垫支。即使是一个人用自己的双手来耕地，他在收获之前必须播种，在收获之前必

① P. D. 格瑞尼威根：《杜尔阁的经济学》，(荷兰)马丁努斯·尼基霍夫/汉格出版社 1977 年版，第 138—139 页。

② 同上书，第 120 页注 16。

须生活。”[①]他又说：“在各种职业还没有分工以前，当土地耕种者用他自己的劳动来满足其他各种需要时，他并不需要其他垫支；但是，当社会中的大部分成员只能靠他们的双手来维持生活时，那些依靠工资为生的人就必须在事先拥有某些东西，借以取得他们加工的原材料，或在他们等待发放工资的时期内维持生活。”[②]

至于资本利润的性质及其来源，杜尔阁的回答是，资本所有者在产品出售以后不但能收回他的全部垫支，而且可以另外获得一笔利润，“这笔利润除了足以为他提供如果他当初用他的货币买进一份田地而能得到的那种报酬以外，还足以为他提供一笔对他的劳动、他的操心、他所担当的风险、甚至对他的技能应给的工资。”[③]相对于重商主义认为利润只是商业交换的产物的观点，杜尔阁的这种看法肯定是一种进步。他还指出：“只有一个资本所有者或可动的积累起来的价值的所有者，才可以运用资本的一部分当作垫支，借以修建作坊和收购原材料；运用另一部分作为垫支，借以偿付制造（商品）的工人的计日工资。就是他，可以等待在皮革出卖以后，不但能收回他的全部垫支，而且可以另外获得一笔利润……当这笔资本通过产品的出卖而收回的时候，他就立刻用它来买进新的设备和原料，以便通过这种不断的流通来供应和维持他的工厂；他靠利润过日子，同时他又把他所能节约的保留下来，增加他的资本，投入他的企业，加添垫支的总额，以获得更多的利润。”[④]这是对资本生产功能的肯定。

杜尔阁关于运用资本的五种途径的论述，与重商主义只认可对外贸易领域的观点更是大相径庭。这五种途径是：购买可带来一笔确定收入的田产；用于工业企业的垫支；投入农业经营，进行出租或包租；经营商业企业；放债取息。关于商业经营，杜尔阁指出，由于生产者和消费者（或者说供给与需求）双方在时间、地域等方面的差异，必须要求有人经营商业；然后他又指出，商人尽管有不同等级和规模，但他们有一个共同点：为了卖出而买进；商人在经营中不但要求收回垫支，还要获得一笔在数额上和他们用同量资本不经劳动而获得的收入相等的利润，以及他们的劳动的工资与承担风险和付出勤劳的代价。杜尔阁这里分析的显然是资本主义

---

① 杜尔阁：《关于财富的形成和分配的考察》，商务印书馆1978年版，第48页。

② 同上书，第52—53页。

③ 同上书，第54页。

④ 同上书，第54页。

经济条件下的商业，而且这种商业本身业已构成资本主义经济生活中不可缺少的一个环节。杜尔阁强调这种商业的必要性，把它作为运用资本获利的一种方法，然而这同重商主义视货币为财富的主要形式，视商业和外贸顺差为致富主渠道的观念已不可相提并论了。货币流通在他那里只是作为资本的各种垫支和资本的不断收回的一种手段，而不是可以独立于生产的领域。

重农主义重创了重商主义，但由于其学说的局限性，特别是其只认可农业具有生产性的观点，使他们不可能对重商主义作彻底的清算。真正完成清算重商主义这一历史使命的是英国古典经济学的奠基人、近代经济学的开山祖师亚当·斯密。

古典政治经济学体系的创立者亚当·斯密对重商主义教条的清算

《国民财富的性质和原因的研究》(简称《国富论》，1776 年初版)是亚当·斯密的代表作，也是古典经济学和近代经济学的奠基之作。他在这部著作中创立了一个相当完整的政治经济学体系，其内容囊括了当时关于国民财富的性质和原因研究的几乎所有领域，全书由绪论和五篇正文组成，前两篇是其经济学的核心理论，第三篇是与其核心理论相呼应的经济发展史，第四篇是对重商主义和重农主义的评论，第五篇是公共财政。亚当·斯密经济学是对 18 世纪下半期英国工场手工业鼎盛时期经济发展经验的总结和概括，其核心思想和诉求是反对长期以来遵循重商主义所施行的国家对经济生活的过分干预，倡导施行经济自由主义。这反映了产业资本发展的切身利益和迫切愿望，是当时先进生产力的代表。

可以说，斯密经济学整个来说都是对重商主义的批判和否定。它力求证明的一系列根本原理和他的政策主张都是同重商主义直接对立的。例如，他认为国民财富的实体是土地和劳动的产物，而它们的来源是生产。提高生产效率和增加国富的根本途径，第一在于扩大劳动分工和适当分配劳动产品，第二在于积累和适当运用资本。不用说这同重商主义一味鼓吹对外贸易是国富的唯一源泉的观点是完全不同的。又如，他进而提出自由竞争和自由贸易是最符合增进国民财富和经济发展的政策，因为经济生活是在一只“看不见的手”的支配下运行的，人人追求个人利益的机制终会使社会各业达到符合社会利益和需要的最佳状态，而国家的任何不当干预都会破坏这种自然规律的作用，因此他提出要建立一种基于财产私有和自由竞争的“自然自由的制度”，这同重商主义的国家干预主义当然是针锋相对了。

然而，亚当·斯密对重商主义的批判没有到此为止，他在正面阐述了自己的理论和政策观点之后，又专门辟出第四篇来集中地、系统地清算了重商主义，这部分内容占了整个《国富论》几乎1/4的篇幅，它构成了《国富论》不可或缺的有机组成部分，斯密的很多思想观点或主张在这种批判中得到了深化和引申，愈发显现出它的犀利和光芒。斯密指出，由于重商主义影响深远，所以有必要加以详尽考察。他首先评述了重商主义原理，然后逐一分析了重商主义的各项主要政策措施。应该承认这部分内容比较沉闷和冗长，但其注重分析说理和力避简单粗陋的特点又是不可否认的。

斯密将重商主义的基本原理归结为：财富由金银构成；没有金银矿产的国家，只有通过贸易差额，即出口价值超过进口价值，才能带来金银。

1. 评：重商主义的上述基本原理。

首先，斯密指出奉行货币差额论和贸易差额论完全是无效的控制和管理。他说：“政府的关注从监控金银的出口，转到控制贸易差额，把贸易差额当做导致国内金银数量增减的唯一原因。这是从一种毫无成果的管理，转向另一种更复杂、更困难而同样毫无成果的管理。”[①]在斯密看来，货币其实只是一种商品、一种交换媒介，其数量受对其有效需求的调节，而且由于货币具有体积小而价值大的特点，所以调节起来更方便：“我们完全确信，贸易的自由无须政府的关注就能提供我们所需的葡萄酒；我们也同样确信，贸易的自由总能提供我们有能力购买或使用的全部金银，用于流通商品或其他用途。”[②]如果存在着对货币的有效需求，货币会比其他商品更容易、更准确地根据这种需求调节；相反，如果金银数量超出有效需求，那么就算想要阻止它出口也不可能，这已为西班牙和葡萄牙的实践所证明。

其次，重商主义者历来强调说，为了进行战争就必须积累金银。斯密

---

① 亚当·斯密：《国富论》，华夏出版社2006年版，第313页。

② 同上书，第313—314页。

则持相反的论断:“一国为了能对外进行战争,在遥远的国度维持海陆军,不一定要积累金银。海陆军是由消费品维持的,而不是由金银维持的。国内产业的年产物以及来自土地、劳动和可消费资本的年收入,是一国的财力来源。有财力在遥远的国度购买那些消费品的国家,就能维持在那里进行的战争。”①他考察了西欧国家支付军饷的方式,指出18世纪所进行的战争几乎不依靠出口金银货币来维持,而是靠出口商品(制成品或天然物品)来支付。在商品的进出口中,各国之间会有大量的金银块流通,这些金银块就好像是各国共同的货币。它们究竟流向哪里,完全取决于商品的流通需要。“这样,我们又回到商品、国家土地和劳动的年产物才是我们能进行战争的根本资源。”②这就用事实反驳了重商主义的又一个重要信条。

再次,重商主义笃信金银货币是得自对外贸易的主要利益,斯密对此直截了当地加以否定:“进口金银不是一国得自外贸的主要利益,更不是唯一利益。”③他指出,国家得自外贸的利益主要是两种:一种是将国内不需要的土地和劳动的剩余产物运往国外,另一种是运回国内需要的其他产物。这样一来,既扩大了国内产品的市场,又满足了国内的需求,有利于增加社会的真实财富和收入。斯密承认没有金银矿产而对金银有需求的国家进口金银无疑是外贸的部分,但他指出相对于进口商品来说这是最不重要的一部分;他还语带讽刺地说,如果一国仅仅为了进口金银而经营外贸,那么一个世纪都不会运来一船金银。重商主义者常说美洲的发现使欧洲致富是由于进口了金银的缘故,斯密则指出事实并非如此。事实上美洲金银矿产丰富,使这些金属更便宜了,现在购买金银器皿所需的谷物或劳动,与15世纪相比,约为当时的1/3,所以金银器皿的数量大为增加了。美洲的发现还为欧洲所有商品开拓了广阔市场,带来新的劳动分工和工艺改进,使欧洲的劳动生产力提高了、产量增加了、居民的实际收入和财富增加了。至于与东印度的贸易的利益也是如此,即不在于带来货币,而是扩大了市场,丰富了商品供应,增加了人们的享受和收入。如果说这种贸易的利益还不够大的话,那是由于垄断的缘故。

斯密在这样一个一个地批驳了重商主义的主要信条之后,接着又逐

---

① 亚当·斯密:《国富论》,华夏出版社2006年版,第317页。

② 同上书,第319页。

③ 同上书,第321页。

个地剖析了重商主义历来所强调和坚持的增加金银货币的主要方法，他将这些方法归纳为六条，其中两条是为限制进口，另外四条是为鼓励出口。在考察这些方法时，斯密着重指出了它们对国家年产物从而对国家财富和收入的影响。

2. 评：限制进口的方法之一——限制进口国内能生产的商品。

斯密首先指出了它的后果，就是形成了某些行业的垄断："（这种方法）多少能够确保国内从事这类商品生产的企业对国内市场的垄断……常常使社会较大部分的劳动和资本转到这些产业上来。但是，这样做能否增进社会总产业，并引导其朝着最有利的方向发展，也许并不十分明显……它只能使本来不属于某一方向的一部分产业转到这个方向上来。至于这个人为的方向是否比自然的方向更有利于社会，却不能确定。"[①]语调是相当温和的，但否定的态度是明确的。

斯密在解释为什么会这样时，重申和发展了他先前已经提出过的自由竞争能使个人利益与公共利益相结合的论断，提出了"无形的手"或"看不见的手"的著名论断。他说，这是因为只有在个人自身利益的驱使下才会使每个人寻找到最有利于社会的资本用途，这表现在每个人会尽可能地在国内或离自己家乡最近的地方投资，并设法生产出最大的价值。他进一步解释说："每个人都在不断努力为自己所能支配的资本找到最有利的用途。当然，他所考虑的是自身的利益，而不是社会的利益。但是，他对自身利益的关注自然会，或者说，必然会使他青睐最有利于社会的用途……他之所以宁愿投资支持国内产业而不支持国外产业，考虑的只是自己资本的安全；而他管理产业的目的在于使其产品的价值能达到最大程度，所想到的也只是他自己的利益。在此种情况之下，与在其他许多情况下一样，有一只无形的手在引导着他去尽力达到一个他并不想要达到的目的。而并非出于本意的目的也不一定就对社会有害。他追求自己的利益，往往使他能比在真正出于本意的情况下更有效地促进社会的利益。"[②]应该说，这是对自由竞争市场机制优越性的一个精彩解说。

斯密指出，对上述商品实行高关税或禁止进口所形成的市场垄断，事实上就是指导私人如何运用资本。对市场的这种管制要么无用，要么有

---

① 亚当·斯密：《国富论》，华夏出版社 2006 年版，第 325 页。

② 同上书，第 325—327 页。

害。它会指导人们去生产那些本来可以从国外以低廉价格获得的商品，这显然是愚蠢的；"以长期的法律禁止谷物及牲畜的进口，实际上就等于规定一个国家的人口和产业永远不得超过本国土地原生产物所能维持的限度"[①]；它会使某些产业迅速发展起来，但是由于这种发展未必符合本国先天的或后天的优势条件，未见得能使劳动和资本得到最佳的使用，所以社会资本未必会增加，等等。当然，相关商人和制造业者是大发其财了，事实上，"为了保障对国内市场的垄断而限制外国商品进口的方法好像就是他们的发明"，所谓"他们"就是指那些"一般先设法取得违反各自城市居民利益的专营权，后设法取得违反所有同胞的专营特权"的"商人与制造业者"。[②] 在斯密看来，各国之间按各自优势进行分工才是合理的。"至于一国比另一国占有优势，无论是固有的，还是后来获得的，都无关紧要。只要甲国有此优势，乙国无此优势，乙国向甲国购买，总是比自己制造有利。"[③]这就是著名的国际地域分工论或绝对成本论。这在当时无疑是最先进的思想，它符合发展生产力的要求，体现了发展生产力优先的原则。

有意思的是，斯密随后指出，放开对进口农产品的限制，恢复牲畜、腌制食品和谷物的自由贸易，对农牧民不会有太大影响；但是恢复制造品自由贸易就不那么容易了：长期限制措施所形成的生产格局改变起来需要一个过程，需要给相关厂家一定的时间（特别是设备之类不易处理），更何况还有很大阻力，所以不宜操之过急，可以逐渐恢复。此外，斯密没有忘记需要对进口品征税的两种例外：一种是对国防需要的特定行业（例如航运业）的限制（他对 1651 年公布的航海法表示了理解和肯定），另一种是对国内产品征税时，也需要对相关外国产品征税。

3. 评：限制进口的方法之二——对其贸易差额被认为不利于我国的那些国家的几乎所有商品的进口实施特殊的限制。

斯密说，上述第一个限制方法是源于个人私利和垄断精神，第二个限制则源于国民的偏见和敌意。英国多年来实行的这个限制主要是针对法国和荷兰而采取的，种种的限制使得从法国进口的大部分农产品的关税甚至达到 75%，这等于禁止了从法国进口。

---

① 亚当·斯密：《国富论》，华夏出版社 2006 年版，第 332 页。

② 同上书，第 331 页。

③ 同上书，第 329 页。

斯密就此指出，即使根据重商主义原理，这种限制也不合理。第一，尽管每年从法国进口的商品的价值大增，从而使贸易差额对英国不利，但如果法国的商品比其他国家的商品便宜，那么，每年全部进口商品的总价值定会按照便宜的比例而减少，所以也不能断定整个的贸易差额对英国不利。第二，从法国进口的商品还有一部分可以再次出口赚钱。第三，贸易差额难以判定，关税账簿不可靠，汇率也是一样。

斯密又指出，即使根据其他原则，这种特殊的限制也不合理。因为"这种限制和其他许多商业条例所根据的整个贸易差额宗旨，是极为荒谬的。该宗旨认为，当两地通商时，如果贸易额平衡，则两地各无得失；如果贸易略有偏倚，就一方亏损，一方得利，得失程度与偏倚程度相称。这两种设想都是错误的"[①]。实际上，斯密指出，在贸易差额平衡的情况下，如果两国交换的都是本国商品，双方获利几乎相等；如果一国出口的全是本国商品，而另一国出口的全是外国商品，双方都可以获利，不过前者获利更大。在同时交换本国和外国商品的情况下，上述原则依然成立，即国产商品占交换商品的极大部分，同时外国商品占交换极小部分的国家，总是主要的获利者。

斯密批判了重商主义追求贸易差额时所体现的那种自私和垄断精神，他指出这种精神在各国关系上的表现就是以邻为壑而不是以邻为伴，不愿见到邻国富裕而希望邻国贫穷，以嫉妒和仇恨代替公平竞争与和平合作。斯密指出，所有这些都是不利于增加国民财富和收入的愚蠢行为。实际上，没有一个国家由于贸易差额不利而贫穷，但是最富裕的国家却是源于最自由的对外贸易。

值得注意的是，斯密最后提出了另一种与贸易差额极不相同的差额，彻底推翻了贸易差额论的神话。他说："一国的盛衰，要看这差额是有利还是无利。这就是年生产与年消费的差额。"[②]如果差额是正数，即社会收入超过社会支出，才能有资本积累和收入的继续增加，否则，资本和收入必然减退。这个差额与贸易差额完全不同，即使没有对外贸易，也可以发生这种差额；无论在哪种社会发展状态下，都可以发生这种差额；即使在贸易差额不利于一个国家时，生产与消费的差额仍然可以不断地有利于这个国家，因为它的真正的财富即土地和劳动年产品的交换价值仍可

---

① 亚当·斯密：《国富论》，华夏出版社 2006 年版，第 352 页。

② 同上书，第 358 页。

以经由其他途径而不断地增加，例如北美殖民地。

斯密用来与贸易差额相对照的这个“生产和消费的差额”，其实就是我们所说的广义的“经济剩余”。在斯密看来，这个差额或剩余比重商主义者所热衷的贸易差额要有意义得多。他的观点很明确：只有这个差额才是值得重视的。这同我们今天所持的观点完全一致，当然其时代背景和经济内涵已经大不相同。

批判了重商主义限制进口的两种方法以后，斯密接着评析了他们鼓励出口的四种方法。

4. 评：鼓励出口的方法之一——退税。

斯密认为，在鼓励出口的所有奖励中，退税的奖励似乎最为合理。这是因为“对于国内产业所征收的各种国内税，在出口时予以全部或部分退还，决不会使商品的出口量大于无税时商品的出口量。对出口退税的奖励，不会引导国内资本违反规律流向任何产业，只是防止税收导致某一产业的资本流失到其他产业。这种奖励不会打破社会上各产业间自然形成的平衡关系，只是防止税收去打破这种自然平衡。这种奖励不会破坏社会上劳动的自然分工和分配，而是起到保护作用。在大多数情况下，这种保护作用是有益的。同理，对于进口的商品，在再出口时也可退税”[①]。在详细评析了各种退税办法的利弊之后，斯密指出，只要所退的税款不是全部的税款，收入还是会增加；即使对本国和外国商品的出口全部退税，也是合理的，因为这有利于恢复被税收打乱的产业自然均衡，即劳动的自然分工和分配。看得出，是否影响资本和劳动的自然分工和国民收入，始终是斯密判断各种限制或鼓励措施的标准。

5. 评：鼓励出口的方法之二——发放出口奖金。

斯密指出，在重商主义的所有办法中，他们最喜欢的就是出口奖金，因为这种办法最有利于谷物商人和谷物出口商，他们借此既可将过剩产品运往国外，又可维持留在国内的那部分商品的价格，从而有效地防止出现商品过剩的现象。斯密讥讽地称发放出口奖金就是付钱给外国人来购买本国产品。在深入细致地评论了各种维护出口奖金办法的论点之后，斯密指出：“对任何国产商品的出口奖金一般都应加以反对。第一，对重商主义的所有办法，也许都应提出反对，因为这些办法使国内一部分劳动者违反自然规律流入利益较少的产业。第二，尤其要反对的是，出口奖金

① 亚当·斯密：《国富论》，华夏出版社 2006 年版，第 359 页。

不仅使得国内一部分劳动者流入到利益较少的产业，而且流入实际上不利的产业。没有奖金就不能正常营业的产业必然是亏损产业。此外，对谷物的出口奖金由于以下原因更受到反对：它原本要促进那种产品的生产，但在任何方面都没有达到目的……这些乡绅使国家的收入负担一笔极大的开支，使全体国民负担极为沉重的赋税，而他们自己商品的真实价值并未明显提高。而且由于略微降低了白银的真实价值，他们在某种程度上不利于国内一般产业的发展。因为土地的改良必然以国内一般产业为基础，所以他们没有促进土地的改良，反而或多或少地延缓了土地的改良。"[①]这里所谓"一笔极大的开支"是指出口奖金的支付；所谓"极为沉重的赋税"是指国民作为消费者，必须缴纳由于国内市场这种商品价格的提高而带来的赋税；对于谷物这种必需品来说，第二种税比第一种税要重得多；所谓谷物的真实价值并未提高，是指谷物维持的劳动量并未提高，变动的只是谷物的名义价格，这种价格之所以变动是由于白银的真实价值发生了变动。总之，发放出口奖金的办法有百害而无一利。

6. 评：鼓励出口的方法之三——通商条例。

斯密首先指出这样一个道理：在通商各国中，受惠国通常会从中受益，一是扩大了市场，二是得到更有利的商品价格；反过来，这对施惠国必然不利，因为这等于将一种不利于自己的垄断给予了对方，又以比其他自由贸易国家更高的价格来购买对方的商品。

斯密接着指出，如此明白的道理在重商主义那里却完全被颠倒了。重商主义者视货币为国家真正的财富，视外贸出超为取得更多货币的最佳和唯一途径，所以他们认为1703年英国和葡萄牙的通商条约对英国最为有利，因为英国通过这种贸易可以得到更多的金银盈余。[②] 然而，在斯

---

① 亚当·斯密：《国富论》，华夏出版社2006年版，第371—372页。

② 以下是该条约的直译，只有三条：

葡萄牙国王陛下，以他自己及其继承人的名义，承诺今后永远准许英国产的毛料和其他毛制品照常进口到葡萄牙，除非法律禁止，但须遵循以下条件：

英国国王陛下以他自己及其继承人的名义，今后必须永远准许葡萄牙产的葡萄酒进口英国。任何时候，无论英法两国是和是战，无论进口到英国的葡萄酒所用的桶是105加仑桶、52.5加仑桶或其他，都不得以关税、手续费或其他名义，对葡萄牙的葡萄酒直接或间接地征收比同量的法国葡萄酒更多的税费，并须减免三分之一。如果上述减免在任何时候以任何形式被侵害，那么葡萄牙国王陛下再禁止进口英国的毛料和其他毛制品，也就是正当而合法的。

两国全权大使承诺负责取得各自国王对条约的批准，并在两个月内互换批准文件。（同上书，第394页）。

密看来，这种认识和做法简直是愚不可及的。

第一，该条约明摆着不利于英国而有利于葡萄牙："该条约规定，葡萄牙国王有义务按照在禁止进口英国毛制品前的条件，准许进口英国毛制品，即征收关税不得比禁止进口之前还高。但他没有义务，以比进口其他任何国家如法国或荷兰的毛制品更好的条件，准许进口英国毛制品。相反，英国国王却有义务，以比进口最有可能与葡萄牙竞争的法国葡萄酒更好的条件，准许进口葡萄牙的葡萄酒，所纳关税仅为法国葡萄酒的三分之二。仅就这一点而言，该条约明显对葡萄牙有利，而不利于英国。"①

第二，根据该条约，葡萄牙的确会将更多的金银运送到英国，但这对葡萄牙来说是求之不得的事情，因为葡萄牙每年从巴西得到的大量黄金多有剩余，它是在以这些剩余的黄金来购买他所需要的英国商品。

第三，英国拿这些黄金做什么用呢？除了极少量用于国内器皿和铸币之外，其余必然运往国外购买消费品，可是，消费品的直接的国际贸易总是比这种迂回的国际贸易更有利。

第四，即使与葡萄牙没有贸易往来，英国也完全可以从其他国家获得黄金。要知道，对黄金的有效需求，如同对其他任何商品的有效需求一样，在任何国家都有一定的限量。从这个国家得到的黄金多，从其他国家得到的就会少；输入的黄金超过器皿和铸币所需的黄金越多，从本国向别国输出的黄金也就越多。"与某些国家间的贸易差额，这一近代政策最无意义的目标，越有利于我国，与其他许多国家间的贸易差额，就必然越不利于我国。"②

重商主义的又一个富国妙策，经由通商条约制造贸易差额以取得更多的黄金，看来被批判得体无完肤了。

7. 评：鼓励出口的方法之四——建立殖民地。

斯密指出，古希腊建立殖民地是为城邦无法容纳的人口寻找居住地，而这种殖民地不属于宗主国管辖；古罗马建立殖民地则是为了掠取土地并在被占领土地上建立军队，这些殖民地完全隶属于宗主国。总之，这些殖民地都起源于所谓"迫不得已的需要和明显的实惠"。然而，14—15 世纪期间，欧洲屡次向西印度和南北美洲的探险和殖民的动机就大不相同了，那是为了通商和掠取金银，虽然掠取金银的计划有些不免落空，有些

---

① 亚当·斯密：《国富论》，华夏出版社 2006 年版，第 394 页。

② 同上书，第 396 页。

实现得较晚。斯密说："与东印度通商的计划，带来了西印度的第一次被发现。而一项征服的计划，又带来西班牙人在那些新发现的国家里建设的所有设施。促使他们去征服的动机是寻找金银矿的计划……欧洲其他各国最初试图去美洲殖民的冒险家，也是受同样的空想所鼓舞。"①这就是说，新殖民制度是在重商主义动机的支配和驱使下建立起来的，而且它也成为重商主义实践的重要组成部分。

斯密接着对欧洲各国的殖民地政策作了一个总体概述，他分析了古希腊和古罗马以来，欧洲各国（特别是英国）的殖民地发展和繁荣的各种原因，包括土地和其他自然资料丰腴、人口众多、农业技术和知识的引进，以及对殖民地贸易所实行的总体限制和局部开放政策，等等。但是，他指出宗主国自私自利和贪得无厌的殖民政策妨碍了殖民地的发展，他甚至得出结论说，欧洲各国的殖民政策对殖民地的建立和发展没有作出什么值得称道的贡献。

关于美洲殖民地的最初建立以及随后的繁荣，欧洲的政策似乎没有值得夸耀之处。

支配着最初计划建立这些殖民地的动机，似乎是荒唐和不公正的。寻找金矿和银矿属于荒唐；面对那些非但没有伤害过欧洲人，还对欧洲最初的冒险家热情好客的无恶意的土著，居然觊觎占有其国家，则属于不公正。

当然，后来建立殖民地的冒险家，除了寻找金银矿的妄想外，还有其他更合理、更值得称赞的动机。但即使这些动机也基本不能为欧洲的政策增色。

英国的清教徒在国内受到压制，因而逃往美洲寻求自由，并在新英格兰建立了四个政府。受到更不公正待遇的英国天主教徒在马里兰建立了政府。教友派教徒则在宾夕法尼亚建立了政府。葡萄牙的犹太人受到宗教法庭的迫害，被剥夺了财产，还被流放到巴西。他们在原来由流犯和妓女居住的地方，示范引入了某种秩序和勤奋，并传授种植甘蔗的方法。在上述各种情况下，使人民在美洲居住和耕作的，不是欧洲各国政府的智慧和政策，而是它们的混乱和不公。

在对于建立某些最重要的殖民地的计划和实施这两方面，欧洲各国

① 亚当·斯密：《国富论》，华夏出版社 2006 年版，第 408 页。

政府几乎没有任何功劳。对墨西哥的征服不是西班牙国会的计划，而是古巴总督的计划。而这一计划是由总督委托的冒险家的大胆精神来实现的，尽管总督随后就后悔了，对冒险家横加阻挠。智利和秘鲁的征服者以及西班牙在美洲大陆上几乎所有其他殖民地的征服者，在征服过程中，除了得到许可以西班牙国王的名义建立并征服殖民地外，并未得到政府其他支持。这些冒险家全部是风险自担，费用自负。西班牙政府对他们几乎没有任何帮助。英国政府对其最重要的一些北美殖民地的建立，也同样几乎没有任何帮助。

但当这些殖民地已经建立，并且重要性足以引起宗主国政府关注时，宗主国最初对殖民地颁布的规定，总是着眼于确保其垄断这些殖民地的贸易，限制它们的市场并以此为代价来扩大自己的市场。因而，与其说这些规定加速了殖民地的繁荣进程，还不如说起到阻碍的作用。欧洲各国殖民政策最根本的不同之处，就在于实施垄断的方法各不相同。其中最好的是英国的方法，但也只是在某种程度上不如其他国家那样狭隘和压抑。

那么，欧洲政策对美洲各殖民地的最初建立或当前的繁荣有何贡献呢？在一个方面，仅仅在一个方面，欧洲政策贡献巨大。它培养和造就了能完成如此伟大事业并为如此伟大帝国打下根基的人才。这些殖民地的积极进取的创建人的教育水平以及远大眼光，应该归功于欧洲的政策。而对于某些最大最重要的殖民地，就其内政来说，除了这一点外，其他方面与欧洲政策关系不大。①

斯密的这些论述是对重商主义极力赞美的一项重大政策和事业的又一激烈抨击和沉重打击，它表现了这位先进思想家尊重历史和事实的科学精神。

可是，欧洲人却从发现美洲以及经由好望角到东印度的通道中得到了巨大的利益。斯密将这种利益分为两大类：一类是欧洲作为一个整体所得到的一般利益，其中包括享乐品增多了，产业规模扩大了，而且这种规模扩大甚至还会影响到与殖民地没有直接贸易关系的国家；另一类是宗主国从各自殖民地得到的特殊利益，有的为宗主国增加了军队，有的则为宗主国提供了收入，而最主要的是宗主国对殖民地所实行的专营贸易

---

① 亚当·斯密：《国富论》，华夏出版社 2006 年版，第 426—427 页。

即垄断贸易。

重商主义建立殖民地的一个主要目的就是企图从对殖民地的垄断贸易中获利（这符合他们通过外贸致富的基本信条），而且这种殖民政策的范围广泛，影响深远，后果严重，所以斯密花了很多篇幅，以英国的垄断殖民地贸易为重点，从各个方面对它进行了详尽的分析和批判。他的基本结论是，殖民地贸易永远是有益的，而垄断殖民地贸易对国家和民众则永远而且必然有害，这主要是因为"对殖民地贸易的垄断，像重商主义所有其他平庸有害的方案一样，抑制所有其他国家的产业，其中主要是殖民地的产业，垄断殖民地贸易本来是为了本国产业的利益，可实际上不但没有发展哪怕是一点点本国产业，反而削弱了本国产业"[①]。造成这种后果的具体原因包括：垄断殖民地贸易会使宗主国的生产性劳动减少；工资降低；商业垄断利润的提高有降低土地地租和价格的倾向；"垄断提高了利润率，但增加的利润总额不如没有垄断时那样多。由于垄断，所有收入的来源、劳动力的工资、土地的地租和资本利润，都不如没有垄断时那样充裕。为了促进一个国家一个小阶层（指垄断商人——笔者注）的小利益，垄断伤害了这个国家所有其他阶层和所有其他国家所有阶层的利益。"[②]垄断高额利润还助长了奢靡之风，不知节俭，这会损害资本积累，更不消说为了维持殖民地所花费的巨大费用了。总之，在斯密看来，英国治理殖民地的这种垄断贸易制度是有百害而无一利的。他的建议是逐步取消垄断贸易，提倡自由贸易，并在殖民地推行代议制，让殖民地代表参与宗主国对殖民地的相关决策，从而取得殖民地民众的支持和配合。这当然是一种不切实际的幻想。

应该说，亚当·斯密对重商主义的理论和实践的清算是全面和彻底的，斯密承认对外贸易对国家经济繁荣发展的积极作用，但他依据对重商主义理论、历史和实践的全面系统的考察，完全破除了货币差额论和贸易差额论的合理性和正当性，指出对外贸易不应当也不会是国家繁荣发展的主要途径，更遑论唯一的途径了。斯密的批判宣告了曾经主宰一些欧洲国家长达两世纪之久的重商主义学说和政策已经寿终正寝，退出了西方经济学及其经济剩余观的中心和主流。

斯密的基本立场是：土地和劳动的年产品构成了国家各部门、各产

---

① 亚当·斯密：《国富论》，华夏出版社 2006 年版，第 442 页。

② 同上书，第 442 页。

业和全体人民的全部收入，而能带来这些年产品的是包括农业、手工业和商业在内的全部产业，劳动分工和资本积累成为经济发展的主导力量。本着这种体现新时代精神的崭新的认识，斯密不仅清算了重商主义，而且善意地批评和指出了重农主义的不足。[①] 斯密经济学的出现标志着产业资本时代的到来，一般资本及其利润成了新一轮经济剩余观争论的核心。

① 亚当·斯密：《国富论》，华夏出版社 2006 年版，第 478—494 页。

05 古典经济学的经济剩余论

引 言

在资本的发展史上，最早出现的是以高利盘剥为特征的高利贷资本和以正常利息为特征的一般借贷资本，关于这些资本及其利息的合理性和合法性的论争贯穿于古希腊、古罗马和中世纪欧洲的经济思想发展史，并最终在16世纪中叶以对高利贷资本的否定和对借贷资本作用和地位的认同而告终。接着出现的是对商业资本及其利润的论争，并集中在对外贸易利润是否为国家致富的根本途径问题上，这场论争一直伴随着欧洲重商主义的兴起和发展，并最终被18世纪中后期法国重农主义首领魁奈和英国古典经济学奠基人亚当·斯密的经济学说否定。亚当·斯密和后来的李嘉图的结论是，对外贸易可以增加一国的商品(使用价值)，但是从商品的价值量来说不会增加，因为在对外贸易中，如同国内贸易一样，所通行的仍然是相等价值的交换。

18世纪中叶以后，随着英法古典政治经济学的兴起，产业资本理论正式登上历史舞台，并很快成为经济学基本理论的主角。与此同时，关于经济剩余的研究和论争也越过以借贷取息和对外贸易差额问题为中心的阶段，进入到一个以产业资本的剩余(主要是资本利润)问题为核心的新阶段，尽管如何看待新时期的土地收入(地租)这种经济剩余，在资本主义发展之初还不免占有重要地位，但那不过是世纪末的余音，不可能阻挡经济剩余核心问题的根本转变，这当然是工业资本主义发展的结果。

随着资本主义社会本身的发展和变化，产业资本剩余问题也在不断深化和发展，它构成了整个经济剩余学说发展史中延续时间最久、内容最为繁复、论争空前激烈的部分，也是同今天的现实生活关系最为密切的部分。产业资本剩余问题直到今天仍是发达国家和发展中国家社会经济生活中最热门的话题之一，只是它们各自关注的焦点有所不同罢了。

产业资本剩余的性质和来源是产业资本剩余学说的核心，在资本主义国家的经济学发展的各个阶段上，不同阶级或利益集团的思想家都无一例外地作出了自己的回答;在各阶段现实生活的要求和推动下,在不同学说的论争中,逐渐形成了各个发展阶段上关于经济剩余的主流或主导的思想和政策,同时也出现了各种不同倾向的反对派。

作为英法古典政治经济学的重要组成部分,其资本剩余理论形成和发展于18世纪中期到19世纪中叶,这是资本主义生产方式从工场手工业阶段走向并实现了第一次产业革命的阶段,机器大工业替代工场手工业,使社会生产力得到了突飞猛进的发展,同时也激烈和深刻地改变了社会关系,土地所有者、资本家和雇佣工人成为新社会的新的主要阶级。如何看待资本所带来的剩余的性质及其来源,理所当然地成了整个社会和经济理论界研究和论争的焦点。在一个多世纪的漫长发展演变中,围绕这个核心问题出现了众多的代表不同阶级和利益集团的人物,充满了各种观点之间的交锋。简单来说,这些观点和理论对资本的剩余这个新生事物的态度不外乎赞同与反对两类,而在每类中又有不尽相同甚至很不相同的观点和理论。

对产业资本剩余持肯定和赞同态度者,逐渐形成了资本剩余论的主流,而批判和反对者则始终处于异端和支流地位。前者是新兴产业资产阶级利益的代表者,有的本人就是新兴资产者(例如李嘉图),其理论和学说的目的是为新兴工业资本提供理论支持和论证,着重说明资本的生产性质及其取得经济剩余的合理性,这些剩余的主要形式是资本利润(包括工业、农业和商业资本主义经营的利润),其次是新社会条件下存在的借贷资本利息;而批判和反对者所代表的社会势力和层次就比较复杂了,有封建贵族和土地所有者利益的代言人,也有小资产阶级批判家,还有为资本主义社会受压迫、受屈辱者呐喊并期待未来美好世界的空想社会主义者,当然,最重要的是出现了马克思主义经济学者。

值得注意的是,如前所述,这一时期的英法古典经济学家在创立新学说的同时,对批判重商主义倾注了很大的精力,事实上这种批判也构成了他们新学说的不可缺少的部分。有不少经济学家对此作过贡献,其中在法国有较大影响者是以魁奈为首的重农主义者,但真正具有里程碑意义和世界影响的当数英国古典政治经济学的奠基人亚当·斯密。这个时期的法国尚处在封建社会瓦解和资本主义生产方式萌芽的阶段,而英国则已进入工场手工业发展的鼎盛时期,不过重商主义仍然具有巨大的影响(尤其在法国),重商主义本质上是与对外贸易相联系的垄断商业资本的代表,理应属于资产阶级经济思想和政策的范畴,但是特定的历史条件却使它演变成了求助并服务于封建君主、阻碍追求自由竞争的新兴产业资本发展的力量。这种社会经济条件和背景决定了批判和清算重商主义的任务不能不历史性地落在代表新兴资产阶级利益的经济学家身上。法国重农主义是对法国重商主义的一次重创，但由于重农主义的局限性，它不仅远未彻底清算这种过时的思想和政策，而且他们的学说和主张本身甚至披着一件拥护君权的封建外衣，带着同封建势力相妥协的色彩。只有古典经济学的奠基人亚当·斯密经济学的出现才基本完成了清算重商主义的历史任务，尽管还带有某些不彻底性。

重农主义的“纯产品”论

以魁奈为首的法国重农主义是为达到资本剩余(即资本利润)目的而进行的最初尝试。他们的学说和主张，除了重农主义的偏颇和局限性之外，对资本剩余的理解和相关的政策要求，应该说反映了当时法国经济发展的历史趋势，也合乎法国北部几省份农村中已经出现的资本主义生产经营方式的实际。

魁奈的资本剩余学说在前面论述他对重商主义的批判时已有涉及，这里作一总结。

第一，他认为农业资本的剩余就是“纯产品”，而纯产品“是从土地产品中扣除了全部费用以后构成盈利的那部分产品”①。这里字面上说的是实物产品，但实际上是指商品价值或价格形态上的产出与投入的差额，如果不是这样便不可能从全部产品中扣除全部费用，费用是不可能全部用实物来表示的，这也可以从他对纯产品的实际计算中看出来。②

第二，纯产品是农业资本的剩余，也仅仅是农业生产的剩余，不可能是手工业和商业的剩余，魁奈认为，原因在于在农业中不仅有劳动，而且有自然的恩赐，所以能实现财富的“增加”，例如，来年农业收成数量多于今年种子等支出数量，多出来的部分就是财富的增加；而手工业只有财富的“相加”，而没有财富的增加，例如，将木材用工具加工成家具，不过就是将木材改变成适于使用的家具而已，从木材到家具，原料的形状改变了，

---

① 《魁奈〈经济表〉及著作选》，华夏出版社2006年版，第144页。
② 同上书，参见“农场主论”和“谷物论”等文章。

但财富数量没有增加。商业在等价交换条件下更没有增加财富，它不过是将财富从此地运到彼地，从生产者转移给购买者而已，不仅实物财富没有增加，价值也不会增加。

第三，只有“大农经营”而不是“小农经营”才能增加纯产品，因为前者的生产率比后者高，一个重要的原因就是前者可以实行马耕，后者只能实行牛耕。之所以会如此，又是因为前者资金充裕，能够提供必要的原预付（固定资本）和年预付（流动资本）。

第四，农产品的高价格是获得和增加纯产品的必要条件，因为纯产品就是农产品价格减去费用后的余额（这再次表明他是从价值或价格形态来看待纯产品的），所以，魁奈强调说，“谷贱必伤农”。

第五，减轻农业赋税是增加纯产品的关键，过重的赋税只能削弱农场主资本积累的能力，打击他们的生产积极性。魁奈主张实行土地单一税，即所有赋税都应该由土地所有者支付，因为他们获得了全部纯产品。

第六，必须实行对外自由贸易，品质优良的法国农业品在国外市场的竞争力很强，有保证卖出“好价钱”，这有利于增加农业纯产品。

杜尔阁接受并进一步发挥了魁奈关于资本剩余的原理。

第一，他对农业劳动及土地的作用作了进一步解释。首先，他不无根据地指出，农业劳动是其他一切劳动得以独立存在的自然基础和前提：“在社会的各种成员所分担的各种劳动的等级中，他（农人）的劳动仍然保持着首要的和卓越的地位……这既不是荣誉方面的，也不是体面方面的首要地位，而是一种理所必然的首要地位。我们可以一般地说，纵然没有其他工人的劳动，农人照样可以生活；但是，如果农人不使工人能够生活的话，任何工人就无法劳动。”[①]其次，杜尔阁认为：“唯有农人的劳动才能生产出超过劳动工资以外的东西。因此，他是一切财富的唯一源泉。”[②]杜尔阁又指出：“土地永远是一切财富首要的、唯一的来源；作为耕种的结果而生产一切收入的就是土地；在完全未耕种以前，为人类提供第一批垫支基金的也是土地。”[③]

第二，杜尔阁的某些论述实际上更强调农业剩余劳动的作用而不是

---

① 杜尔阁：《关于财富的形成和分配的考察》，商务印书馆 1978 年版，第 20 页。

② 同上书，第 21 页。

③ 同上书，第 48 页。

自然恩赐。关于“纯产品”的来源，魁奈比较强调自然的赐予；杜尔阁也说自然赐予，然而他在一些地方实际上又把自然赐予看做剩余劳动。例如，他在解释农人的劳动是“社会流通的第一个发动者”时指出：“农人的劳动使土地能够生产他本人需要以外的东西。”[①]他又说：“农人的劳动一旦生产出多于他的需要的东西以后，他就能够用自然界在他的劳动工资以外作为纯粹的礼物给予他的这种剩余产品，来购买社会中其他成员的劳动。后者在向他出卖这种劳动时所得到的东西只能维持他们的生活；但是农人除了维持生活的资料以外，还能得到一笔独立的、可以任意支配的财富，这笔财富并不是由他买进来的，而是要由他卖出去的……他的劳动生产出来的产品超过了他的工资。”[②]所谓自然赐予在这里不知不觉地变成了农人没有买过而以农产品形式出卖的剩余劳动，换句话说，纯产品实际上被看做没有支付过代价的价值。

第三，杜尔阁以土地（生产条件）与劳动者的分离和对立来说明劳动者提供的东西必须超过维持生活的工资。他明确意识到，土地私有权的出现是土地所有者能够不买而卖并占有纯产品的必要条件。他用一种历史的眼光来审视土地私有权的产生及其经济职能，指出“在最初的年代里，还不能把土地所有者和耕种者区别开来……事实上，他们原来并不是两种不同的人。只是通过那些最初耕种土地、并为了使收获成为已有而圈占土地的人的劳动，一切土地才不再是大家公有的东西，私有土地制度才建立起来……到了最后，一切的土地都找到了主人；那些没有得到产权的人最初没有其他办法，只能从事薪资阶级的工作，用他们双手的劳动从从事耕种的土地所有者那里换取剩余的农作物……这样一来，土地所有权就可以同耕种劳动分离开来；不久就真的分离开来了”[③]。

亚当·斯密的两种经济剩余论

亚当·斯密的产业资本剩余论内容非常丰富，既有对各国情况的描绘，又有对理论原理的探讨，不过他的观点往往是多元的，也不乏相互矛

---

① 杜尔阁：《关于财富的形成和分配的考察》，商务印书馆 1978 年版，第 20—21 页。

② 同上书，第 20—21 页。

③ 同上书，第 22—24 页。

盾和抵触之处。

第一，关于资本主义条件下经济剩余的主要形式，斯密明确地界定为资本利润和土地地租，并将借贷资本利息和商业利润视为利润的派生形式。斯密说："任何一个从自己的资金中获得收入的人，一定是从他的劳动、资本或土地中获得收入的。由劳动而获得的收入是工资，由经营或使用资本的人从资本中而获得的收入，称之为利润。自己不使用资本，而将钱借给他人而获得的收入，称之为利息或佣金……利息永远是一种派生的收入，如果不能从使用货币所获得的利润中支付，也一定会从其他某种收入的来源中支付。"①

斯密的这些观点，显然比早期思想家将利息视为主要的经济剩余是一种历史的跨跃；曾几何时，利息从经济剩余的主体转化为派生形式。比重商主义将贸易差额视为经济剩余的主要形式也是一种明显的进步；他将观察经济剩余的视野从单纯的流通领域主要转向了生产领域。斯密的认识比起重农主义的"纯产品"学说也是一种深化与扩大；他打破了囿于农业的偏颇和局限性，将工业、农业和商业经营的利润都包括在内，从而在一定程度上肯定了资本利润的主体地位，但还不够彻底，他常将土地地租同资本利润并列起来，视两者都是经济剩余的主要形式。斯密的这些看法显然与英国资本主义尚处于初期阶段有关，斯密观点的局限性是当时社会发展阶段性的反映。

第二，因为斯密从收入分配的结果的角度来考察商品价值的来源，而工资、利润和地租又被他视为当时社会的三种基本收入形式（这是斯密的又一贡献），所以他在阐述自己的商品价值论时就提出了这三种收入，并依照它们是否构成商品价值的组成部分，而将商品价值的决定法则分为前后两个阶段，在早期原始未开化社会，劳动产品全部归劳动者所有，工资构成商品价值的全部，所以劳动是商品价值的唯一真实尺度；一旦有了土地所有和资本积累，生产产品不能不在劳动者、土地所有者和资本家之间共享，所以商品价值就不能只由劳动工资决定，而要由工资、利润和地租共同决定，换句话说，在后一种社会中，资本利润和土地地租本身也成了商品价值的源泉，这实际上又否定了刚刚提出的劳动价值论。

这就是斯密著名的两种价值论：劳动价值论和收入价值论。斯密的相关论述如下："远在早期的古代社会之前，还没有出现资本积累和土地

① 亚当·斯密：《国富论》，华夏出版社 2005 年版，第 40—41 页。

私有，而获得各种物品所必需的劳动数量之间的比例，似乎是为各种物品的相互交换所能提供的唯一准则和依据条件……资本一经在某些人手中积累以后，他们其中的有些人自然会运用该资本来推动勤奋的人们去工作，为他们提供原料和生活资料，以期通过对他们产品的销售或通过他们的劳动，使原料的价值有所增殖而获得利润……在这种情况下，工人使原料增加的价值分为两部分：一部分用于支付工人自己的工资，一部分是他们的雇主因提前预支原料和工资的全部资本的利润。除非雇主预期对工人劳动的销售所得比其资本金的数额大得多，否则他是不会有兴趣去雇用工人的；除非他的利润与其资本金的大小成某种比例，否则他是不会有兴趣去投入巨额资本的……任何国家的土地一经变为私有财产，地主也像所有的其他人一样，喜欢不劳而获，即使对土地的天然产物也要求得到地租……在所有的社会中，每一种商品的价格最终要分解为这三部分中的其中一部分或全部：在每一个先进社会中，这三部分作为价格的组成部分，都或多或少地进入到大部分商品的价格中……工资、利润和地租是全部收入和所有具有交换价值的物品中的三个最初的来源，所有其他收入最终都是来自于这三种来源中的一种。"[①]

第三，依据劳动价值论，斯密将劳动工资以外的其他两种收入明确地界定为对劳动产品价值的扣除，其中土地地租是第一种扣除，资本利润是第二种扣除。

斯密是这样说的："劳动的产品构成劳动的自然报酬或自然工资。在土地私有和资本积累以前的原始社会状态下劳动的全部产品归劳动者所有，没有地主，也没有雇主同他分享他的劳动所得……但是……在初次实行了土地私有和资本积累以后，便不能继续下去了。早在对劳动生产力做出重大的改进以前，这一原始状态便已终止……土地一旦变为私有财产，地租就要求从劳动者的几乎是所能从土地种植或收获的全部产品中分得一份。他的地租是从耕种土地的劳动者所得中的第一次扣除。种田者很少有钱来维持自己生活至收获的时候。通常他的生活费是由资本的所有人，即雇用他的农场主预支的；除非农场主能分享其劳动所得，或者除非自己的资本能够有利润收回，否则农场主不会雇用雇工。而这个利润是从耕种土地的劳动者所得中的第二次扣除。"[②]在其他工艺和制造业

---

① 亚当·斯密：《国富论》，华夏出版社 2005 年版，第 37—40 页。

② 同上书，第 50—51 页。

中也是如此。将资本利润和土地地租归结为对劳动者创造价值的“扣除”，是斯密劳动价值论的运用和引申，它鲜明地表现了斯密作为新兴资产阶级代言人的时代特点：既不讳言资本与工资的矛盾和对立，也不隐讳甚至更愿揭露土地地租的不劳而获性质。

第四，依据第二种价值论，包括工资、利润和地租在内的各种收入就是商品价值的自然的、不可缺少的组成部分，而且这三种收入又构成其他一切收入的源泉，这样一来，利润和地租似乎又不应该被理解为对劳动创造价值的扣除了。按照这种思路，利润和地租又不是对劳动产品的扣除，而是其他的什么东西了。例如，利润被视为运用资本的报酬，它是资本的自然价格，这种价格如同工资是劳动的自然价格一样，“在一个国家或其邻近的地区里，在劳动和资本的每一种不同的用途中，工资率和利润论是一个一般比率或平均比率……这种比率的自然调节，部分受该社会的一般情况的影响，即人们的富裕或贫困程度，社会的进步、停滞或衰落的状况的影响，部分受各种用途的特定性质的影响”[①]。在这里利润和工资已经没有原则区别了。又如，在斯密看来，土地地租是支付农民一般利润以后的那部分产品，而且对改良土地和不毛之地都会要求地租，所以，“地租作为为了使用土地而支付的价格，自然是一种垄断价格”[②]。在解释土地地租的来源时，斯密甚至还没有忘记魁奈所说的“自然恩赐”。前述“扣除”之说也消失了。

第五，斯密对资本利润的决定及其变动法则作了详尽的、重点的研究。他的主要结论如下：首先，资本利润取决于社会财富的增加或减少状态，这与决定工资的原因是一样的，但是，工资会随社会财富的增加而增加，利润却会随着社会财富的增加而下降，原因在于运用资本者之间的竞争使然。其次，资本利润率难以确定，但可以从利息率推断出来，因为利息要从利润中支付，所以通常情况下利息和利润沿同一方向发生变动。再次，利息率在财富增加的国家在下降（例如英格兰），更富的国家的利息率较低（例如荷兰比英格兰的低，而苏格兰和法国又比英格兰的低）；如果一个国家富到不能再富，那么它的工资和利润都很低（例如停滞而富裕的中国）；由于城市的资本数量多，所以城市的利润比乡村的利润低；新领土和新行业的开辟会提高利润，等等。

---

① 亚当·斯密：《国富论》，华夏出版社2005年版，第43页。

② 同上书，第114页。

第六,斯密同样关注土地地租的决定和变动法则。他的主要结论如下:首先,如上所述,地租是一种垄断价格,是为了使用土地必须支付的最高价格,或者说是“高于足以使其进入市场的价格”,而且改良的和未加改良的土地都得支付地租。其次,农产品能否形成足以支付地租的垄断价格,取决于对农产品的需求,有些农产品总能提供地租(例如粮食作物),有些则有时能提供地租,有时则不行(例如衣服和住宅的原料)。再次,“地租构成商品价格的方式与工资和利润不同。工资和利润的高低,是价格高低的原因;而地租的高低,则是价格高低的结果。正是由于为了将特定商品送入市场必须支付或高或低的工资和利润,所以它的价格有高有低。而正是由于价格有高有低,大大高于、略高于或不高于足以支付这些工资和利润的数额,才使它能支付的地租或高或低或完全没有”①。可以将斯密这里所说的理解为绝对地租。最后,地租会随土地肥沃程度和位置以及道路交通情况而变动,这里所说的又是级差地租。

从对斯密关于经济剩余的概述可以看出,斯密比前人的认识大大推进了一步,他将经济剩余定位在资本利润和土地地租上,而且对它们的性质和地位、数量决定和变动,都进行了广泛深入的探讨。虽然他的观点不无矛盾和相互抵触之处,但仍然不失为对18世纪中叶英国和其他国家实际经济生活的真实写照,也是对此前上百年间已经出现的各种理论观点的一个总结。斯密的经济学说,无论就整个体系来说,还是单就其经济剩余观来说,都为古典经济学奠定了坚实的基础,也对经济学的发展产生了极其深远的影响,其中特别引人注意的一个现象是:斯密学说中的各种相互矛盾和抵触的观点,往往成为持不同理论和政治倾向的后来者们的出发点,而所有这些人物及其学说都仍然属于古典经济学的范畴。

以下就是对斯密之后英法古典经济学在经济剩余问题上由分化走向综合的概略考察,其中李嘉图和萨伊是新兴资产阶级的坚定代言人,马尔萨斯在为利润立言的同时,还拥护土地所有者的利益;巴斯夏是继萨伊之后法国经济自由主义的又一旗手;西尼尔则是从古典经济学向新古典经济学过渡期值得格外重视的一个人物;而约翰·穆勒则是古典经济学的集大成者。

---

① 亚当·斯密:《国富论》,华夏出版社2005年版,第114页。

斯密之后:古典经济学经济剩余论的演进

19世纪上半期英国第一次产业革命的完成,催生了伟大的英国古典政治经济学家李嘉图经济学,这种经济学以分配论为中心。在这种分配理论中,除了论及工资的部分以外,其余均涉及资本利润和土地地租等经济剩余。大力反对封建势力,坚定明确地为工业资本声辩,同时也不讳言资本与劳动的矛盾,应是这种理论的突出特点。凯恩斯说,那时可以说“李嘉图征服了英格兰”,可见其影响之大。既为资本立论也为地租辩护的马尔萨斯则是李嘉图的主要对手,马尔萨斯虽然在事关利润的利害问题上基本与李嘉图一致,但在事关土地所有者利益的问题上又是李嘉图的论敌。这当然是工业革命所形成的新局势使然,他们事实上是不同利益集团的代言人,他们的论争事实上是新兴资产阶级和土地贵族旧势力之间的较量,因而具有某种标志意义。在海峡对岸,蓬勃发展的法国资本主义则成就了萨伊经济学的出现,萨伊也为新兴资产阶级辩护,但他所持的商品价值理论不同于李嘉图坚持的劳动价值论,从而引发了两人在政治经济学其他问题上的分歧,这些分歧在一定程度上影响到西方主流经济学后来的发展方向和路径。有意思的是,李嘉图、萨伊和马尔萨斯都声称是亚当·斯密的追随者,而他们各自的价值论也的确都从斯密的学说中找到了某种根据。

李嘉图:基于劳动价值论的经济剩余论[①]

李嘉图对经济剩余的看法与亚当·斯密的看法相比,具有若干引人注目的特点。

首先,在李嘉图的经济剩余论中,地租理论居于首位,其次是工资论,最后才是利润论。这与斯密将地租看做对劳动产品的第一扣除、利润是第二扣除的提法有一定的对应关系,但李嘉图这种看法和安排却有更深层次的考虑:他认为在当时的分配关系格局中,地租是主动的、首要的和

① 晏智杰:《古典经济学》,北京大学出版社1998年版,第三章。

最有保障的;工资似有固定不变的法则和水准;利润则是在支付了地租和工资之后的余额,因而是最易受损害的部分。这也表达了李嘉图的一个基本的社会经济诉求:必须去除土地所有者的地租,才能保障资本利润,而资本利润及其积累是社会繁荣发展的动力。

其次,与斯密一样,李嘉图对收入分配关系的阐述是以劳动价值论为基础的,但李嘉图的劳动价值论要比斯密来得彻底。李嘉图承认稀缺性是一些商品(如罕见的雕像和图画、稀有的书籍和古钱等)价值和价格的决定原因,但他认为其余绝大部分商品的价值是由劳动决定的。如前所述,斯密的价值论是二重的:劳动价值论和三种收入价值论,李嘉图则坚决排除了收入决定价值的思路和观点,认为收入价值论是倒果为因。与斯密一样,李嘉图也是从原始的实物交换关系中得出劳动价值法则的,而且他还以劳动以外的要素在交换中不索取代价作为得出劳动价值论的一个理由,但是他坚持认为从这种条件下得出的劳动价值论,不仅适用于斯密所谓"原始未开化社会",而且适用于有了土地私有和资本积累的现代文明社会。他承认机器、设备等资本的存在,以及资本在构成、耐久程度、流通速度等方面存在的差异会导致商品价值的变动,承认一般利润率的普遍存在,甚至在一定形式上觉察到他的劳动价值论同一般利润率规律的矛盾,李嘉图曾为此感到困惑,甚至对劳动决定价值原理还产生过动摇,然而他最终还是宣称非劳动因素对价值的影响是次要的,主要的还是劳动。如果说斯密的二重价值论在错误之中还包含着一定的历史感,那么,李嘉图的一元劳动价值论所留下的就只是为了某种理论的彻底而牺牲其真实性的遗憾,这种遗憾为李嘉图劳动价值论的破产和李嘉图学派的解体埋下了一个祸根。

再次,与斯密的地租论相比,李嘉图只分析了级差地租,他总以最劣等地不支付地租为前提,这实际上就是不承认绝对地租的存在。在分析级差地租方面,他既考虑了土地肥沃程度的差异,也考虑了土地位置的差异,以及投资效果的差异等条件。他比斯密更明确、更彻底地以农业劳动解释地租的来源,完全没有了斯密理论中自然恩赐的影子,也有力地驳斥了马尔萨斯关于地租是自然界吝啬的结果的论点。但他的地租论又以马尔萨斯人口论和马尔萨斯也采纳的土地报酬递减规律为分析的前提,从而强化了出现级差地租的必然性:人口激增和土地报酬递减,迫使人们不得不从优等地越来越多地转向劣等地,使得出现地租的级差越来越大,地租越来越上涨。李嘉图也像斯密一样强调指出,地租不是商品高价格的原因，相反，商品高价格是地租的原因，所以李嘉图指出减少地租的必要条件是降低农产品价格，他指出，只有这样才能使工资减低，从而减少土地资本投资，减缓向劣等地的扩张即减少级差，从而达到减少地租的效果。李嘉图的地租论是当时地租论的最高成就，也是新兴资产阶级反对封建贵族势力的有力理论武器。

最后，关于资本利润。与斯密屡次论及利润来源与性质有所不同，李嘉图对此没有任何兴趣，在确认利润是支付了工资和地租的剩余之后，他热衷于研究的是利润率在同地租和工资的相互制约下的变动法则。他直截了当地指出，在产品价格一定时，无论在工业还是农业中，利润的高低与工资的高低成反比，工资上升，利润就会成比例地降低，这无异于承认劳动和资本是直接对立的。在李嘉图看来，地租和工资必然增加，结果必然导致一般利润率下降，他甚至说如果工资上涨到把全部的余额都吸收掉，积累就会完全终止。这是新兴资产者向社会发出的一种警告，但其矛头还主要是针对地租的。他指出，事实上，早在达到这个极限以前，很低的利润率已使一切积累停止，一国的全部产品在支付劳动者的工资以后，几乎都会成为地主和什一税及其他赋税收受者的财产。他明白劳动者的货币工资虽然增加，但实物工资却在下降，所以，李嘉图又说利润率下降的趋势不至于使事情恶化到不可收拾的地步，使资本的收益还能有一定的保证，但无论如何，土地所有者的收入，无论是其绝对份额还是相对比例都不可阻挡地增加了。总之，在李嘉图看来，地主是最占便宜的，劳动者有利有弊，唯有资本家和农场主最吃亏，这其实就是李嘉图的分配论和经济剩余论的核心思想。

马尔萨斯：为地租辩护的经济剩余论[①]

马尔萨斯对经济剩余的观点主要体现在地租论而不是利润论中。马尔萨斯当然也认为资本利润是合理的收入，但他不认为（如斯密所说）利润是对劳动产品的“扣除”，也不同意李嘉图依据劳动价值论将利润归结为劳动的产品，或将利润和工资对立起来，他以获得利润是资本家进行生产的必要条件为由，将利润同工资一起纳入商品价值的范畴，声称商品价

① 晏智杰：《古典经济学》，北京大学出版社 1998 年版，第四章。

值决定于包括工资、利润和地租在内的“生产费用”。马尔萨斯还认为，这个生产费用价值论可以从亚当·斯密关于购买或交换劳动也是价值尺度的观点引申出来，所以他的价值论是对斯密理论的应用和发展，等等。

关于地租这种剩余，马尔萨斯的理论有几个明显特点：

首先，他研究的不是封建地租，而是资本主义地租，即总产品价值中扣除各种耕种费用（其中包括按当时一般农业利润率计算的资本利润）后归于地主的部分。这同亚当·斯密和李嘉图的看法是一样的。但是，他拒绝将地租视为一种垄断价格现象，反对将地租归结为土地所有者凭借对土地的占有（垄断）而取得的收入。在他看来，地租是一种缘起于自然原因的自然现象：土地本来就能生产出比维持耕种者的需要还多的生活必需品；农业所生产的生活必需品在适当分配以后能产生出自身的需求，或者能按其生产量的多寡而养活若干的需求者；还有肥沃土地的相对稀少性是自然对人类的赠与，与垄断完全无关。这就完全否定了地租的社会经济内涵和意义。

其次，马尔萨斯还认为地租增长是社会发展和繁荣的表征，因为凡是能使农产品价格和生产费用之间差异扩大的原因都会使地租增加：第一，资本积累使利润下降；第二，人口增加使谷物工资下降；第三，农业改良使农业生产率提高；第四，农产品价格因需求增加而上涨，这种上涨虽然可能引起货币工资的上升或货币价值的下跌，但却带来了农场主货币支出的下降。马尔萨斯以此说明地租的存在和增加对社会是一件好事，但这里有一个问题是不能回避的：为什么土地所有者可以不劳而获？为什么这个阶级凭借土地所有权就能成为生产发展和社会繁荣的最大受惠者？马尔萨斯的财富增长论就是用来回答这个问题的。

再次，有效需求论是马尔萨斯财富增长论的核心观点。按照这种理论，财富增长除了生产供给的因素外，还应考虑是否有充分的有效需求。马尔萨斯提出，要创造充分的有效需求，关键在于要有一种能使全部商品的交换价值不断增加的产品分配方式，并使这种产品能满足消费者的欲望。他认为最有利于创造有效需求的方式，除了地产的自由分割和国内外贸易的发展以外，还必须使社会中占适当比例的一部分人从事私人服务，或者可能以其他方式提出对物质产品的需求，而不直接参与产品的供给。关键在最后这一点。他认为工人缺乏消费能力，资本家有消费能力却不能全部消费，所以他们都不能创造足够的有效需求。如果没有其他办法增加需求，生产过剩将不可避免。为此他提出：每个社会都必须有一批人从事于各种私人服务，有政治家、军队、法官、律师、医生和牧师等；还必须有一个相当大的阶级，他们愿意也能够消费掉比他们所生产的数量更多的物质财富，在这个阶级中，地主无疑居于显著的地位。总之，在马尔萨斯看来，创造有效需求以避免生产过剩危机是土地所有者等各种不生产者的“生产性贡献”。这种论断再好不过地说明了马尔萨斯地租论为不生产阶级辩护的本质。

萨伊：三位一体公式[①]

萨伊的经济剩余论集中反映在他的分配论中，而他的分配论又以生产论和价值论为基础。萨伊在生产论中提出了著名的土地、劳动和资本生产三要素论，强调了这些要素及其相互协作在创造效用和商品中不可或缺的作用，又提出了影响生产的外部和偶然因素，包括财产所有权、产品的出卖或需求、货币流通和政府政策。他在论述需求时提出了有名的“萨伊定理”，在论述政府政策时充分发挥了经济自由的要求。这些观点和要求都是萨伊学说的时代精神和阶级实质的重要体现。

在萨伊看来，资本利息和土地地租同劳动工资一样都是合理的报酬，不过要注意，他认为企业家的经营利润并不是剩余，而是老板、经理和冒险家的“应用的劳动”的报酬，属于工资之列；属于劳动工资的还有科学家的“理论的劳动”和一般工人的“执行的劳动”的报酬。萨伊根据他的生产要素价值论，认为价值即效用，而资本、土地和劳动都为商品效用的创造作出了“生产性贡献”，所以它们都有权得到与自己的贡献相应的报酬。这就是有名的“三位一体”公式：土地——地租，资本——利息，劳动——工资。不过他没有说明各种要素的贡献究竟是多少，也没有给出计算这种份额的方法，只是给出了比较高低的依据。

萨伊为经济自由主义提供了一套规范化论述，这些论述在当时的欧洲大陆发生了广泛影响，人们把他看做亚当·斯密思想的忠实代表和系统化解释者。萨伊的经济学说的主要部分包括政治经济学三分法（生产、交换和消费）、生产三要素论（土地、资本和劳动）、以效用论为主的商品价值论以及“三位一体”分配公式，对后来经济学的发展发生了深远影响。

① 晏智杰：《古典经济学》，北京大学出版社 1998 年版，第二章。

巴斯夏:经济和谐论[1]

弗雷德里克·巴斯夏(Frederic Bastiat，1801—1850)是继萨伊之后法国和欧洲大陆最负盛名的经济自由主义旗手,他认为自由竞争资本主义是一个和谐的经济体系,这是他的经济学说的主题,而资本利润论和土地地租论则是他的经济和谐论的核心。

巴斯夏的利润论和地租论的基础之一是服务交换论。在巴斯夏看来,在分工社会中每个人为了满足自己的需要就必须进行交换。交换什么呢?服务。通过交换制度所实现的和谐,是最重要、最美好、最具决定性、最多产的和谐。巴斯夏还说,要使交换制度充分发挥作用,必须保障自由,不要政府干预。巴斯夏承认垄断特权、战争动乱、奴役贫穷等祸害破坏了和谐,但他认为只要人们认识到自由交换原则的优越性,便可消除这些祸害。巴斯夏据此批评李嘉图和马尔萨斯不该对资本主义社会的前途抱悲观态度;他又以此教训社会主义者,说他们向往的人人为我、我为人人的美好前景,其实就在眼前。

巴斯夏的利润论和地租论的基础之二是服务价值论。他认为交换的依据就在于提供交换的双方相互提供服务,这种服务不一定是物质的,精神的服务(例如牧师的布道)也包括在内;不一定非得是实在的、有良心的和有用的,只要有人肯要,用别的服务作回报就行了。至于价值的源泉,他认为就在于交换本身,价值完全从提供的服务中产生。巴斯夏据此批驳了亚当·斯密的劳动价值论,也批驳了萨伊的效用价值论。

在解释资本与利息,以及相关的劳动与资本的关系时,巴斯夏像西尼尔一样,将资本的来源归结为"忍欲",将资本的功能归结为使"进行长时间的劳动"成为可能,认为资本利息的合法性基于这样一个事实:给别人一定期限以便运用资本获利,这就是提供了服务,根据服务互换的原则,当然要支付利息。

巴斯夏还进一步论证了劳动与资本的和谐,他认为这基于这样一个事实,即随着资本的增长,资本从总产品中得到的绝对提取额增加了,而它的相对额降低了;相反,劳动从中提取的绝对额和相对份额都增加了。

---

① 晏智杰:《古典经济学》,北京大学出版社 1998 年版,第七章。

他称这是伟大的、令人钦佩的、令人快慰的、必要的和不可改变的资本规律。所以,在巴斯夏看来劳资利益是和谐一致的。

巴斯夏以同样的道理来说明土地产权及其收益的合法性与合理性。也就是说,出现土地地租的情况同资本和劳动没有什么两样,它也是服务的交换,不过这里的服务表现在地主或其前辈为获得土地、改良土地而付出了代价,而当他把土地出租时,也就使受让者免除了相应的劳苦,即提供了服务。根据服务价值论,他应当获得报酬,这就是地租的来源。他最不能容忍李嘉图等人把地租归结为对劳动产品的无偿占有,也不能同意亚当·斯密等人把地租同垄断联系起来。在把各种地租论排除之后,他宣称土地产权的出现是不可避免和不可动摇的,它的出现不会影响世界的和谐。巴斯夏是一个过分乐观的经济自由主义者。

西尼尔:忍欲论和最后一小时论[①]

西尼尔(Nassau William Senior, 1790—1864)是斯密之后值得注意的一个人物,特别是他所提出的资本忍欲论和最后一小时利润论,堪称影响深远和别具一格的经济剩余论。

西尼尔用忍欲来解释资本的来源和作用,意在强调资本的正当性和生产性,因为按照这种解释,资本是因资本持有者节制了自己眼前的消费,并用于生产社会需要的商品或提供社会需要的服务,可见资本与土地和劳动一样都是一种积极的生产要素,也像劳动一样是一种牺牲,所以资本和利润的关系就与劳动和工资的关系一样。与此相关,西尼尔特别强调资本家的生产性作用。他认为资本家要节制自己的消费才有资本投入生产,而要进行生产,他又必须事先预付工资和地租,购入各种原料、材料和工具等,生产出商品之后,他自己只消费其中的一小部分,将其余部分售出,才能获得销售余额。他还认为不管他怎样处置这个余额,最后总要把余额分配给其他阶级,留给自己的只是一部分。就是留给自己的这部分,也不能全部消费掉,还要预留一部分用于再投资。换句话说,他认为不能将资本家同地主和劳动者并列为生产成果的共享者,而是资本家阶级供养着其他两个阶级。

---

① 晏智杰:《古典经济学》,北京大学出版社 1998 年版,第六章。

西尼尔对资本主义社会分配关系的解释是基于他的生产成本价值论的，依据这种理论，生产成本是生产所必需的劳动与节制（即忍欲）的总和。在地租问题上，西尼尔基本上接受了李嘉图的级差原理，但拒绝以劳动价值论解释地租的成因，在他看来地租来自于自然赐予以及土地的绝对生产力和相对生产力。前者指土地本来有一种可以生产超出耕种者所需产品的能力，后者指土地要素超过到处可以取得的那些要素即劳动和资本的生产力。总之，地租来源于土地自身而同劳动无关。他把地租归结为价格与生产成本（资本家利润）之间的差额，这显然是指资本主义地租。他也同李嘉图一样，不承认绝对地租的存在。关于利润和工资，除了把利润定义为“节制的报酬”，否认工资和利润是对立的关系以外，没有什么值得特别注意之处。

西尼尔的“最后一小时论”之所以是错误的，要害在于曲解了产品价值的形成过程。事实上，商品新效用及其价值的形成过程，与生产该商品所使用的各种要素原有的效用及其价值的转移过程，是同步进行的，两者是同一过程的不可分割的两个方面。这当然不是说，不能以工作日的一定部分来代表生产物价值的相应部分。实际上，在了解了价值形成过程的基础上，这样做是许可的、合理的，对于分析来说也是必要的。但是，这同西尼尔所说的完全是两回事。当我们说工作日的某一部分代表旧价值的转移，另一部分代表新价值的形成时，并不是说在前一时段只补偿旧价值，在后一时段内只创造新价值，而是说在前一时段生产的全部价值相当于全部生产物中用于补偿的旧价值，在后一时段生产的全部价值相当于全部生产物中新创造的价值。不仅如此，还可以用生产物的不同部分代表相应的价值部分，只是不要误以为这个部分完全是旧价值，那个部分完全是新价值就行了。西尼尔的错误在于把效用及其价值的不同表现方式当成了价值不同部分的形成过程。

约翰·穆勒：经济剩余论的集大成者[①]

约翰·斯图亚特·穆勒（John Stuart Mill ，1806—1873）是19世纪下半期英国最著名的哲学家、逻辑学家和经济学家，也是著名的社会活动

① 晏智杰：《古典经济学》，北京大学出版社1998年版，第九章。

家和社会改良主义者。他的经济学的特点在于对亚当·斯密以来古典经济学的各种存在分歧的观点和流派的全面综合,包括政治经济学的对象和方法论、生产论、分配论和交换论等。在政治态度方面,在拥护资本主义基本制度的同时,他对当时空想社会主义的某些要求还表现了相当的容忍、同情和理解,并对资本主义持改良主义态度,主张通过教育等方式克服其弊端。正如穆勒自己所说:"我是各种矛盾学说的接受者。"我们这里概略地考察一下穆勒在经济剩余问题上是如何将各种学说和观点综合起来的,这主要涉及他的分配论。

首先,关于所有制理论。穆勒认为分配制度是在一定所有制下存在和发展起来的,不了解所有制就无法了解分配制度。他对当时的空想社会主义者所主张的财富公有制表示了相当的理解和容忍,但他认为那毕竟只是对未来社会的设想而不是现实。他也并不认为私有制一定不好,现今的私有社会固然有各种弊端,但他以为这不是真正完善的私有制社会,真正完善的私有社会现在还没有出现。所以他认为眼前的任务不是取消私有制,而是对它加以改良,使社会每个成员都能得到好处。穆勒充分肯定了劳动和资本所有权,明确否定了土地私有权。穆勒继承了亚当·斯密以来把社会阶级划分为生产工人、资本家和地主三大阶级的传统观点,并依次考察了它们的决定法则和变动规律,总的观点是:分配份额不仅决定于竞争,而且决定于风俗习惯。当然,他承认越是到近代,产品的分配越是受到市场竞争力量的影响。

其次,关于劳动工资。穆勒认为工资是指使用劳动的代价,而这代价取决于各种因素:短期内取决于劳动供给和需求,即雇佣工人的人数和用来购买劳动的资本的比例,简言之取决于工人人数和资本的比例。既然雇佣工人的工资是一个固定不变的量,那么,从长期来看,工资就主要取决于工人人数了。穆勒相信马尔萨斯的人口理论,但提出应以普及国民教育和政府资助大规模对外移民等办法来缓解人口压力。

再次,关于资本利润。穆勒的观点仍然是对此前各种论点的综合。他将工人的工资定义为对劳动的报酬,将资本利润定义为对节欲的报酬。他指出,资本利润通常要包含以下三部分:利息、风险费和经营管理的报酬。他还指出,在自由竞争的作用下,通过各种形式的资本转移,资本利润率有均等化的倾向,虽然不排除各种事业性质的不同会引起利润率的差别。关于利润的来源,穆勒先是根据劳动价值论指出,利润是劳动生产出超过为维持其本身所必需的生产物而形成的,但他接着又说,如果一个资本家在生产物归其所有的情况下供养劳动者，那么，他的手里除了收回的垫款之外，还会有若干的剩余生产物。这一公理，换一种形式来说就是，资本之所以产生利润，是因为粮食、衣服、材料和工具等物品保有的时间长于其生产所需的时间。因此，如果一个资本家……向那些劳动者供应粮食、衣服、材料和工具，则那些劳动者除了再生产其本身的生活必需品和工具之外，还有一部分剩余的时间替这个资本家工作，由此我们知道，利润并不是产生于交换之中，而是产生于劳动者的生产力。后面这个说法其实就是说，利润来自资本家的垫支。他还把资本家的垫支最终归结为由劳动工资所构成，因为据说工具和材料等也是由劳动生产的。关于工资和利润的关系，他接受李嘉图关于两者对立的说法，但同样提出了不同的解释。他认为，利润量取决于劳动生产力，以及劳动者从生产物中取走的部分；但利润率仅仅取决于劳动者所得到的份额的比率，而不是他们所得到的份额的总量，这样，我们就得到了李嘉图和其他学者所得出的结论，即利润率取决于工资，工资下跌则利润率上升，工资上升则利润率下跌。这就是说，他只承认在相对的意义上，工资和利润是对立的。

最后，关于土地地租。穆勒继承了李嘉图等人的级差地租原理，但放弃了以劳动价值论来解释地租起源的思路。他认为，所谓地租就是对使用土地所付的报酬。至于地租的性质，他说那是垄断的结果。为什么地主对其土地可以要求地租呢？因为土地是许多人所喜欢的商品，而且只有从地主那里才能得到。关于地租的构成，穆勒同样只承认级差地租，而否认绝对地租。在穆勒看来，地租的出现纯粹是一种价格现象，而使地租得以出现的价格又是供给和需求相互关系的结果，因而同劳动无关。

以上论述足以表明，经济剩余论作为整个古典经济学的一个重要组成部分，内容十分复杂，观点也各有不同。然而人们不难发现，无论出于什么样的理由，基于什么样的论证，有一点是明确的并贯穿始终的，那就是认可产业资本取得的利润或利息的合理性和正当性，这是对工业资本主义发展现实和需要的反映，同 18 世纪中叶以前人们还忙于批判重商主义的贸易差额论相比，这无疑是一个巨大的历史进步和跨越。

06 马克思的剩余价值论

马克思的剩余价值论是诞生于19世纪中叶西方主要资本主义国家的一项伟大的政治经济学理论成果，它在很大程度上反映了19世纪上半期第一次产业革命以后以英国为典型的自由竞争资本主义的社会状况和阶级矛盾，它对当时西方主要资本主义国家的社会弊端和阶级矛盾的尖锐揭露和批判、对人类社会未来的美好诉求，集中体现了当时劳苦大众的心声，成为鼓舞和激励无产阶级和广大人民群众投入革命运动的强大理论武器。

严峻的挑战

然而，随着时代的发展，剩余价值学说连同其基础——劳动价值论面临着历史和现实生活的严峻挑战。这种挑战集中表现在，它在很大程度上失去了对当今世界两大基本社会制度的历史命运和发展趋势的解释力和指导力。

一方面，资本主义并没有像马克思预言的那样，早在19世纪晚期就寿终正寝，而这种预言是从其基本理论分析中得出来的。相反，资本主义有了巨大、深刻的变化和发展，以至于在今天的世界上它仍然居于强势地位。即使在马克思主义创始人身后百余年的今天，连最激进的革命者也不敢断言，这种社会制度在可以预见的未来必然崩溃。问题的关键在于资本主义制度有其克服自身矛盾冲突的机制，不断以新的举措促进社会生产力的发展和社会进步。从自由竞争发展到自由竞争与国家宏观调节相结合，就是战后资本主义能够得以持续发展的制度保障，而科学技术的迅猛发展则是推动这一发展的强大动力。的确，像人类历史上曾经存在过的各种社会制度一样，资本主义制度不可能永远存活下去，它总有消亡的一天，然而，历史和现实业已证明，马克思主义的论断是过于激进了。

另一方面，社会主义革命也没有如马克思预期的那样，在19世纪晚期欧美主要的资本主义国家同时爆发并取得胜利。20世纪初期、中期先后取得社会主义革命胜利的国家无一是先进的资本主义国家，中国如此，俄国也不例外。更重要的是，在突破马克思预期而取得胜利的这些国家中，根据马克思主义或者根据被认为是发展了的马克思主义，搞了几十年的社会主义革命和社会主义建设，竟然在20世纪后期先后以失败告终。苏联解体和东欧剧变的教训、中国改革发展的成功经验证明，在如何建设社会主义的问题上，马克思主义经济学没有能够经受得住实践的检验，它所设想的未来社会主义的基本原则已被证明是站不住脚的。

(1)社会主义社会发展的总体目标。马克思主义的基本理论和实践是阶级斗争和无产阶级专政，是无产阶级专政下的不断革命，但历史已经证明此路不通。在批判"以阶级斗争为纲"路线的基础上，我们终于认识到，当代中国要繁荣富强，必须告别"以阶级斗争为纲"的路线，一心一意搞建设，专心致志谋发展，将建设社会主义和谐社会作为我们的目标。马克思主义经济学认为，将资本主义制度看做和谐社会是庸俗经济学。难怪现在有人会认为将建立社会主义和谐社会作为我们的目标是在搞阶级斗争熄灭论，是所谓庸俗经济学。

(2)经济体制问题。马克思主义经济学的基本判断可以归纳为三点：①商品生产和市场经济是人类社会发展到一定阶段的产物。②资本主义是商品生产和市场经济发展的最后阶段，它必然随着资本主义生产方式的终结而终结。③社会主义的经济制度不可能还是市场经济，只能是计划经济。但事实已经证明，这些论断中的后两点已经过时，以中央集权为特征的高度集中统一的经济体制，虽然能够成就于一时，但最终必然导致决策失误、资源浪费和效率低下的严重后果，走现代市场经济之路是中国特色社会主义的基本内容和特征之一。

(3)生产资料所有制问题。马克思主义经济学的基本观点是：①生产资料所有制是生产关系中的决定性条件，它决定着社会性质和阶级关系，而生产关系与生产力之间的矛盾是社会发展的基本矛盾。②资本主义生产方式的根本矛盾在于社会化大生产与生产资料的私人占有之间的矛盾，这个矛盾是不可调和的，周期性生产过剩的经济危机就是由这种矛盾决定的，也是它的表现。它只能暂时地缓和矛盾，而不能解决矛盾，反而为更深重的危机准备了条件，其最终结局只能是以社会主义革命推翻这种所有制。③未来新社会的生产资料所有制必须而且只能是消灭私有制，实行生产资料公有制，而其最高形式则是全民所有制。④小生产是产生资本主义的温床，等等。然而，事实证明在当代条件下，"消灭私有制"

是一种空想，它脱离了现阶段社会发展的要求和规律，按照这种思路所实行的生产资料所有制改造，只能导致社会生产力的破坏。在现阶段和今后一个相当长的时期，我们只能实行以公有制为主体的多种形式并存的混合所有制。

(4)收入分配制度。马克思主义经济学认为，未来新社会必须而且只能实行“各尽所能，按劳分配”的制度。然而事实证明，在按劳分配口号下所实行的其实是平均主义，以及一定范围内的特权制度。所谓按劳分配充其量只在很有限的范围内(例如八级工资制)有所体现，远非普遍实行。事实证明，只有尊重各种生产要素在创造社会财富中的实际贡献，体现这种贡献的分配制度才有利于促进社会生产力的发展。同时，国家必须在收入分配中扮演适当的角色，尽可能地实现效率和公平的结合。

总之，在事关当代社会主义社会发展的一系列根本问题上，马克思主义经济学已经变得不合时宜，它的历史局限性愈益强烈地表现出来，所以必须突破这种理论的和认识的瓶颈，才能将中国特色社会主义事业推向前进。在我看来，邓小平理论、“三个代表”重要思想和科学发展观的提出和成功实践，就是对马克思主义经济学的突破和创新。①

症结何在？

马克思主义经济学为什么会遭遇这种结局呢？人们最可能想到的是时代条件的变化，这有一定道理。毕竟，当代的主题已由战争与革命转变

① 这里顺便回答一种责难。2005 年 10 月我在一次研讨会上提出，在攸关社会主义发展方向和命运的一系列重大理论和实践问题上，邓小平理论、“三个代表”重要思想以及科学发展观，构成了迄今中国当代马克思主义的伟大成果，是对传统马克思主义的重大突破和创新，这些问题包括：社会发展目标和指导思想、经济体制、生产资料所有制、分配制度、经济运行方式以及经济价值观等，这些创造性成果也是中国经济学与西方经济学的重大区别所在。谁能想到，卫兴华先生竟然就此指责我在“制造当代马克思主义和传统马克思主义的对立”，同时又硬说我主张照搬西方经济学等(见《当代经济研究》，2006 年第 6 期)。我没有必要对他的无理指责详加分析，只消指出一点就够了：他毕竟没有(也无法)证明上述各个基本点是如何从他所谓的经典著作中“继承和发展”出来的，或者是从中“挖掘”(卫先生语)出来的，这就不免令人失望了，因为他本应向读者证明这一点，否则他就无权指责别人在制造什么“对立”。这也不令人感到意外，因为卫先生从不认同当代马克思主义的上述突破和创新，所以才会将认同这种突破和创新视为“制造对立”。

为和平与发展，而总是服务于时代主题并构成时代主题有机组成部分的主流经济学，也早已从古典经济学发展为现代经济学。马克思主义经济学形成于第一次产业革命后期，属于古典经济学范畴，并且是其左翼或无产阶级反对派，其整个学说都是为论证阶级斗争和无产阶级专政服务的，这就注定了它在和平与发展的时代必定会变得不合时宜。

然而上述分析也不具有完全的说服力。要知道与马克思主义经济学同时代甚至更早时代的经济学，并不都像马克思主义经济学那样，随着时代的变迁而完全(或基本)失效。亚当·斯密经济学就是最有力的证明。它是古典经济学的奠基，也是马克思主义的先驱，就时代条件来说，它是18世纪中叶英国工场手工业时期的经济学，至今已经过去了两个多世纪，资本主义社会早已发生了历次产业革命，已经由自由竞争到垄断资本主义，再演进到现代国家垄断资本主义等各个阶段。可是，谁能否认亚当·斯密经济学对自由竞争资本主义发展的巨大历史意义？谁又能否认即使在今天的时代条件下，他所阐述的经济自由主义原理仍然具有一定范围的适用性？我们看到，马克思主义经济学的真理性和适用性，即使在它所诞生的那个战争与革命时代也没有得到证明，更遑论和平与发展的新时代了。

为什么会这样？这就要追究到这种经济学本身的局限和缺陷了，这可以从多方面加以说明。例如，构成其哲学基础的辩证唯物主义和历史唯物主义，构成其研究对象的第一次产业革命时期的英国资本主义，作为其经济学研究方法的抽象法，作为其经济学理论主体的各个组成部分，如劳动价值论、剩余价值论、资本积累论、资本循环与周转论、价值向生产价格转化论以及剩余价值分配论，等等。在马克思主义经济学的各个部分之中，构成其基础的劳动价值论以及构成其基石的剩余价值论，当然是重中之重，因而也是各种缺陷和局限性的集中体现。关于劳动价值论的历史地位和功绩，以及它的历史局限性等，我在《劳动价值学说新探》等论著中已经作了探讨，这里不再赘述[①]，以下仅就剩余价值论作一评析。

所谓剩余价值，依照马克思的解释，是指商品新创价值中超过劳动力价值的价值，由雇佣工人剩余劳动所创造并被资本家无偿占有，因而它反映了资本家对雇佣劳动者的剥削关系。马克思对“剩余价值”的定义随着

① 晏智杰：《劳动价值学说新探》，北京大学出版社 2001 年版；《经济价值论再研究》，北京大学出版社 2005 年版。

分析的进展有一定的变化，但基本精神是一致的。例如，仅就《资本论》第一卷来说，马克思在分析资本的总公式 $G-W-G'$ 时说："其中 $G'=G+\Delta G$，即等于原预付货币额加上一个增值额。我把这个增值额或超过原价值的余额叫做剩余价值。"[①]在分析不变资本和可变资本时，马克思指出："这样，劳动力发挥作用的结果，不仅再生产出劳动力自身的价值，而且生产出一个超额价值。这个剩余价值就是产品价值超过消耗掉的产品形成要素即生产资料和劳动力的价值而形成的余额。"[②]在分析剩余价值率时马克思进一步指出："把价值看作只是劳动时间的凝结，只是对象化的劳动，这对于认识价值本身具有决定性的意义，同样，把剩余价值看作只是剩余劳动时间的凝结，只是对象化的剩余劳动，这对于认识剩余价值也具有决定性的意义。"[③]

历史地位与作用

恩格斯称"剩余价值的发现"是马克思的两大发现之一。[④] 列宁指出，"剩余价值学说是马克思经济理论的基石"[⑤]。这是就剩余价值论在马克思主义学说本身的地位来说的，如果从它同外部思想发展的关系来说，马克思的剩余价值论则是对 18—19 世纪英法古典政治经济学的经济剩余论和 19 世纪英法空想社会主义相关学说的批判、继承和发展。

英法古典经济学是新兴资产阶级的经济思想和政策，旨在反对土地贵族的经济和政治统治，要求取缔土地私有权及其土地地租，同时认为"自由"雇佣劳动者的工资应当并必然以最低生产资料为准，以保障作为社会生产发展"动机"（动力）的资本利润和资本积累。在这种历史条件下，他们提出了某种劳动价值论，并据此提出了土地收入（地租）是对劳动成果的"扣除"的经济剩余观。

① 《马克思恩格斯全集》第 44 卷，人民出版社 2001 年版，第 176 页。

② 同上书，第 242 页。

③ 同上书，第 251 页。

④ 恩格斯：《卡尔·马克思的葬仪》，《马克思恩格斯全集》第 19 卷，第 1 版，人民出版社 1963 年版，第 374—376 页。

⑤ 列宁：《马克思主义的三个来源和三个组成部分》，《列宁选集》第 2 卷，人民出版社 1995 年版，第 312 页。

这种反映新资产者利益和愿望的古典政治经济学的经济剩余观，受到了空想社会主义者的猛烈批判。后者以一般道德和人类理性为武器，对资本主义社会的各种苦难、矛盾和不公正进行了无情的揭露和批判，对未来社会的美好前景寄予了热烈的期待。他们兼批判家和道德家于一身，堪称那个时代的智者和精英。然而，不可否认的是，由于他们的思想并未揭示社会发展的客观规律，也未找到改造资本主义制度的真正力量，所以他们的思想和行动不可能触动资本主义制度的根基，终究不能不流于空想，没有也不可能对资本主义制度及其统治思想，包括对古典经济学的经济剩余学说构成真正的威胁。当然，空想社会主义在启发民智和促进社会进步方面所发挥的历史作用还是应当得到充分肯定的。

批判古典经济学正统的还有代表小资产阶级愿望和要求的经济学家，西斯蒙第是其中的典型代表者。西斯蒙第与古典经济学家李嘉图是同时代人，马克思称西斯蒙第是以对资本主义和古典经济学的批判而结束了古典经济学的古典经济学家。不管怎样，西斯蒙第是资本主义制度的批判家，而不是拥护者。他向往的是远离商品生产和交换制度，摆脱了无情自由竞争干扰的小生产的环境和制度，他从这个角度对自由竞争和私有财产制度的弊端与祸害进行了尖锐揭露和批评，充分抒发了受到工业大生产势力压制和排挤的小生产者的心声。然而他的言行也不免流于空想，他的学说和主张被列宁视为经济浪漫主义，最终仍不能幸免被历史洪流淘汰的命运。

在英法以外的国度，古典经济学遇到德国历史主义经济学的猛烈批评。德国属于后起的资本主义国家，当古典经济学在英法大行其道之时，德国还处于分裂割据和小生产占主导地位的阶段。李斯特作为一个伟大的爱国者，不愿接受为自由竞争立言的英法古典经济学，他力倡适合德国现状和需要的新经济思想和经济政策，史称德国历史主义经济学的先声，其特点在于强调德国国情的特殊性，要求实行保护关税政策，反对将适合英法需要的自由贸易主义经济学运用到德国。19 世纪 40 年代发展起来的德国旧历史学派将李斯特的思想传统进一步发扬光大，提出了适合德国需要的一系列原理和主张，其中包括：否认适用于各国的一般经济规律；否认抽象分析方法的可靠性，认为历史的统计的归纳法才是唯一可靠的方法，进而否认一般理论概括的可能性。德国历史学派对德国本土的经济学发展产生了深远影响，在德国以外也有一些追随者，但不足以影响欧美主流经济学的大局。

在对资本主义经济剩余论的批判中，马克思经济学的批判无疑是最彻底的，影响也最为巨大和深远的，这种批判早已突破了思想和理论的层次，变成了世界范围内规模宏大的社会革命运动。对于苏联和第二次世界大战后出现的社会主义国家来说，马克思主义经济学的影响历时更为长久。我国改革开放前几十年间，马克思主义经济学毋庸置疑地一直支配着我国经济学，成为我国经济制度和经济建设的指导思想的重要理论基础。应当肯定地说，作为一种为无产阶级革命奠定理论基础的经济学理论，剩余价值论在历史上和革命运动中发挥了巨大的教育、动员和推动作用，尽管它本身包含着某些理论的和认识的缺陷，但仍不妨碍它担当推翻资本主义剥削制度的理论基础的历史重任。这主要得力于它在理论上的彻底性：既然无产阶级创造了社会的全部价值（这个论断实际上被理解为全部的社会财富），而他们自己在养肥了资产阶级的同时却无可挽回地陷入了贫困化的境地，那么这种制度有什么合理与公正性可言？还得力于它具有鲜明的实践性：解救无产阶级的唯一正确道路在于以暴力革命推翻旧制度，而未来新社会的基本原则，应当而且只能是人所共知的无产阶级专政、计划经济和按劳分配。

马克思的剩余价值论形成于19世纪五六十年代，当时正值英国古典经济学解体并向边际主义和新古典经济学转变之时，马克思在继承和发展古典经济学的劳动价值论的基础上，创立了剩余价值论，用以揭示资本主义经济制度的剥削本质，论证该生产方式走向崩溃的必然规律。马克思经济学对资本主义生产方式的批判是以劳动价值论为基础、以剩余价值论为核心展开的。劳动价值论将商品价值的源泉唯一地归结为劳动；剩余价值论则以此为据，分析了劳动和资本在生产过程中的矛盾和对立，论证了资本积累的性质与作用，分析了资本循环周转规律，以及剩余价值在各个剥削阶级之间的分割，并最终得出了资本主义生产方式行将就木的结论。

依照剩余价值论，剩余价值是表现资本主义经济关系的剥削本质的，而利润、利息和地租等则不过是剩余价值的转化形式，同时又是掩盖了资本主义剥削关系本质的现象形式。马克思将利润、地租、利息等各种非劳动收入概括成一种一般的剩余价值范畴，大大提升了对劳动和资本对抗性的认识，从而为剖析资本主义生产关系的对抗性矛盾以及这种生产方式发展的历史趋势奠定了基础。马克思关于资本主义生产方式即将崩溃并被实行计划经济的社会主义制度取代的革命结论，就是从这种理论分析中得出来的。

不难发现，马克思主义经济学就其历史地位来说正是古典经济学中的无产阶级反对派。这种经济学属于古典政治经济学派范畴，不属此后出现的边际主义经济学或新古典经济学，更不属于现代经济学；但这种经济学不是古典派的正宗，而是其反对派：它接受古典派的劳动价值原理，但不接受古典派对资本利润和土地地租的多种解释，更不同意将这些收入单独地加以看待和处理，他认为利润和地租不过是一个更普遍的剩余价值范畴的转化形式；它也不同于当时的其他反对派，例如小生产者经济学、德国历史学派经济学、空想社会主义经济学等。①

点评剩余价值论的基础和支点

为什么剩余价值论会成为一种理论认识的瓶颈？说到底它是一种未能也不能得到现代社会经济发展证实的理论假说。这首先是由构成其基础的劳动价值论和构成其支点的必要生活费用工资论的局限性所决定的。前者断定劳动是商品价值的唯一源泉，后者断定工资只是雇佣劳动者所创造的全部价值中相当于必要生活费用的那一部分。不难理解，如果商品的全部价值都由雇佣劳动者所创造，而他们得到的却只是其中的一小部分，那么这就是赤裸裸的无偿占有，即剥削，加上资本有机构成不断提高的趋势不可阻挡，那么出现劳动者相对贫困化和绝对贫困化便是命中注定的结局。

然而，将工资定位于必要的或最低生活费用的观点是经不起推敲的。在现代市场经济条件下，商品价值和价格并不是某种实体，而是主客体之间的一种关系。商品价值和价格不仅来自供给，而且来自需求，来自多元要素的市场供给和需求的均衡，供给和需求都是决定价值和价格的原因。单就商品供给来说，价值和价格不仅取决于劳动，而且取决于其他各种要素（自然资源、资本、科学技术和经营管理等）。扮演价值源泉主要角色的要素随着历史发展和经济形式的演变在变化，它不是一成不变的，更不是自始至终只是劳动。劳动者的报酬也不应仅归结为必要的最低生活费用，而是取决于劳动力市场的供求关系的均衡，不存在什么“工资基金”和

① 晏智杰：《古典经济学》，北京大学出版社1998年版，第三篇。

"工资铁律",先行工业化国家的实践早已证明了这一点。

事实上,将工资定位于工人的必要的最低生活费用,本来是英国古典政治经济学的传统信条,并曾以"工资基金说"风靡于19世纪上半期英国古典经济学界,它是反对土地贵族和保卫资本利益学说的一个支点:由最劣土地上花费的劳动决定的土地地租在不断上涨,而归结为必要的最低生活费用的工资又不能轻易减低,结果资本利润必然要受到挤压。但这种工资论经不起实践的检验,受到了严厉批判和攻击,1867年终于被英国古典政治经济学最后的代表者约翰·斯图亚特·穆勒放弃。但这个学说的基本论断却被马克思继承,他将工资也归结为工人必要的最低生活费用,只是对其中社会历史的因素作了更充分的发挥而已。这种论点在后来的工人运动中就演变成"工资铁律",这时连马克思本人也对之加以批判了,既然存在着不可动摇的"工资铁律",工人阶级的经济斗争还有什么意义呢?但马克思并未放弃必要的最低生活资料的工资论,其实也不能放弃,这不难理解:它是剩余价值论的一个重要的关键性支点。

更重要的是剩余价值论所依据的基础:劳动价值论。关于劳动价值论的是非曲直,我们已经说了很多,这里不再赘述,有兴趣的读者可参看拙著:《劳动价值学说新探》(2001)和《经济价值论再研究》(2005)。这里只需作两点补充:一是对恩格斯的"价值判断"的再思考,二是对财富和价值"二分法"的解析。它们都是对近期讨论中出现的某些具有代表性的论点所作的评析,实际上也是对我在上述著作中所作分析的补充。为了不影响这里的基本思路,加之篇幅较大,故将这些补充都放在本章附录中。

这些补充所能进一步证明的东西之一,就是劳动价值论有其特定的历史前提条件,从这些条件得出的劳动价值规律当然也就有其特定的适用范围。[①] 简单来说,这些条件是:无货币更无资本也无竞争的原始实物交换、劳动以外的要素皆可无偿使用从而无须索取报酬、科学技术和经营管理(及其劳动)等都还根本谈不上的简单劳动。既然如此,劳动价值规律的适用范围也就不可能超越简单商品交换和商品生产的历史时期。关于这一点,甚至马克思本人也是承认的,他曾说劳动价值规律"在资产阶级社会的作用是多么小",恩格斯则说得更明确:在自由竞争资本主义条

① 参见晏智杰:《劳动价值学说新探》,北京大学出版社2001年版等。

件下,“不再有它了”[①]。既然如此,基于劳动价值论的剩余价值论怎么可能不是一种假说呢?

对此,理论家们曾经提出过种种说辞以便证明剩余价值论的现实性,但都无济于事。例如,有人说劳动价值论不过是为揭示资本剥削性质所用的一种“分析工具”,言外之意是不要将其作为一种“理论原理”。但这种说法显然与其作为马克思主义经济学的基础不相容,何况还有“为达目的,不择手段”之嫌。又如,有人强调劳动价值论仅仅是马克思分析的“抽象的起点”,后来则逐步上升到“资本主义生产方式的具体”。可是,至今也没有谁能向我们证明,马克思在分析资本生产过程、流通过程和资本主义生产总过程时,在什么地方改变了劳动价值论的根本原理。《资本论》始终以劳动价值论为基础,这是一个无可否认的事实;如果不是这样,《资本论》就会面目全非了。

再如,最近还有人提出,马克思的抽象法就是抽象掉任何社会形态或社会条件,从而在最抽象或最一般的意义上研究问题,因此这种研究的结果对任何社会形态或条件都有适用性,劳动价值论就是如此。[②] 这完全是为了达到既定目的(即论证劳动价值论具有普适性)而对抽象法所作的刻意曲解和发挥。依照这种解释,抽象法就是从抽象的东西出发,从各种社会都存在的共同条件出发来研究问题,因而抽象出来的东西必然无所不在。可是,问题来了:第一,这个无所不在的抽象的东西究竟是不是一种具体的实在的东西?看来不会是,因为依照上述解释,它不过是对各种事物共同点的概括,所以是一种思维形态的东西。第二,这个抽象的东西有没有历史的起点和终点呢?合乎逻辑的回答应当是没有,起点也是终点,终点也是起点,起点和终点没有什么两样。这样一来,从这种抽象的东西出发分析问题,又如何体现马克思所要求的历史和逻辑的统一呢?例如,在劳动价值论的场合,既然所研究的那种条件不是一种具体的历史的存在,当然也就不会具有历史性和具体实在性,从而也就取消了历史和逻辑相统一的要求。为了论证劳动价值理论具有所谓普适性,结果否定了它的实在性,这显然走得太远了。实际上,抽象法不是脱离历史实际和现实生活的方法,而是在一定范围内抽掉非本质因素的方法,抽象出来的这个东西应该还是实际存在的,对当时

---

① 《马克思恩格斯〈资本论〉书信集》,人民出版社 1975 年版,第 250、575 页。

② 屈炳祥:《论马克思劳动价值理论的适用性与创新》,《经济评论》,2008 年第 2 期。

的条件来说是具体的、实在的，而不是空洞的、不存在的。只不过符合当初历史条件的那个具体条件，对于后来发展起来的复杂的社会关系来说是简单的，如此而已。在劳动价值论的场合，所抽象出来的条件就是历史上曾经存在的简单商品生产交换条件，甚至是实物交换的条件（以及非劳动要素均可无偿使用、简单劳动等），这种条件对于后来发展起来的资本主义关系来说是简单的，但它一定是实际存在过的，而不是从来不曾存在的抽象概念。说到底，抽象法所要求的出发点是简单而真实的条件，而不是没有社会关系内涵的抽象概念。

还是恩格斯说得对。他指出抽象方法也就是历史与逻辑相一致的方法，也就是："历史从哪里开始，思想进程也应当从哪里开始，而思想进程的进一步发展不过是历史过程在抽象的、理论上前后一贯的形式上的反映……我们采用这种方法，是从历史上和实际上摆在我们面前的、最初的和最简单的经济关系出发。"又说："我们这里考察的不是只在我们头脑中发生的抽象的思想过程，而是在某个时候确实发生过或者还在发生的现实过程，因此这些矛盾也是在实际中发展着的，并且可能已经得到了解决。"[①]显然，上述作者误以为抽象法所考察的"只是在我们头脑中发生的抽象的思想过程"，而不是"在某个时期确实发生过或者还在发生的现实过程"，误以为抽象法就是从思维过程出发，而不是从实际条件出发，这就把一个原本的唯物主义方法曲解为唯心主义的东西了。

让我们回到剩余价值问题上来。既然劳动价值论适用之时，资本和剩余价值这些被马克思看做资本主义专有的范畴还没有出现，也不会出现，而到应该出现资本和马克思所说的剩余价值之时，劳动价值规律又不复存在了，那么，要分析资本，首先就需要针对变化了的历史条件，对价值规律本身作出新的解释，然后才能据此对资本主义生产过程作出可靠的分析。如果在作了这些分析之后断定劳动价值规律没有变化，也就是说仍然断定劳动是价值的唯一源泉，再依据它分析资本也不迟。何况价值规律在现代市场经济条件下，不能不发生实质性变化，以至于决定商品价值和价格的过程从生产延伸到流通和服务领域，而决定价值和价格的要素也由单一劳动发展到包括土地和资本在内的多种要素，而且还要受到市场供求关系均衡的制约。至少，出现在劳动力市

① 恩格斯："卡尔马克思《政治经济学批判·第一分册》"，《马克思恩格斯选集》第2卷，人民出版社1995年版，第43—44页。

场上的劳动力商品，其价值和价格就不能不受到劳动力市场供求关系的调节，不可能固定不变地盯在"必要的最低生产费用"上。同样，资本的价值和价格也要受到资本市场供求关系的调节而发生变动，从而直接影响到商品的价值和价格。[①]

可是我们看到《资本论》的分析过程不是这样的。劳动价值论在从资本主义以前的条件下得出来之后，便被直接地用于分析资本主义生产过程，随后又被用于分析流通过程及总过程，劳动价值规律始终是全部分析的唯一基础。这种分析进程意味着，在进入生产过程分析之前，非劳动要素已经被完全排除在价值源泉之外了，而允许作为价值源泉的只有劳动（而且是抽象劳动），可是这种排除对于分析资本主义是否正确还没有得到证明。不错，马克思在《资本论》第三卷分析剩余价值分割时，对劳动价值规律作了某些更改，但更改的也只是劳动价值规律的作用形式，而不是劳动价值规律本身。在马克思看来，竞争导致剩余价值在各个剥削阶级之间的重新分割，从而使得商品价值转化为生产价格。生产价格的形成固然使单个商品或单个部门的商品的价值不再与其中所包含的劳动量相一致，但是依据并未得到论证的所谓两个等式的论断（总价值等于总价格，总剩余价值等于总利润），劳动价值论被认为仍然有效，不过现在不再是指对于每个商品或每个部门都有效，而是指在全社会范围内，对商品总体有效。这就是说，即使到分析的最后阶段，马克思也没有对劳动价值规律作任何实质的变更。这里没有必要重复我们对著名的"两个等式"的长期争论的考察和结论[②]，只需认可马克思认为劳动价值论对分析资本主义各个过程都是适用的这一点就够了。

于是就出现了这样的理论格局：一方面坚持认为只应从前资本主义条件出发去分析和得出商品价值论，另一方面又直接将这种价值论用于分析资本主义商品生产，并以之为基础引出剩余价值及其相关全部理论，结果就将存在条件、适用范围和历史定位不一致的两种理论，即劳动价值论和剩余价值论联结到了一起，从而不可避免地造成了理论体系的结构性缺陷。这种缺陷在理论上带来的直接后果，就是使剩余价值论不能不

---

① 关于现代市场经济条件下的价值规律，即多元要素的市场供求均衡价值论，请参看晏智杰：《劳动价值学说新探》（北京大学出版社 2001 年版）中的《总结：经济学价值新论》。

② 这是一个大课题，请参看晏智杰：《劳动价值学说新探》第三篇，北京大学出版社 2001 年版。

是一种假说，而且是一种不能得到证实的假说。道理很简单：既然在现代市场经济条件下，商品价值不是某种实体，而是一种关系；既然价值源泉不再是一元劳动，而是来自多元要素所构成的市场供求均衡；那么，依据劳动价值论所确立的一系列有关"剩余价值"的概念和原理也就随之失去了现实性。如果无视这种格局所包含的重大缺陷，否认对之重新研究的必要，或者教条式地坚守原有的剩余价值论，必将导致对资本主义或社会主义历史进程和现实发展的曲解或误解。

应当指出，以劳动价值论为据去解释资本主义的"剩余价值"不自马克思始，马克思以前的一些古典经济学家早就企图这样做（旨在反对土地贵族，为资本积累开辟道路），但遇到了种种困难、矛盾和挑战，以至于在古典经济学的最后代表者李嘉图手里弄到不可收拾的地步。马克思认为他们的价值学说有成功也有失败，并在坚持劳动是价值唯一源泉的原则下对前人的理论和观点作了若干修改和发展，但劳动价值论的分析和前提条件不但没有修改，反而更加明确地指向了前资本主义[①]，如此，必然使马克思的剩余价值论同其基础——劳动价值论的矛盾愈发显得尖锐和突出。

这当然不是说资本主义没有"经济剩余"，相反，不断生产并扩大经济剩余正是资本主义生产方式不同于（也是优越于）前资本主义生产方式的地方。然而，这种剩余是实际发生和存在的剩余，并且同剩余价值截然不同。对于这种区别，我们在前面已经指出过了。这里只需强调指出，不应将马克思主义经济学的"剩余价值"范畴混同于一般的经济剩余范畴。后者为一切存在经济剩余的社会所共有，而剩余价值却只是资本主义的范畴。有人认为在当前中国的社会经济条件下，出现了"剩余价值"多元化的事实，并认为肯定这种事实就是对马克思剩余价值论的"深化和发展"。其实这是对剩余价值概念的误解，是无视"剩余价值"与一般经济剩余的原则区别的表现。重复地说，如果说的是"剩余价值"，那么它的源泉只能是一个（即劳动，而且是抽象劳动），而不会是多元的；如果某种剩余的源泉是多元的，那它肯定不会是马克思所说的"剩余价值"，而应当是有别于它的什么东西。

质疑"剩余价值"概念的实在性，当然也不是说资本主义没有剥削，

① 请参看晏智杰：《古典经济学》，北京大学出版社 1998 年版，特别是其中第 16—18 章对马克思主义经济学的分析。

而只是强调指出剩余价值论所说的那种剥削，即除了相当于劳动力价值的工资以外，其余新创造价值完全被生产资料占有者无偿地剥夺，只能是一种理论假说，而不会是生活现实。此外，剥削不仅在资本主义市场经济条件下，而且在社会主义市场经济条件下，都是一种客观存在的现实，不该也不能抹杀。问题在于，为使我们的认识更接近于实际，必须用不同于劳动价值论和剩余价值论的眼光和学说对之加以观察和说明[①]，以为只有依据劳动价值论和剩余价值论才能认识剥削，显然是一种偏见和误解。

剩余价值概念的非实在性还表现在："剩余价值"这个抽象概念不仅被视为是对资本主义社会各种非劳动收入的概括和一般化，而且反过来还要被理解为实际存在的各种非劳动收入（利润、利息和地租等）的总来源，这些具体的实际存在的收入反而被视为剩余价值这个总范畴的"转化形式"，这样一来，剩余价值范畴就被赋予了某种独立性和先验性，成了某种君临天下的主宰或"笼罩一切的光"，似乎一切非劳动收入都逃不出它的规范和支配。以往我们总是认为，这是马克思剩余价值论的一大优点，而将其他不作如此观的经济学视为浅薄和庸俗，甚至如马克思所说："所有经济学家都犯了一个错误：他们不是纯粹地就剩余价值本身，而是在利润和地租这些特殊形式上来考察剩余价值。"[②]然而问题在于，在资本主义社会的发展历史和现实生活中，实际存在的各种收入形式（包括劳动收入和非劳动收入在内），都是先于或独立于剩余价值论的客观存在，而不是从所谓一般的"剩余价值"中转化出来的具体形式。重复地说，资本主义社会各种收入形式都是具体的、实在的，没有具体和实在形式的劳动收入和非劳动收入是不存在的。它们的历史发展和现实存在，并不以有没有某种一般性的劳动收入论和一般性的非劳动收入论为转移，这些收入的形成和变化也不表现为某种一般理论的具体化和转化。如果以为对资本主义社会来说，一开始就存在一个剩余价值范畴，后来的各种非劳动收入都不过是它的"转化"，那么这种思路（请注意这里说的是思路而不是观点）同黑格尔认为自然界和人类社会都是从他那个神秘的"绝对观念""转化"而来又有什么区别呢？

---

① 参看晏智杰：《劳动价值学说新探》（北京大学出版社2001年版）的结论部分。

② 《马克思恩格斯全集》第33卷，人民出版社2004年版，第7页。

评析剩余价值论的主要逻辑论证

对剩余价值论本身逻辑论证的分析将会进一步说明它是一种理论假说。这些逻辑论证主要包括以下五点：第一，对所谓资本总公式矛盾的分析；第二，区分劳动和劳动力；第三，对资本主义生产过程的两分法；第四，将资本分为不变资本和可变资本；第五，将剩余价值生产方法分为绝对的和相对的两种。其中前三点是我们分析的重点。

第一，认定所谓“资本总公式的矛盾”是建立剩余价值论的起点，然而这种认定的正确性应当受到质疑，因为它是以流通领域不是价值源泉这个过时观念为前提的。

“资本总公式的矛盾”是指：资本不能从流通中产生，又不能不从流通中产生。它必须既在流通中又不在流通中产生。这是怎么回事呢？马克思论证说：(1)同商品流通公式 $W-G-W$ 相比，资本流通公式 $G-W-G'$ 不过颠倒了一下买和卖的次序，前者是先卖后买，后者是先买后卖，但这不能说明为什么会有剩余，因为无论次序先后，买和卖都不过是简单的商品交换。(2)等价交换不能说明问题，虽然从商品使用价值来说，交换前后发生了变化，满足了双方不同的需要，但就价值量来说，则其在等价交换原则下，在交换前后不会有变化。(3)不等价交换同样不能说明问题：无论是提价或降价，都不过是一些人占便宜而另一些人吃亏而已，而且卖者的所得又会成为买者的所失，不足以说明整体商品价值何以增值。(4)至于假定存在一个只买不卖的第三者阶级，让其创造有效需求，或者以某些人善于行骗为由来加以解释，就更不值一提了。

结论是：“可见，无论怎样颠来倒去，结果都是一样。如果是等价物交换，不产生剩余价值；如果是非等价物交换，也不产生剩余价值。流通或商品交换不创造价值。”[1]得出的一个相关判断是，商业资本(更不必说高利贷资本)都不是研究资本和剩余价值来源的典型对象，唯一正确的典型对象是生产资本，只是这种生产资本也不能离开流通领域，因为，“商品生产者在流通领域以外，也就是不同其他商品占有者接触，就不能使价值增值，从而使货币或商品转化为资本。因此，资本不能从流通中产生，又不

① 《马克思恩格斯全集》第44卷，人民出版社2001年版，第190页。

能不从流通中产生。它必须既在流通中产生又不在流通中产生。这样，就得到了一个双重的结果。货币转化为资本，必须根据商品交换的内在规律来加以说明，因此等价物的交换应该是起点。我们那位还只是资本家幼虫的货币占有者，必须按商品的价值购买商品，按商品的价值出卖商品，但他在过程终了时取出的价值必须大于他投入的价值。他变为蝴蝶，必须在流通领域中，又必须不在流通领域中。这就是问题的条件。这里是罗陀斯，就在这里跳跃罢！”①

必须指出，上述分析包含着一个至关重要的前提条件，即认定商品流通或交换不创造商品价值，认定只有物质资料的生产过程创造价值，价值源泉只是生产中的劳动，而且只是抽象劳动。换句话说，前提是肯定劳动价值论具有普遍适用性。然而，前已指出，这个前提条件在资本主义以前的历史时期是存在的，在资本主义条件下是不存在的，因而不能接受上述的一系列认定。事实上，商品价值不仅要受市场供给的制约，而且要受市场需求的制约；商品价值和价格的源泉不限于生产和劳动，还应包括流通和交换；服务业也创造价值，而且其比重越来越大。这些都已经是现代经济生活的公认事实，这就从根本上终结了商品流通或交换领域不创造商品价值的观念，因而资本总公式的所谓矛盾也就不复存在了。

马克思关于只有物质生产领域才创造商品价值的观念来自古典政治经济学。后者在反对重商主义时走到了另一个极端：重商主义片面强调商品流通领域（甚至只有与国家垄断相关的对外贸易）才带来利润和创造价值，古典经济学则反其道而行之，强调只有物质生产领域才创造商品价值，完全否定流通领域的创价作用，这种观点的出现有其历史必然性和进步性，但这种进步性不可能是永恒的。

诚然，高利贷资本和商业资本在历史上没有创造出新的生产方式，但它们毕竟为新生产方式的到来准备了条件。重要的是在经历了机器大工业时代和后工业化时代的今天，进入信息时代和经济全球化的条件下，即使不是无视，哪怕仅仅是轻视和低估商业贸易和服务业等流通领域的活动在创造社会财富及其价值中的巨大作用，也一定会在理论上和实践上带来极其严重的可怕后果，因此根据流通领域不创造价值的观点来断定资本总公式的“矛盾”，显然已经不合时宜。

第二，区分劳动和劳动力是经不起推敲的。

---

① 《马克思恩格斯全集》第 44 卷，人民出版社 2001 年版，第 193—194 页。

马克思论证说:(1)就交换媒介即货币来说,作为购买手段和支付手段,货币只是实现它所购买的商品的价格,显然不会使价值增值。(2)就交换或流通对象来说,增值也不会发生在资本流通总公式 $G-W-G'$ 中第二个行为即“再度出卖”($W-G'$)这个环节上,因为这里只是使商品从自然形式再转化为货币形式。(3)这种增值必定发生在第一个行为,即货币一商品($G-W$)中所购买的商品上;但不是发生在这种商品的价值上,因为相互交换的是等价物,商品是按它的价值支付的。因此,这种变化只能从这种商品的使用价值本身,即从这种商品的使用上产生。要从商品的使用上取得价值,货币所有者就必须在流通领域内即在市场上发现这样一种商品,它的使用价值本身具有成为价值源泉的特殊属性,因此它的实际使用本身就是劳动的物化,从而是价值的创造。一般的普通商品显然不具备这个特征;幸运的是,货币所有者在市场上找到了这种特殊商品,这就是劳动能力或劳动力。[①]

这就是关于劳动和劳动力的著名区分。依照这种区分,雇佣劳动者所出卖的只能是劳动力而不是劳动,因为据说只有劳动力是商品,劳动却不是。为什么一定要作此区分呢?一个考虑是回避历史上曾经出现过的“劳动的价值由劳动创造”这种同义反复说法的尴尬。但更重要的考虑是试图将资本剥削劳动建立在劳动价值规律基础之上,为进一步分析工人在生产过程中为资本家创造剩余价值提供一个必不可少的支点。这就是说,资本按照劳动力的价值支付工资,就是遵守了等价交换规律,而工人在交换之后进入生产过程时,又不能不为资本创造超过工资的价值,资本购买了劳动力的使用权,资本有这个权力,否则就会将工人解雇。

前已指出,将工资归结为必要的最低生活费用,从而认定工资在一定时期内维持不变,是英国古典经济学的一个传统观点,甚至是李嘉图经济学的一个支点。在李嘉图看来,土地所有者的收入(地租等)不断增长,而工人的收入又稳定不变,所以留给资本家的利润就越来越少了。但他没有区分劳动和劳动力,他说的是劳动的价值,而不是劳动力的价值。他也的确没有感到有区分的必要,虽然他是以劳动价值论为分析基础的,但它显然以为只要在理论上能将工人的收入归结为一定数额的生活费用,从而归结为一个大体固定的量,对于说明土地所有者是寄生虫,说明资本家是贡献最大但吃亏也最多的阶级来说,就够了。

---

① 参看:《马克思恩格斯全集》第44卷,人民出版社2001年版,第194—195页。

但这给李嘉图的劳动价值论留下了一个难题。如果说价值源泉是劳动,而劳动又被看做商品,那么劳动的价值是什么呢?按照劳动价值论,当然也应该是劳动了,于是就会出现“劳动的价值源泉是劳动”的同义反复。在19世纪初关于李嘉图劳动价值论的辩论中,这一问题是投向劳动价值论的一个不大不小的匕首。从马克思1861—1863年的手稿(其大部分内容后来被编入《剩余价值理论》,即《马克思恩格斯全集》第26卷中译本第一版)可以看出,在写作和最终完成《资本论》第1卷(1867年初版)之前,马克思对此是心中有数的。

留下的难题何止于概念和用语本身,它其实还直接关系到如何认识资本收入的性质这个敏感问题。李嘉图信奉劳动价值论,意在论证地租的寄生性,因而他只需指出产品价值决定于最劣等土地上的劳动投入,指出这个投入决定了全部农产品的价格,从而引出其他各等土地的级差地租,就够了。但这留下了另外一个问题,如果商品价值由劳动所创造,而除了地租以外,劳动者得到了他所创造的全部价值,那么利润从何而来呢?李嘉图当然没有兴趣追究这个问题,说得更准确些,他不回避利润也是劳动所创造的说法,因为他像亚当·斯密一样,承认利润是对劳动者加到产品价值上的价值中的一种扣除,但这同他说工资是劳动的价值或价格又是相抵触的,因为这种说法无异于承认工资代表了劳动所创造的全部价值。

必须从理论上进一步解决这个问题,才能确定一个原则:雇佣工人创造了商品的全部价值,但他们所获得的工资只是其中一部分;同样重要的是,必须能说明他们取得的这一部分同他们出卖的商品的价值相一致,即说明在劳动与资本的交换中也遵循着价值规律,即可达到在价值规律基础上说明剩余价值的目标。为此就需要将劳动者按照价值规律能够出卖的价值同他们实际创造的价值区别开来,而且要确保后者多于前者。这样一来,对于坚持劳动价值论和剩余价值论来说,区分劳动和劳动力就成了一个不可或缺的关键环节。

可是,如果我们了解商品价值不过是指商品满足人的需要的能力,明确商品价值的源泉是多元的,并且还要受到市场供求关系的制约,了解劳动仅仅是商品价值的源泉之一,即我们承认劳动在财富及其价值的创造中具有重要地位,也必须承认其在价值创造中的贡献只占一部分而不是全部,甚至可以承认在劳资交换的每一阶段(而不仅在购买劳动力的阶段)都可以实现等价交换即遵从价值规律,同时又不否认剥削即无偿占有别人劳动成果或社会财富的现象，那么，也就没有必要去区分劳动和劳动力，只需对实际存在的剥削现象作出符合实际的解释就可以了。

在市场经济条件下，劳动和劳动力真的有原则区别吗？它们真的一个是商品，另一个却不是吗？对这个问题不难作出回答：它们没有原则区别，至少在我们现在研究的问题上是如此。我们知道，劳动力顾名思义就是指人的劳动能力，它是进行劳动的必要条件，而劳动则是劳动力的表现。没有劳动力当然说不上进行劳动，而不进行劳动，则劳动能力也只是潜在的而不是现实的：一个是内在的基础，另一个是外在的表现，两者互为表里，如此而已。对劳资双方来说，既可以说买卖的是劳动力，也可以说是劳动。说买卖的对象只能是劳动力而不是劳动，显然是武断的。

过去对此另有一番解释，说资本主义条件下的雇佣劳动者虽然没有生产资料，但是他们的人身是自由的，因而可以多次出卖，如果说他们出卖的是劳动，就会意味着他们将自己一次卖出去了。还认为出卖劳动的说法只对前资本主义有效，因为奴隶没有人身自由，不能多次出卖。然而，这些分析并不能说明为什么雇佣工人出卖的只能是劳动力而不是劳动。工人的人身是自由的，但这并不排斥他可以多次出卖自己的劳动，出卖了劳动也并不意味着他就失去了人身自由，出卖劳动和保持人身自由之间不是不能相容的，这就是我们看到的客观事实。可见硬要在劳动和劳动力之间作出区分，不过是为了论证既定政治结论所作的又一假说。

第三，资本主义商品生产过程和价值增值过程其实是不可分割的"一个"过程，而不是可以分割的"两个"过程，至于商品体的生产和商品价值的形成和增值，只是这"一个"过程的不同存在和表现形成而已。

在剩余价值源泉问题上，通过分析资本总公式的矛盾，马克思排除了流通，确认只有生产过程才是剩余价值源泉；通过区分劳动和劳动力，既排除了劳动作为商品的可能性，说工人出卖的是劳动力，又排除了劳动力创造价值和剩余价值的可能性，说创造价值和剩余价值的是劳动本身，而且是抽象劳动这一属性。剩下的问题是：劳动在生产过程中是怎样创造剩余价值的呢？难道劳动可以单枪匹马地创造价值和剩余价值吗？显然不可能，它必须与土地、资本和其他生产资料相结合，那又怎样将其他非劳动要素从价值和剩余价值创造者的行列中排除出去，从而确立劳动是剩余价值的唯一源泉的地位呢？光靠劳动价值论是不够的，因为那是从商品交换过程抽象出来的规律，现在则要将劳动价值规律与生产过程结合起来，说明价值和剩余是如何从生产过程产生出来的。

马克思认为奥秘在于资本主义生产过程具有截然不同的两重性，或者说它是两个可以分割的过程。一个是劳动过程，在这个过程中生产使用价值，其生产要素或创造源泉是生产资料和劳动力，二者缺一不可。另一个则是价值形成和增值（即产生剩余价值）过程，而价值和剩余价值的源泉只是劳动，而且是抽象劳动，生产资料在这里只是劳动的吸收器。这就是马克思对资本主义生产过程的两分法。

马克思的逻辑是，资本主义生产过程的本质是价值增值，而不是使用价值生产。作为价值增值过程，劳动者必须在补偿工资的必要劳动时间以外，继续为资本家进行剩余劳动，从而创造剩余价值。这就是产生剩余价值的全部奥秘。可以看出，认为资本主义生产过程本质上是价值增值过程，而且这种过程还同劳动过程可以截然分割开来，是全部分析的关键。

然而，质疑也因此而来。资本主义生产当然是一个价值增值过程，如同它必然还是一个实物产量增加过程一样，这是没有疑问的。但是，将这个价值增值过程与生产商品和提供服务的劳动过程区隔为性质不同的"两个过程"，显然是不合理的。即使断定它是这两个过程的结合与统一，也仍然意味着将它看做两个过程而不是一个过程，因而也是不合理的。首先，不存在商品的所谓二重性，存在的不过是具有同一属性的商品所具有的两种不同用途或表现形式；其次，劳动二重学说有重大缺陷，抽象劳动是一个不合理的抽象。因此，生产商品的过程不会是"两个"可以截然分开的不同过程，也不会是两个过程的统一，而是"一个"过程，是一个过程的不同存在和表现形式，一个是实物（含服务）形式，另一个是价值或价格形式。既然如此，无论是哪种形式，其创造源泉总是一致的，都是劳动和自然资源、资本、科学技术和经营管理等要素相互结合的结果，绝没有所谓实物形式的源泉是多元要素，而价值形式的源泉却只有劳动的逻辑。

重复地说，对生产过程可以从物质的和非物质的不同角度加以考察，但这并不意味着这个生产过程本身就具有两种不同性质，事实上其性质都是一样的，不会因考察角度的不同而发生变化，所以劳动过程和价值增值过程所涉及的创造源泉就不会截然不同，不会一个是劳动和其他生产资料，而另一个却只是劳动。假定一个企业一年生产了100万吨铁，又假定其市场价格是100万元，谁能说这100万吨铁是劳动和其他生产要素相结合的产物，而它的价值和价格100万元却只是由劳动决定的呢？如果一定要在这两种形式的决定要素之间找出区别的话，倒是应该说，作为价值和价格的这100万元，不仅要受生产这些铁时所耗费的劳动和生产资料的制约，而且还要受市场需求的制约，换句话说，决定产品价值和价格的要素比决定其产品本身的要素不是更少而是更多。

第四，马克思关于将资本在概念上分为不变和可变两部分，将剩余价值生产在概念上区分为绝对和相对两种，进一步深化了前已奠定的对资本主义生产方式剥削本质的分析。然而这些区分不过是先前已经确立的各项“上游”原理特别是劳动价值论的延伸，是将先前在商品二重性学说、劳动二重性学说和劳动力商品学说中建立的原理，引申到分析资本主义生产过程的结果。依照资本是被用于购买生产资料还是购买劳动力，确定它们在价值增值中发挥的不同作用，从而区分出不变资本和可变资本。依据增加剩余劳动时间的途径的不同，区分绝对剩余价值和相对剩余价值的生产：一个是靠将劳动时间延长到必要劳动时间以上，另一个是由于技术进步等原因所导致的必要劳动时间的缩短。当我们对其“上游”原理已经有所了解和辨析之后，对这些“下游”原理就没有必要详加剖析了。

总起来说，劳动价值论的局限性和缺陷是剩余价值论不可能成真的根源，而剩余价值论的各个主要逻辑论证步骤本身的历史局限性和认识的缺陷，则进一步强化了它只能是一种不可能被实践证实的理论假说的命运，这就是我们的结论。

附录一：对“恩格斯价值论断”的几点思考

怎样看待恩格斯1844年在《政治经济学批判大纲》中提出的著名论断：“价值是生产费用对效用的关系”？人们的看法是不一致的。若以社会实践为准绳，尤其以市场经济生活实际为标准，本不难作出应有的肯定判断和回答，更何况该论断的提出者是恩格斯。但由于该论断显然不属于马克思劳动价值论的范畴，且《政治经济学批判大纲》又被《马克思恩格斯全集》的苏联编者解读为恩格斯当时“还没有完全摆脱伦理的‘哲学的’共产主义的影响”的未成熟作品，所以恩格斯的上述价值论断一直为我国正统经济理论界所摒弃，对《政治经济学批判大纲》的评价则一直以马克思所谓“批判经济学范畴的天才大纲”[①]为限。近日有学者一反传统观点，根据相关资料对恩格斯的价值论断作了肯定的评价，并指出它与马克思的劳动价值论是“完全相通的”[②]，令人耳目一新，颇受启发，同时又觉得关于“恩格斯的价值论断”还有些问题需要探讨，遂草成此文参与讨论，同时也作为对拙著《劳动价值学说新探》和《经济价值论再研究》中关于商品价值定义论述的一个补充。

一

如果秉持劳动价值论的理论立场，那么判定恩格斯的价值论断与之不相容是必然的。按照通常的理解，生产费用应包含生产过程中所消耗的各种生产要素，劳动只是其中之一，而不是全部，更不是唯一，尽管劳动（和土地一样）都是原始的和基本的要素。如果承认生产费用是价值决定的力量（即使只是其中之一），那么劳动价值论所强调的劳动是价值唯一源泉和决定因素的观点岂不是要被否定？至于效用，即使撇开容易引起争议的所谓主观效用不谈，依照劳动价值论，也不能承认客观效用是价值源泉之一，否则又怎能与“庸俗的”效用价值论划清界限？马克思有句名言：“作为使用价值，商品首先有质的差别；作为交换价值，商品只能有量的差别，也不包含任何一个使用价值的原子。”[③]效用与使用价值通常是同义的。

不仅如此，我们甚至还可以补充指出，认为应该摒弃恩格斯上述价值论断可能还有更进一步的理由。恩格斯在提出上述价值论断时还提出了直接否定“抽象价值”或“实际价值”的观点，更确切地说，恩格斯的价值论断是以否定“抽象价值”的现实性为基础的。所谓“抽象价值”或“实际价值”是指抽象掉市场竞争条件的所谓价值，与之相对照的是商品的市场交换价值或价格。恩格斯指出，“最新的经济学家”都在追寻这种抽象的、据说是在市场价格背后起作用的价值，岂不知这种价值概念完全是一种虚幻的概念。他分析说，李嘉图等人将价值归结为生产费用（这对李嘉图来

---

① 马克思：《政治经济学批判·第一分册》（1859），《马克思恩格斯全集》第 31 卷，人民出版社 1998 年版，第 413 页。

② 冒天启：《对恩格斯晚年社会发展思想的再思考》，《开达经济学家论坛·文稿》，2007 年第 2 期，又见《社会科学报》（上海），2007 年 4 月 19 日。

③ 《马克思恩格斯全集》第 44 卷，人民出版社 2001 年版，第 50 页。

说并不准确，李嘉图是劳动价值论者，至少是93%的劳动价值论者），而萨伊则将价值归结为效用（效用价值论也只是萨伊价值论的观点之一），看起来甚为对立，其实他们有一个共同点，就是在讨论商品价值时都撇开了市场竞争这个条件。在恩格斯看来，撇开竞争就无法理解和确定生产费用，也无法理解和确定效用，从而使其价值概念只能成为一种抽象的、不切实际的观点。这就是说，只有竞争条件下的价值即交换价值或市场价格才是价值论所应研究的对象，也只有商品交换价值或价格才有实际的意义。基于这种认识，恩格斯说："抽象价值以及抽象价值是由生产费用来决定的说法，都只不过是一些抽象的不实际的东西"；同样，"如果我们研究一下萨伊的（效用价值）学说，那我们也会发现同样抽象的东西"。"抽象价值"或"实际价值"是英法古典经济学的基础性概念，那是马克思后来提出的作为独立范畴的商品价值范畴的先声，两者尽管有种种差别，但在认定商品交换价值和市场价格背后存在一种支配它们的力量，并以追寻这种抽象价值为价值论主要宗旨方面是完全一致的。因而不难理解，恩格斯对古典经济学的"抽象价值"或"实际价值"的否定，同马克思后来创立的劳动价值论是大异其趣的。

在恩格斯看来，克服上述抽象价值观的正确办法，就是实际考察在现的市场竞争条件下，商品交换价值或价格的决定因素，从研究抽象价值转到研究实际的、具体的交换价值或价格。一旦这样提出问题，答案可想而知。要避免抽象掉竞争所带来的理论上的片面性，唯一正确的办法就是将竞争考虑在内。上面说过，恩格斯认为离开竞争谈论生产费用是空论，因为如果没有竞争，在私有制条件下就没有计较生产费用的必要；同样，"在私有制统治下，竞争是唯一能比较客观地、似乎一般能决定物品效用大小的办法"，于是恩格斯合乎逻辑地提出了他的新论断："价值是生产费用对效用的关系。"

"物品的价值包含两个因素，争论的双方都要强行把这两个因素分开，但正如我们所看到的，这是徒劳的。价值是生产费用对效用的关系。价值首先是用来决定某种物品是否应该生产，即这种物品的效用是否能抵偿生产费用。然后才谈得上运用价值来进行交换。如果两种物品的生产费用相等，那么效用就是确定它们的比较价值的决定性因素。"

"这个基础是交换的唯一正确的基础……不消灭私有制，就不可能消灭物品本身所固有的实际效用和这种效用的规定之间的对立，以及效用的规定和交换者的自由之间的对立；而私有制一旦被消灭，就无须再谈现在这样的交换了。到那个时候,价值概念的实际运用就会越来越限于决定生产,而这也是它真正的活动范围。”①

上述分析说明,有理由认为恩格斯的价值论断与劳动价值论是不相容的。重复地说,恩格斯指出生产费用价值论或效用价值论虽然有别,但它们都认为商品交换价值和市场价格不过是“现象”,而价值才是“本质”。恩格斯则认为,不存在这种所谓抽象价值或实际价值,存在的只是交换价值或价格;而要确定生产费用或价格,就不能不考虑市场竞争,抽象掉市场竞争谈价值是没有意义的。恩格斯还认为,交换价值或价格的决定因素,既不单是生产费用,也不单是效用,而是两者的综合。

然而,在另一种意义上又不能说恩格斯的价值论断与劳动价值论不相容。因为恩格斯这里所说的“价值”其实不是他评论的那些“最新经济学家”所说的价值,也不是马克思后来创立劳动价值论时所抽象出来的那个价值范畴,我们刚刚指出,恩格斯否认这种抽象价值或实际价值概念的现实性,不赞同在交换价值或价格背后去寻找支配它们的价值的做法。因此,恩格斯关于“价值是生产费用和效用的关系”的论断实际上所针对的是商品交换价值或价格;或者说,在恩格斯看来,没有所谓价值,只有交换价值或价格。

可是,如上所述,恩格斯在阐述他的观点时使用的术语分明是“价值”,说的是物品价值所包含的因素以及价值的定义,而不是交换价值或价格。他开始提出问题时所用的术语也不是交换价值或价格,而是“实际价值”,“关于实际价值的本质,英国人和法国人萨伊进行了长期的争论。前者认为生产费用是实际价值的表现,后者则说什么实际价值要按物品的效用来测定。这个争论从本世记初开始,后来停息了,没有得到解决。这些经济学家是什么问题也解决不了的”②。但他实际上认同的又是交换价值或价格,他的价值定义其实是对交换价值或价格的定义和决定因素的说明。在评论恩格斯的价值论断与劳动价值论和效用价值论的关系时,需要分清他的用语的交叉,分清各种概念的真实含义,否则就会导致新的混乱。尽管有这些用语交叉和混乱的情况,恩格斯的价值论断还是明确的,他既反对生产费用价值论,又反对效用价值论,他主张的是生产费用和效用共同决定交换价值论。

---

① 《马克思恩格斯全集》第3卷,人民出版社2002年版,第451—452页。
② 同上书,第449—450页。

二

既然否认“实际价值”的存在，恩格斯的观点就必然同其他任何试图探讨“实际价值”或“价值”的理论格格不入，其中包括劳动价值论，但不限于劳动价值论。在这一点上它不可能与生产费用论和效用论相通，也不能与劳动价值论相通。

那又该如何理解马克思对恩格斯上述价值论断的赞赏呢？1868 年 1 月 8 日马克思致信恩格斯：“至于说到杜林先生对价值规定所提出的温和的反对意见，那么，他在第 2 卷将会惊奇地看到：‘直接的’价值规定在资产阶级社会中的作用是多么小，实际上，没有一种社会形态能够阻止社会所支配的劳动时间以这种或那种方式调整生产。但是，只要这种调整不是通过社会对自己的劳动时间所进行的直接的自觉的控制——这只有在公有制下才有可能——来实现，而是通过商品价格的变动来实现，那么事情就始终像你在《德法年鉴》中已经十分正确地说过的那样。”[①]原来，马克思赞赏的不是恩格斯对“实际价值”的否认，而是恩格斯对市场交换价值和价格决定法则的说明。

事实上，马克思从来没有接受更不会赞赏恩格斯否认“实际价值”的观点，倒是恩格斯后来完全接受了马克思的劳动价值论。恩格斯价值观发生根本转变始于何时尚不得而知，但从他为刚刚问世的《资本论》第一卷撰写的《〈资本论〉第一卷提纲》和多篇书评可以得到确切的印证[②]；1876—1878 年他撰写的《反杜林论》，1885 年为《资本论》第二卷、1894 年为《资本论》第三卷撰写的各篇序言，还有其他重要著作，都是捍卫和发展劳动价值论的杰作。接受和赞赏劳动价值论，也就意味着抛弃了否认“实际价值”和“抽象价值”的观点。

尽管如此，对劳动价值论的适用范围，至少是直接的适用范围，恩格斯有更明确的论述。他强调说，劳动价值规律只适用于能够谈得上价值的那个社会经济发展阶段，即存在商品交换，相应地也存在商品生产的那些社会形态。原始共产主义不知道什么是价值……恩格斯又说：“在交换之初，当生产物逐渐变为商品的时候，交换大致是按照它们的价值进行

① 《马克思恩格斯〈资本论〉书信集》，人民出版社 1975 年版，第 250 页。

② 参看：恩格斯《〈资本论〉第一卷提纲》，人民出版社 1957 年版。

的。在数量上比较两个物品的价值的唯一标准，是花费在它们上面的劳动。因此，那时价值曾经有其直接的、现实的存在。”可是，恩格斯接着说：“在交换中，价值的这种直接存在就停止了，现在就不再有它了。”[①]至于发达的商品生产和交换阶段的规律，恩格斯是相信马克思的生产价格论，即价值转型论的；可是他也像马克思一样，只满足于重申马克思提出的两个等式（总生产价格等于总价值，总利润等于总剩余价值），却没有在理论上论证这“两个等式”必然相等。[②]

每每读到马克思和恩格斯的这些文字，都不免为马克思的经济学体系的真实性感到担忧。既然作为理论基础的劳动价值论“在资产阶级社会的作用是多么小”（马克思语），甚至“不再有它了”（恩格斯语），那么在这种价值论基础上建立的以剩余价值论为核心的整个体系还能是可靠的吗？遇到这种情形，总有人以劳动价值论不过是为揭示资本剥削性质所使用的一种分析工具和方法作答。这是什么意思呢？难道只要能说明资本的剥削性质，就可以不问分析工具和方法的科学性吗？更何况劳动价值论在古典经济学和马克思经济学中绝不以分析工具和方法为限，它是整个理论体系的理论基础。还有人以马克思的分析是从抽象到具体作为解释，言外之意是说马克思的分析并没有停留在最初的价值规定上。可是，谁也没能向我们证明，马克思在什么地方改变了劳动价值论这个根本原理。《资本论》从头至尾皆以劳动价值论为基础，这是一个无可否认的事实，而且一向被认为是马克思经济学体系的一大优势。即使进入分析资本主义生产总过程的《资本论》第三卷，马克思将其价值论推进到生产价格论，还坚持说这不是对劳动价值的否定，因为生产价格只是劳动价值规律作用形式的变化。简单地说，《资本论》其他部分的理论在不断具体化，唯独劳动价值论的规定始终如一，没有上升，也不能上升，如果“上升”到将非劳动因素也纳入价值创造源泉之列，何来剩余价值？何来资本的循环和周转？又何来各种非劳动阶级对剩余价值的瓜分？

剩下的一个问题是，如何理解恩格斯在去世前不久对他自己的价值论断的重申。“在决定生产的问题时，上述的对效用和劳动花费的衡量，正是政治经济学的价值概念在共产主义社会中所能余留的全部东西，这一点我在 1844 年已经说过了（《德法年鉴》第 95 页）。但是，可以看到，这

---

① 《马克思恩格斯〈资本论〉书信集》，人民出版社 1975 年版，第 575 页。

② 晏智杰：“恩格斯与价值转形理论”，《经济价值论再研究》，北京大学出版社 2005 年版。

一见解的科学论证，只是由于马克思的《资本论》才成为可能。”[①]我以为恩格斯的这种说法是合乎逻辑和前后一致的，因为按照马克思主义创始人的设想，在未来共产主义社会，商品交换已经消亡，当初用来解释交换基础的价值法则也就失去了在交换中发挥作用的余地和舞台，但物质资料的生产还要存在，因而必然还要比较生产费用和效用。恩格斯的论断还显示出一种观念，作为费用与效用关系的价值范畴是一种永恒的范畴，只是它的存在和表现形式在私有制商品社会和公有制产品社会有所不同罢了。但是，恩格斯在这里没有提及他当初否认“实际价值”或“抽象价值”的观点，而依据他现在对未来共产主义社会价值概念的解释，这种价值恰恰就应该是他当初所说的实际价值或抽象价值。

三

弄清楚恩格斯的价值论断与马克思的劳动价值论的关系是必要的，但无论这种关系属于何种情形，均不足以说明和决定这种论断是否正确：它是否正确的最根本的判断标准依然是实践，是市场经济生活本身的规律性。如果这样出问题和分析问题，我以为答案应当是明确的：恩格斯的价值论断是符合市场经济规律的科学理论。

首先，恩格斯当时认为脱离竞争的“抽象价值”或“实际价值”是一种空洞的不切实际的抽象，这种判断是对的。诚如恩格斯所说，既然分析的对象是商品交换的基础，那就不能撇开竞争这个市场经济的固有条件和根本特征，否则就不能抓住交换的基础即价值规律。当然，人类最初的直接的物物交换是个例外，那里出现的是供给和需求的直接相等，竞争尚未出现，但那只是商品生产和交换的开端。研究这种开端条件所包含的交换规律是必要的，但是正因为条件极其有限，极其原始，从中得出的规律当然也就不会具有普适性。事实上，我们从马克思和恩格斯的相关通信中可以了解到，他们对此都有明确的说明。[②] 我们知道，马克思后来创立的价值向生产价格转化的理论，意图之一就是证明在竞争导致一般利润率的条件下，商品交换法则仍然还是劳动价值原理，只不过它不再作用于每个具体部门，更不消说单个商品的交换，而是适用于整个商品交换。马

① 《马克思恩格斯全集》第20卷，第一版，1971年版，第335页注①。

② 《马克思恩格斯〈资本论〉书信集》，人民出版社1975年版，第250、575页。

克思就此提出了著名的两个等式的论断:总利润等于总剩余价值,总生产价格等于总价值。可是,我们指出过,马克思和恩格斯都没有对此论断提出过论证,至今还是一个争论不休的课题。①

其次,恩格斯认为(交换)价值是生产费用对效用的关系,这也是一个科学的论断。这个定义如实反映了构成市场经济活动的两个基本领域的核心因素,即商品的供给和需求。生产费用是商品供给价格的决定因素,而效用是需求价格的决定因素。因此,恩格斯的价值论断与市场供求价值论是相通的。事实一再证明,商品价值及其表现形式(价格)总是市场经济这两个方面相互比较和竞争的结果,没有只由其中一种因素决定的情形,区别仅在于供给和需求作用的大小及其结果会因市场经济的各种条件(时间、地点、环境、产品和部门的性质等)的差别而呈现出不同的特点。19 世纪中叶以后西方经济学的发展,从古典经济学到新古典经济学,再到"凯恩斯革命"及其后来的现代经济学,在对商品交换规律的认识上,都没有离开分析市场供给和需求这两大领域及其相互作用,或者也可以说是对市场供求两个方面分析的深入和拓展。从这个意义上,可以说恩格斯的价值论断预示了现代经济学价值分析的发展方向。前已指出,马克思的生产价格论是将竞争引进分析的结果,从而引进了需求。可是,此前的分析(剩余价值的生产以及资本循环和周转)则始终以价值和价格仅以生产领域中的劳动(而且是抽象劳动)是唯一决定源泉为假定。即使在生产价格论中引进了需求,马克思也没有放弃劳动价值原理。也就是说,与恩格斯的价值论断不同,马克思的劳动价值论始终不承认生产供给中的非劳动要素以及需求中的各种要素也是价值和价格决定因素的观点,因而必然与市场经济实践相抵触。对此我们已经作了详细分析和论证,不必赘述。②

再次,在恩格斯看来,生产费用对效用的关系是一个永恒的关系,不仅存在于资本主义商品生产社会,而且在未来共产主义社会也有它存在的余地。区别仅在于它在资本主义条件下表现为交换价值和价格,到了没有商品生产和商品交换的共产主义社会,商品生产和商品被产品生产和交换代替,生产费用对效用的关系就只剩下在生产领域发挥作用了。

---

① 参见晏智杰:《劳动价值学说新探》,北京大学出版社 2001 年版;《经济价值论再研究》,北京大学出版社 2005 年版。

② 同上。

所以恩格斯说，在未来社会中，“价值这个概念实际上就会愈来愈只用于解决生产的问题，而这也是它真正的活动范围”。总之，恩格斯的观点是，商品生产和交换是历史的，从而是“暂时的”，而生产费用对效用的关系却是一般的和永恒的。我们现在还处在社会主义初级阶段，发展和完善社会主义市场经济体制是必然的历史选择，不用说，处理好商品生产和商品交换条件下的生产费用对效用的关系，对我们来说还是一个尚待努力实现的历史课题。在这种情况下，重温恩格斯的价值论断无疑具有极大的现实意义。

附录二：对财富与价值二分法的解析[①]

在我国经济理论界流行多年的财富与价值二分论，事实上又成为一些学者最近讨论深化认识劳动和劳动价值论的出发点。我认为这个出发点的正确性应当受到质疑，而且经济学史也证明了这种二分法只是古典经济学的一种阶段性认识思路和成果，并不具有永恒的、普遍的真理性，应当根据经济生活的实际，重新认定财富的不同形式的性质和创造源泉的一致性。为此，有必要对这种广为人知的“二分法”作一解析。

一种值得注意的思路和观点及其两种形式

这种颇为流行的思路和观点主要有两种表现形式：一种形式是认为应将经济学价值论搞成一种扩大的一元劳动价值论，将科学技术工作者的劳动和经营管理工作者的劳动纳入创造商品价值的源泉之内，以便“坚持和发展”劳动价值论，同时又在这种价值论之外再提出一种多元要素社会财富论，将土地和资本等非劳动要素纳入社会财富的创造源泉之内，以便适应社会经济发展的需要，持该论者以为如此一来便可收两全其美之效。另一种形式是主张在研究生产关系时采取劳动价值论（如果需要的话，可以对它加以“扩大和深化”），而在论及发展生产力问题时，则需要采用马克思早已提出但据说被人们长期忽视的使用价值论或财富论，持该论者同样认为这样一来既可坚持他们所说的劳动价值论，又可满足现实

① 本文曾以同一标题发表于《经济评论》2007年第3期，收入本书时作了少许文字修改。

生活的某种需要。[①]

前一种思路和观点强调一元经济价值论和多元财富论的同时并存和应用,后一种思路和观点则主张将劳动价值论和多元财富论分别应用于不同的领域或课题,这是前后两种思路和观点的不同之处。然而在将劳动价值论与社会财富论加以分割,从而将劳动价值论搞成一种看似具有普适性的独立于社会财富论的基本理论,这两种思路和观点并无二致。

不必质疑提出上述两论者的主观动机。在主观上企图坚持劳动价值论,同时又想适应现实生活需要,这没有什么不好,也不必深究他们提出这样的两论是否有不得已之处。如果不是感到仅靠"扩大或深化"劳动价值论并不能完全满足实际生活的需要,有些学者想必是不会想起长期被冷落的使用价值论或财富论的。专注于经济学的价值论而不是使用价值论,专注于劳动价值论而批判其他一切价值论,这是我国经济理论界长期以来根深蒂固的老传统了,也是提出以上思路和观点者中一些人多年的观点和做法,现在他们中间终于有人觉得需要有所改变,尽管可能是不得已的,却毕竟表示了他们对传统认识的某种松动,总是值得欢迎和肯定的。但是,我们又不能不说,这种极其有限的松动是完全站不住脚和不可取的。

我们已经指出过,对价值论与财富论的人为切割,只能使其价值论变成一种与发展社会生产力不相干的空论,同时又使其财富论变成一种因无价值论基础从而无法衡量和比较的实物论,这究竟是经济理论的进步还是退步呢?答案不言自明。一方面承认构成社会财富的物质内容的使用价值的创造源泉不仅来自人类劳动,还有来自非劳动的其他要素,诸如土地为代表的自然资源、资本、科学技术和经营管理等,另一方面却认为同一财富的交换价值或价值的源泉只有劳动,没有任何其他非劳动要素,而且只是所谓的人类的抽象劳动,这不是对同样一个对象的不同解释吗?这就好比说,一方面承认以工农业产品等实物形式表示的 GDP 的创造源泉不仅有劳动,还有土地和资本等其他条件,从而是多元的,另一方面却认为以价值或价格形式表现的 GDP 的创造源泉只有劳动,而且是抽象劳动。这同客观事实能够对得上号吗?这样的价值论能有说服力吗?劳动价值论所体现的那种唯有劳动才是价值源泉的精神,与劳动在多元财富

---

① 例如,程恩富和卫兴华教授就可分别作为前后两种看法的代表者,请参看他们的相关文章。

论中的非唯一创造源泉的地位不是相互抵触的吗？

那么，凭什么一定要将商品的交换价值同使用价值截然分割开来？这就不能不说到著名的商品二重性学说了。就是这个耳熟能详的经济学常识性学说，看起来正是我们一些学者“深化认识劳动和劳动价值论”的基础和出发点。为了说明上述“深化”思路是否妥当，需要对这个基础和出发点作必要的考察。区分商品使用价值和交换价值并不始自古典经济学，但只有在古典经济学家手里这种区分才构成整个经济学说的一个基本前提和出发点，而马克思经济学则将这种区分发展到顶点，让我们对他们的观点依次加以考察。

亚当·斯密和李嘉图：区分使用价值和交换价值的真实含义

认为商品既可满足自己的需要，又可通过出售以换回自己需要的物品，这种思想早在古代希腊思想家亚里士多德的著作中已见端倪，但真正提出商品使用价值和交换价值这两个概念，并从这种区分引申出在性质和数量上互不相同的商品价值和财富及价格，则始于英国古典政治经济学的伟大代表者亚当·斯密；到了“英国古典政治经济学的完成者”（马克思语）李嘉图手里，上述两个概念和两种理论的区分得到了进一步的强化和系统化；马克思则最终完成和固化了这种区分，将使用价值和交换价值的区分发展为“商品二重性”，并沿着商品交换价值和价值的线索，建立了劳动价值论和剩余价值论。

亚当·斯密的《国富论》在研究了分工和货币之后，紧接着就提出了研究商品交换法则的课题。他说：“我现在要讨论人们在以货币交换货物或以货物交换货币时所遵循的法则，这些法则决定所谓商品相对价值或交换价值。”[①]

提出研究商品交换价值的决定法则这个课题，并非斯密首创，但斯密不同于前辈之处在于，他是在研究了发展生产增加国富的主要途径（增进分工与扩大交换）之后提出这个问题的，他的着眼点在于揭示支配分工和交换的法则，这显然超越了重商主义局限于流通领域的眼光，而且体现了

① 亚当·斯密：《国民财富的性质和原因的研究》上卷，商务印书馆1972年版，第25页。

以分工为特点的工场手工业时期的时代特点。

在提出上述研究任务之后，亚当·斯密接着就提出了必须区分使用价值和交换价值这两个概念的问题，从而明确说明了这种区分是他研究分工和交换法则的出发点。亚当·斯密是这样区分使用价值和交换价值的，他说："应当注意，价值一词有两个不同的意义。它有时表示特定物品的效用，有时又表示由于占有某物而取得的对他种货物的购买力。前者可叫做使用价值，后者可叫做交换价值。使用价值很大的东西，往往具有极小的交换价值，甚或没有；反之，交换价值很大的东西，往往具有很小的使用价值，甚或没有。例如，水的用途最大，但我们不能以水购买任何物品，也不会拿任何物品与水交换。反之，金钢钻虽几乎没有使用价值可言，但须有大量其他货物才能与之交换。"①这就是著名的"水和钻石的价值反论"。

不难看出，斯密的上述区分是基于物品满足所有者需要的不同方式或方法而提出的，一种是可以直接满足所有者的需要，他称为"特定物品的效用"；另一种是通过交换来间接满足所有者的需要，他称为"由于占有某物而取得的对他种货物的购买力"。其实，后者也是一种"效用"，只是这种效用与第一种"效用"在满足所有者需要的方式方法上有所不同罢了，一个是直接满足，另一个是间接满足，如此而已。

然而这种区分却为斯密在进一步的研究中，将决定交换价值的法则与决定效用或财富的法则分割开来创造了理论前提。事实上，他接下来对交换价值法则的论述就是在完全抛开财富或效用决定法则的情况下，将交换价值作为一个独立存在或发生作用的现象加以论述的。这一点既体现在他对"原始野蛮社会"交换价值法则的分析中，也体现在他对现代社会交换价值法则的分析中。

李嘉图经济学从直接引述亚当·斯密关于使用价值和交换价值的区分开始，然后直接从中得出结论说："效用对于交换价值说来虽是绝对不可缺少的，但却不能成为交换价值的尺度。"当然，他也指出："一种商品如果全然没有用处，或者说，如果无论从哪一方面说都无益于我们欲望的满足，那就无论怎样稀少，也无论获得时需要费多少劳动，总不会具有交换价值。"②这就是说，斯密的论述虽然有些过头，但效用毕竟不是交换价值

① 亚当·斯密：《国民财富的性质和原因的研究》上卷，商务印书馆1972年版，第25页。

② 李嘉图：《政治经济学及赋税原理》，商务印书馆1972年版，第7页。

的尺度。

李嘉图从使用价值和交换价值两个概念的区分直接引申出排除效用价值论的观点，这超越了亚当·斯密所谓"价值反论"的本意，但为他进而得出劳动价值论准备了条件。他现在可以轻而易举地指出："具有效用的商品，其交换价值是从两个源泉得来的，一个是它的稀少性，另一个是获取时所必需的劳动量。"

"有些商品的价值，单只由它们的稀少性决定。劳动不能增加它们的数量，所以它们的价值不能由于供给增加而减低……但是，这类商品在市场日常交换的商品中只占极小一部分。人类所欲求的物品中，绝大部分是由劳动获得的。"①

从李嘉图的劳动价值论的思路和逻辑可以看出，他对商品使用价值和交换价值这两个概念的区分和理解，明显超出了亚当·斯密的原意。在斯密看来，如上所说，两者的区分不过是指使用商品的两种不同的方式，但在李嘉图的分析中，这种区分包含着更多的东西：第一，从中可以直接引申出排除交换价值来自效用的结论；第二，从这种结论又可以反证"价值与财富在本质上是不同的东西，因为价值不取决于数量多寡，而取决于生产的困难或便利"②。可见，区分商品价值和交换价值对李嘉图的学说具有关键性作用，使他一开始便摆脱了生产商品的使用价值所需要的其他各种条件，而只专注于劳动这一个条件。

可以毫不夸张地说，没有这种区分和对区分的上述理解，便不会有李嘉图后来的经济分析，然而我们的分析已经证明将商品价值和交换价值作此区分是不妥的。

马克思：从"两个因素"到"二重的东西"

马克思步李嘉图的后尘，也将分析商品并区分其使用价值和交换价值作为整个经济分析的起点，但他绝不是单纯地接受和继承李嘉图和斯密的分析，而是将斯密对使用价值和交换价值的区分，以及李嘉图对这种区分的分析，推进和提高到商品具有两种不同属性的高度。

---

① 同上书，第 7—8 页。
② 同上书，第 232 页。

然而,马克思一开始的提法不是商品二重性,而是商品的"两个因素"。这种提法直接标示在《资本论》第一卷第一篇第一章第一节的标题"商品的两个因素:使用价值和价值(价值实体和价值量)"上。同斯密区分使用价值和交换价值这两个概念的原意相比,马克思的两个因素提法的含义已经有了距离,因为在斯密那里,如前所说,这种区分只是意味着商品满足需要的方法有所不同,并不意味着它们是构成商品的不同因素。在李嘉图那里,虽然已经不限于理解为满足需要的方法的不同,但也没有发展到两个因素之说。

然而,马克思在对"两个因素"的分析中,"因素"的提法不知不觉地逐渐被"属性"的提法取代。他认定使用价值是指"物的有用性"、"商品体本身","商品体的这种性质,同人取得它的使用属性所耗费的劳动的多少没有关系","使用价值只是在使用或消费中得到实现","不论财富的社会形式如何,使用价值总是构成财富的物质的内容。在我们所要考察的社会形式中,使用价值同时又是交换价值的物质承担者"。[①]

那么,商品交换价值是商品的什么属性呢?除了指出"交换价值首先表现为一种使用价值和另一种使用价值相交换的量的关系或比例,这个比例随着时间和地点的不同而不断改变"之外,马克思没有像分析使用价值那样直接回答这个问题,而是转向回答另一个问题:交换价值由什么决定?经过一系列的抽象分析以后,交换价值最终被归结为"无差别的人类劳动的单纯凝结",即社会实体的结晶。于是,马克思在接下来的第二节就直截了当地将"两个因素"等同于"两种属性":"起初我们看到,商品是一种二重的东西,即使用价值和交换价值",这便是对商品二重性学说的正式表述。

从"两个因素"到"两种属性",表面上看,不过是名词的转换,并不意味着内涵的变化,也就是说"二因素"也就是"二重不同的东西"或"二重性"。然而,无论从语意还是从马克思实际所指来说,这种转换都不仅是名词术语的变化,而且是内涵的原则性变化。

就词义来说,"因素"与"属性"在英、德、俄等语言中均是不同的词,表示着不同的含义,这自不待言。就概念内涵来说,在马克思的分析中使用价值和交换价值(价值)也的确不再是指亚里士多德和斯密等人所说的商品满足需要的不同方式,而是指不同属性的东西,一种是具体的物质的属

① 晏智杰:《马克思恩格斯全集》第44卷,人民出版社2001年版,第49页。

性,一种是抽象的社会的属性。

这样一来,使用价值和交换价值(价值),原先只被视为满足需要的两种不同方式,现在被解释成商品的两种不同的属性。如果只是前者,那么其创造源泉和运动法则不应该有什么本质区别,如果是后者,也就是说它们既然是两种不同性质的属性,那么,它们的创造源泉和运动法则就会迥然不同了。加上马克思认为资本主义生产方式的本质不是财富的增加,而是价值的增值,所以他的整个经济分析便以分析商品价值和剩余价值为主线,使用价值在担负了一下"价值的物质承担者"的角色之后,便从马克思的分析中悄然引退,一直到有助于说明价值和剩余价值的增值时才再次出场,这就将使用价值和交换价值的分割在经济分析中贯彻到底了。

劳动二重性论不适当地强化了"两个概念"的区别

马克思没有说明从"两个因素"转变为"两种属性"的理由,但却以对交换价值源泉的解释强化了对使用价值和交换价值两概念的区别。如果使用价值和交换价值的创造源泉截然不同(一个是人类劳动和各种生产资料的结合,另一个则仅仅是劳动,而且是抽象劳动),这岂不是反证了它们的属性是不同的吗?然而,如果不是将使用价值和交换价值视为两种不同属性,而是像亚当·斯密那样,认为它们的区别不过是满足需要的不同方式和途径而已,何以会引申出各不相同的创造源泉呢?换句话说,认定它们的属性应该是分析其源泉的前提,而不是相反。

更何况对以劳动作为交换价值唯一源泉的论证和结论的普遍适用性是应当存疑的。[①] 存疑的根据不仅在于劳动价值论的分析前提极其有限、论证逻辑有缺陷,而且在于劳动二重性分析本身是否有效。因为实际存在的劳动都是具体的,不存在脱离具体劳动的所谓抽象劳动。马克思所说的抽象劳动指的是人的体力和脑力的支出这个生理学的意义,这是人的思维对各种具体劳动的共同点所做的一种概括和认识,它是一种认识和概念的范畴,而不是独立的实际存在的对象,也不是本来作为完整存在对象的劳动

① 晏智杰:《经济价值论再研究》,北京大学出版社 2005 年版,第 4—6 页。

(或具体劳动)的一种属性。[1] 试以"人"这个概念为例。人都是具体的人,没有所谓抽象的人;所谓抽象意义的人的概念也只是对人所具有的共同点的概括,但绝不意味着这种概括竟然是人的一种单独的同具体的人相对应的属性。因此,如同说人是具有具体人和抽象人的二重性是没有意义的一样,说劳动具有具体劳动和抽象劳动二重性也是没有意义的。

至于被认为创造使用价值的所谓具体劳动,也是一个难以理解的不合理的概念,因为没有哪种劳动是可以不花费体力和脑力的,哪怕是最简单、最原始的劳动。在我看来,劳动是人类与自然界之间所发生的物质转换过程,人类劳动和大自然是构成这种过程的缺一不可的要素,而其中的劳动就是指人类以自己的体力和智力作用于大自然对象的过程,这个劳动本来就是一个完整的过程,无所谓具体和抽象之分。

总之,依据所谓劳动二重性来解释商品二重性是靠不住的。它不能真正强化商品二重性说,却只能使基于商品二重性学说和劳动二重性学说的分析距离现实生活越来越远。其实,商品的使用价值和交换价值,说到底不过是指这样一个简单明了的事实:它们是人们满足自己需要的不同方式,使用价值是指直接满足自己需要的方式,交换价值是通过交换来满足自己需求的方式。或者是指商品对生产者可以有不同的用途:或是直接为自己所用,或是通过满足别人的需要(为别人所用)来间接地满足自己的需要。这里哪有不同属性的影子呢?如此,商品的使用价值和交换价值的创造源泉也就没有不同之理。

当然,从另一个角度来说,它们不会完全一致,甚至肯定有区别,不过这种区别不是性质上的,而是数量上的:因为商品交换价值所涉及的是不同使用价值之间的关系,而不单单是使用价值本身,所以交换价值的源泉一定会比使用价值源泉来得更为复杂,后者是在前者基础上的数量的叠加。我相信,弄清楚使用价值和交换价值的区别,有助于澄清多元财富论的正确性,也有助于排除一元价值论与其并存的可能性。

财富的实物论和价值论必然合流

大家知道,社会财富有两种基本存在和表现形式:一种是实物形式,

---

① 晏智杰:《经济价值论再研究》,北京大学出版社 2005 年版,第 4—6 页。

例如工农业、建筑业和交通运输业产品，以及现代金融等各种服务业产品；另一种是非实物形式，也就是交换价值形式，它的最原始形式就是商品之间的交换比例，在货币出现以后就表现为商品的价格。很显然，财富的实物形式和非实物形式，就其性质和创造源泉来说，必定是一致的，因为它们不过是同一对象的不同表现，如同一枚硬币的两个方面。

不错，随着社会经济生活的发展和演变，财富的上述两种形式发生了巨大的分化与差异，可以说现代发达国家经济生活分裂为实体经济和虚拟经济两部分，而且后者在一些国家会达到十分庞大的规模，直接地、严重地影响着社会经济生活，看不到这一点是可笑的，不承认这一点是愚蠢的。然而，这毕竟不是事情的全部，甚至不是事情的根本，不能不看到它的另一面，也是更具根本性的一面，即虚拟经济归根到底要受实体经济的制约，它不可能长久地、过分地脱离实体经济，否则，虚拟经济无止境地膨胀迟早难逃破产的命运，这已为历史和现实经济事实所证明，因此，我们无论如何不应忘记，财富或商品的两种不同形式在性质及其创造源泉上归根到底是一致的。

对这样一个简单明了的基本事实，人们在观察前资本主义商品生产和交换时比较容易认定，就是说，人们没有忘记所谓商品（交换）价值与其实物的使用价值是统一的，其区别仅仅在于存在形式或使用形式的不同，一个直接满足自己的需要，另一个则是通过交换（满足别人需要）来满足自己的需要。然而，当人们观察发达资本主义商品交换和商品生产时，原先将实物形式和价值形式作统一理解的观点则很容易被颠覆，而且事实上也的确被颠覆了，其理论成果就是所谓"商品二重性"学说。依据这种学说，商品的使用价值（通常指商品的实物形式）和交换价值（通常指商品的价值或货币形式）不再被视为同一商品体的不同存在和表现形式，也不再被视为人们满足需要的不同手段或方法，而被理解为同一商品的两种不同性质的"属性"。这是经济理论发展中的一个带有根本性的、原则性的转变，因为不同的"形式或手段"不至于影响各自的性质和创造源泉，而如果是不同"属性"的话，其性质和创造源泉就另当别论了。

对商品性质及其形式的认识发生这种转变不是没有缘由的，那是资本主义社会商品生产和交换中使用价值和交换价值发生分裂在理论上的表现。例如，人们发现在发达资本主义条件下，生产的决定性目的不再是直接满足自己的需要，即不再是商品的实物形式或使用价值，而是通过交换获得更多的交换价值,交换价值代替使用价值似乎成了人们从事经济活动的最终目标和动力。又如,人们还发现,商品的使用价值和交换价值的分裂在经济危机时表现得最为尖锐,为了“保值”或“增值”,宁可毁掉大量实物形式的商品,诸如此类的事实终于促成了“商品二重性”学说的问世。

这种学说经过长期演变,如前所述,在西方古典政治经济学主要理论家(特别是亚当·斯密和李嘉图)的著作中得到了明确表述,并且在实际上构成了他们经济论述的出发点和理论基石之一。然而,19世纪二三十年代李嘉图劳动价值论的破产和李嘉图学派的解体,宣布了这种“商品二重性”学说的终结,促使西方主流经济学不得不重新回归到价值论与实物论的统一,其表现形式就是回归早已存在但被古典经济学派排斥的效用价值论潮流。当西方主流经济学的基本理论发生上述转变时,马克思则反其道而行之,拒绝将实物财富论和价值财富论作统一理解的效用价值论之路,接受并发挥了将两者加以截然分裂的“商品二重性”学说,并以之作为进一步分析资本主义经济运动规律的出发点和基石之一。

然而,资本主义经济生活的常态毕竟不是使用价值和交换价值的分裂而是两者的统一,至少是分裂和统一的并存和交替。以往我们总是说统一是相对的、有条件的,而分裂是绝对的、无条件的,但事实证明这种认识是有问题的。应该说,两者的分裂和统一都是相对的、有条件的,两者的分裂或统一都是在一定条件下才能出现,而在另一些条件下会被克服的。如果不是这样,则资本主义至今的存在和曲折发展的事实便成了不可思议的现象。

这种客观事实给我们的基本启示就是:应当重新认定财富不同形式的性质和创造源泉的一致性,并以此作为我们构建社会主义市场经济与和谐社会的经济价值观的出发点和理论基石之一。

.价值论和价格论必然合流

这里还涉及如何正确理解社会财富的各种非实物形式之间的关系问题。前已指出,财富的各种非实物形式可从不同角度加以观察。若无交换媒介,则是实物之间的“交换比例”;若以货币为交换媒介,则表现为“市场价格”。而市场价格又可以具有各种形式,例如,就时间来说有“长期价格”和“短期价格”之分，就状态来说有“稳定的价格”和“波动的价格”之别。市场价格的这些形式都是市场经济生活存在和发展的指标，正是它们引领着市场经济条件下的整个经济生活；同时，市场价格的存在和作用贯穿在生产、交换、分配和消费等各个领域，没有市场价格便没有市场经济，反之亦然。这说明了一个基本事实，即市场价格就是市场经济生活的本质或本体表现，市场价格就是市场经济本身，它既是现象，也是本质。

那么，所谓“商品价值”的内涵又应当是什么呢？它不过是市场价格的一种形式，即长期的、稳定的价格。这种长期的、相对稳定的价格会同短期的、变动不居的价格，无论在概念上还是实践上都存在明确的区别，研究和认清这种作用和区别是十分必要和有意义的。然而，必须指出的是，不管它们之间有多大区别，商品价值说到底只是商品市场价格的一种形式，因而它也同市场价格一样服从于同样的规律，在它们之间无所谓本质和表象之分。

在前古典经济学时期，由于商品生产和交换尚处于初级阶段，市场价格的变动还不太剧烈，所以人们没有必要也不可能着意区分价值和价格，通常总是在两者统一的意义上理解它们的。资本原始积累和第一次产业革命的实现，完全改变了市场经济的环境，市场价格变动幅度之大、变动的影响之深广都是空前的，这使英法古典政治经济学在其居于支配地位的一百多年间，坚决地走上了一条将商品价值和价格加以区别的道路，并赋予它们各自不同的使命，即以价值论说明市场交换的基础和规律（即价值规律），而以价格论说明在价值规律基础上的市场价格的波动和决定。古典经济学的这种研究范式和认识路线，明显地将价值视为对市场经济规律的本质的揭示，而将价格视为对市场表面现象的描绘，并且将价值的创造源泉与市场价格的决定因素加以区别，以多元要素说明价格决定，而只以劳动说明价值，这为他们论证地租的寄生性质、捍卫资本利润的正当性提供了理论工具。

随着资本主义生产方式的发展，特别是社会需求的巨大作用的日益显现，古典经济学供给优先的研究范式和认识路线遭到了质疑。19 世纪下半期经济学边际革命的兴起和新古典经济学的出现并逐渐居于支配地位，终于摒弃了古典经济学的范式和路线，取而代之的是将价值和价格作统一理解的价值论或价格论，说得更准确些，古典经济学意义上的独立的价值分析已经不复存在，市场价格分析笼罩了一切。

正当古典经济学的价值分析走上衰落之时，马克思继承并进一步发展了古典派的思路和方法，对商品价值和价格作了彻底切割，视价值为市场经济生活的内在本质范畴，视价格为表面现象（价值的货币表现）。马克思不仅从交换价值和价格概念中抽象出一个独立的价值范畴，而且将这个范畴作为分析资本主义经济运动规律的出发点和主轴，在此基础上分析价值的形成和增值，认为这才是资本主义生产的本质和决定其命运的东西；而被视为表面现象的市场价格，在揭示资本主义本质时是没有地位的，事先即被抽象掉了，以免“干扰和掩盖”本质，只是在说明了价值这个本质之后，市场价格才回到理论体系之中，但是这时的市场价格分析只是加深已有的所谓本质分析的一个工具和要素而已。[①]

古典经济学和马克思经济学对价值和价格的分割，如同他们对财富的不同形式的分割一样，也不是没有缘由的。如何说明市场价格的决定、波动及其影响，在历史上早就是一个巨大的现实课题和社会经济问题，如何确定和把握市场价格，在资本主义商品生产条件下，对生产厂家来说是性命攸关之事，也同一般社会公众和消费者的利益息息相关。在市场经济尚不成熟的条件下，人们对市场价格的剧烈波动及其灾难性后果感到恐惧和担忧，这种恐惧和担忧在资本主义市场经济条件下，尤其在经济危机发生时显得更加强烈。追踪和理解主导价格剧烈变化背后的原因，是人们的迫切期望，也是经济生活稳定发展的要求。随着市场经济从流通领域向生产领域的扩展，随着资本主义生产从农业向工业部门的扩展，人们对商品价值的性质及其创造源泉的认识逐渐深入，开始集中于流通领域，而后逐渐转向生产领域，到英法古典政治经济学阶段则倾向于将价值独立出来，倾向于将其创造源泉归于生产中的某一个要素（劳动）。这无疑标志着经济思想的进步和深入，然而，在这种理论认识的背后也潜藏着致命的认识上的缺陷，即总是深信一元论是事物发展的根本规律，总认为事物的本质不仅存在于现象之中，甚至独立地存在于现象之外，并支配着事物现象的存在和变换，结果就导致了将价值和价格截然分割，并且将它们的创造或决定因素断然加以分割的后果。

古典经济学和马克思经济学之后，世界范围内经济生活突飞猛进的发展，早已突破了传统工农业生产领域的局限，流通领域或其他传统意义上的非生产领域如服务业等，在经济生活中的地位逐渐上升，甚至在发达

① 晏智杰：“马克思经济理论中的效用分析”，《北京大学学报》，1982 年第 2 期。

国家跃升到主体地位，这使市场价格的地位和作用空前增长，而影响和决定市场价格的因素也越来越复杂化了，于是研究市场价格的决定及其变动法则便成为西方经济学基本理论的头等重要课题，这在一定程度上是向前古典经济学价格论认识路径的回归，当然是更高和更新层次上的回归，以至于如不以多元化或系统论的观点来看问题，便无法把握和理解现代的市场价格现象和规律。在这种全新的历史条件下，古典经济学和马克思经济学将价值和价格加以区分，重视价值而忽视价格的思路更没有立足之地了。事实一再证明，尽管古典经济学和马克思经济学的价值和价格的两分法，有利于引导出相应的革命结论，因而在反封建或反资本的革命斗争中能够发挥积极作用，但在面临发展社会生产力或建设的新时期，在现代经济生活条件下，它们便显得无能为力和不合时宜了。

最后，还需要指出，商品使用价值论和交换价值论的分与合、价值论和价格论的分与合，在西方经济思想发展的历史上几乎是同步的。古典经济学和马克思经济学以对它们的区分为特征，而古典经济学以前和以后的经济学则以它们的合流为特征。在我们构建中国经济学基本理论时，应当充分考虑到这个事实，并从中汲取足够的理论和思想营养。[①]

总之，市场经济发展的实践说明，商品市场价格是左右市场的支配力量，而价值不过是价格的一种形式而已。这种客观事实给我们的经济价值论的基本启示就是：必须重新认定价值和价格的一致性，并将这种认识作为构建我们的经济学基本理论的出发点和基石之一。

① 晏智杰：《劳动价值学说新探》（北京大学出版社2001年版）第三篇的历史论述。

07 新古典经济学的经济剩余观

引言

英法古典经济学以后，欧美经济学于19世纪70年代初发生了著名的“边际革命”，从此开始了新古典经济学时期。也就是从边际革命开始，经济剩余学说发生了历史性转折。一方面，前后两代边际主义者中的主观心理学派(主要是奥地利学派)，在致力于以主观效用解释商品价值的本质和起源，并将价值尺度归结为边际效用之时，也将以资本利润为主要代表的经济剩余(量)归结为某种主观效用(量)。庞巴维克的时差利息论就是这种学说的最典型、最极端的代表，依照这种学说，资本利润等经济剩余纯粹是一种主观心理现象，与资本主义社会制度无关。另一方面，力图以生产要素的边际生产力说明要素收入来源和标准的边际主义经济学家，则认为在正常或静态条件下，各种要素按照边际生产力这个尺度和标准取得报酬，也就体现了按其生产性贡献取得报酬这个尺度和标准，因而当各种要素按此标准取得收入时，就把它们生产的全部新产品及其价值完全分尽了。换句话说，生产过程和初次分配过程完成之日，便是新产品及其价值被分尽之时，不会留下任何经济剩余。他们认为剩余只能出现在动态条件下，例如率先使用先进技术的企业所获得的超额利润，然而他们指出这是暂时现象，一旦先进技术被普遍采用了，这种超额利润就消失了，即转化到其他要素的收入中去了，而且主要是增加到工资(包括企业经营利润)上去了，可见这种剩余是生产发展和技术进步的结果。至于资本拥有者将自己收入的一部分再用于投资和积累，这不仅为发展生产所必需，而且这种投资和积累行为本身就是“忍欲”、“节制”或“等待”的结果，是应当得到大力肯定的经世济民的明智之举。

认为资本主义条件下的剩余是主观心理评价的结果，或者认为静态条件下无剩余，只有动态条件才会有剩余，而这种剩余却是暂时的和有益的，同时将资本积累归结为资本所有者的某种善举，等等，这些就是从边际革命开始的新古典经济学有关剩余的新观点。不管依照哪种观点，以往传统古典经济学(更不用说其中的马克思经济学)所关注的那种剩余,即唯一地由劳动所创造的超过维持劳动者生活资料的并被土地所有者和资本家扣除的那种剩余,总是不复存在了,古典经济学的经济剩余观就这样被完全颠覆了。

经济剩余学说出现这种历史性转折,顺应了19世纪下半期以来资本主义社会发展的要求,而资本主义生产方式的演进也为这种新学说大行其道提供了条件。这种理论和认识上的转折之所以能够实现,全赖边际革命及其后经济学方法和原理的巨大、深刻的变化,在这种变化中发挥了基础作用和支配作用的是边际效用价值论和边际生产力分配论。边际效用价值论扭转了传统价值论的方向,从着重生产供给转向着重消费需求,并且认可各种生产要素都参与和创造了商品及其价值;边际生产力分配论则扭转了收入分配论的格局,说明了资本主义条件下各种要素是按照各自的贡献取得报酬的。

让我们具体考察一下从19世纪70年代初开始的边际革命到1890年马歇尔新古典经济学的确立这段时间内,经济剩余观的发展和演变的历史进程。可以看到,最初变更的观察资本性质和作用的角度:过去总是将资本及其报酬看做生产本身的一种要素及其报酬,现在则将资本的功能归结为能使生产过程从开始到结束持续一段时间(即时差)的条件,后来则完全将利润、利息和地租等一切非劳动收入归结为"时差的利息";与此同时,出现了坚持不懈地将边际分析原则用于说明资本报酬(利润和利息)的决定规律的探索,并以边际生产力论而告终;最后,形成了将古典派传统与新边际主义熔于一炉的新古典经济学体系。

第一代边际主义者的经济剩余观

在19世纪70年代初边际革命经济学或称第一代边际主义学说中,经济剩余学说的主要进展体现在英国经济学家杰文斯和旅居法国的瑞士经济学家瓦尔拉斯的著作中。

杰文斯对资本和利息的"全新"解释(1871年)

杰文斯的解释有两点新颖之处:(1)他对资本功能作了新的概括,意在强调资本功能只与"时间"这一因素有关:"资本唯一的最重要职能,是使劳动者能够等候长久工作的结果——使企业从开始到完结可以距离一段时间。”[①](2)他以资本边际产品来说明利息(即利润)。他认为利息取决于资本最后增量所提供的产品或收益,而同资本总额或产品总量无关。由于边际产品或收益随时间延长而减少,所以利息率同使用资本的时间成反比例。杰文斯把资本利息归结为时间本身的产物,并将资本利息同边际原理联系起来,这是后来的时差利息论和边际生产力分配论的先声。

瓦尔拉斯以供求一般均衡说明租金和利息决定(1874年)

瓦尔拉斯根据其稀少性价值论(即边际效用价值论)解释了决定资本利息和企业利润的原则,这些原则说到底也就是供求一般均衡价格论和(他后来接受的)边际生产力论。瓦尔拉斯认为他的稀少性价值论适于解释包括商品和生产要素在内的所有商品的价值决定,而收入分配在他看来无非就是将稀少性价值原理具体化到生产要素的价值决定上,因为各种生产要素的报酬(工资、租金和利息)就是它们各自的市场价值或价格。这种思路的最大特点在于取消了古典经济学对劳动工资和其他收入的区分,将它们一概看做生产要素的价值或价格。这种思路和观点自马歇尔经济学接受和传播之后,成为当代西方经济学的标准思路和观点。

瓦尔拉斯认为:资本的本质在于能产生收入,而收入的本质在于能直接或间接地构成资本。这个观点事实上包含着人力资本论的萌芽,因为劳动也能带来收入。他称地租是为土地资本服务的收入,工资是为人力资本服务的收入,而利息则是狭义资本服务的收入,把这三种服务结合起来的是企业家,他所得的是利润。不过,在生产均衡条件下,即服务与企业家的交换均衡,以及服务与服务的交换均衡的条件下,企业家既得不到利润也不会亏损。企业家的盈亏取决于他的产品售价同各种服务价格的关系,也就是产品售价与其他各种要素收入的差额。

瓦尔拉斯通过建立方程组(这些方程组的根是租金、工资和利息)来说明各种生产服务的价格即各要素收入的决定。他首先建立个人生产方程,然后建立一切服务持有者的供求方程,最后建立生产成本方程,通过

① 杰文斯:《政治经济学理论》,商务印书馆1984年版,第168页。

这些方程来求解要素价格。[①] 瓦尔拉斯的结论是,在自由竞争和一般均衡条件下形成的价格能够实现以下要求:(1)各种服务和各种产品的有效需求等于其有效供给;(2)产品的售价等于制造这类产品时所使用的服务的成本。如果不等,在前一场合就会调整价格,在后一场合就会调整产量。这就是说,市场交换规律是供求规律,价格规律是成本规律,而这两者是一致的,因为在交换均衡和生产均衡的理想和正常条件下,由供求均衡所促成的卖价正好等于生产成本。换句话说,包括租金和利息在内的各种收入决定于市场供求关系的均衡。

瓦尔拉斯后来接受了克拉克的边际生产力分配原理。他说:"在均衡状态下,生产成本与售价相等时,服务的价格与其边际生产力即生产方程的偏导数成比例。"[②]

第二代边际主义者的经济剩余观

进入19世纪80年代以后,在欧美各国先后出现了第二代边际主义者,其中影响最大者当数奥地利学派和美国学派的一批经济学家。奥地利学派的两员大将维塞尔和庞巴维克各自提出了关于经济剩余的新解释,这些解释均以主观效用价值论为基础,并力求贯穿边际分析原则,他们的学说虽然旗帜鲜明、观点尖锐、方法独到、影响极大,但是显得还不够成熟,最终被克拉克的边际生产力分配论取代,使后者成为最具代表性的边际主义分配论和经济剩余论。

维塞尔的归属论:不成熟的主观剩余论

同瓦尔拉斯一样,维塞尔也将土地、劳动和资本等生产要素(他称之为生产性财物)的价值论视为生产要素分配论。由于经济剩余是全部要素的投入和产出之比,所以经济剩余论也就是涉及全部要素的收入分配论。在维塞尔看来,各生产要素参与了财物价值的创造,也要参与财物价值的分配,而分配的份额理应同其创造的份额相一致,因此确定生产财物

① 瓦尔拉斯:《纯粹经济学要义》,商务印书馆1989年版,第20—21章。

② 同上书,第409页。

在价值创造上的份额同确定它们各自的分配份额是一回事。

生产要素的边际效用价值论是维塞尔归属论的基础。他认为决定土地、劳动和资本的价值的因素，如同消费品一样，也是效用加稀缺性。[①]不过，他认为人们通常并不从效用中探索生产财物价值的源泉。例如，估计一块田地的价值，并不考虑从这块田地的收成中所能得到的是什么样需要的满足，而是计算这块田地可能出产什么、收成如何，然后按照"这些收成靠本身的效用而获致的价值"来估计这些收成。他说这个价值就是据以确定这块田地的价值的基础。因此，对生产财物进行估价本来应该回溯到需要上面的，但通常只把它进行到可以在那上面清楚地确立生产财物同其产品价值之间关系的那一点就够了，因为在产品价值里已经体现着所需要的计算数值了。"在这个范围内可以说：生产物的价值是由它们的产品的价值或是由收益的价值所决定的。生产价值就是收益价值。"[②]他拒绝李嘉图社会主义者和激进社会主义者依据劳动价值论所提出的一切财富归于劳动者的主张，但他同时又认为他的老师门格尔分析归属问题的方法，即分析消费品价值决定时所用的"损失法"过于消极，他主张"必须正面提出问题：当这些财物归我支配的时候，我从这些财物中实际得到些什么？决定价值的是那些居于第一位的生产使用，即最满意的并且会首先选定的使用，而不是那些居于第二位的、只是在原来结合受到某些干扰的异常场合才会被采取的使用……起决定作用的要素并不是由于失掉一件财物而损失的那部分收益，而是占有财物所取得的那部分收益"[③]。

应该怎样计算生产要素的贡献呢？维塞尔说解决这个问题要依据这样一个事实：每个要素要发挥作用就必须同其他要素相结合，并把它的作用加入到其他要素里边去，但是用来同它结合在一起的要素又可以互相变换，这就使我们可以辨别各项要素的特有效果。于是维塞尔说可以针对若干现象，列出各个要素相关的作用方程式，反映各个要素结合所产生的效果，一旦方程数与未知数相等，未知数可解，各个要素的生产贡献也

---

① 维塞尔说："单是效用并不产生价值；价值从效用里出现以前，同样重要的还必须具备供给有限的条件。效用是价值的源泉，而且始终是价值的源泉，但是为了使这源泉流动，必须有某种特殊的动力，这种动力使人们注意到有观察和留心它的必要。"（维塞尔：《自然价值》，商务印书馆1982年版，第116页。）

② 维塞尔：《自然价值》，商务印书馆1982年版，第116页。

③ 同上书，第130—131页。

就可以知道了。[1] 维塞尔归属论的这些核心思想带有明显的主观主义性质，因为归属依据的完全是当事人对各要素结合所产生作用的主观评价和主观感受，这是主观价值论在生产财物价值决定上的具体运用。

维塞尔同意李嘉图级差地租原理的分析逻辑，但拒绝李嘉图将地租归结为农业劳动创造的结论。他认为土地及其较好的质量是“剩余收益”即“自然地租”的原因，这显然是土地生产力地租论。维塞尔认为资本也具有生产力，利息就是对这种生产力的归属。资本生产力指的是资本使用必定能够导致物质生产力和价值生产力的提高，而且资本的质量越高其生产力越高。维塞尔认为这是一个无须证明的事实，因而归属给资本一定的份额也是一件“自然的”事情。

维塞尔还以生产要素生产力来说明要素本身的“自然价值”。关于资本的价值，他指出要确定资本的价值，就要计算归给资本的净收益并从总收益中减去这个数字，或把总收益加以贴现。他认为这个经验事实说明资本具有生产力，首先是物质生产力，即资本除可以生产自身外还有一个物质的剩余即净收益。他认为根据资本的物质生产力可以说明资本的价值生产力，就是说一切资本本身最终都要转变成总收益并以总收益为限，其中除了它本身以外还有一个剩余。“由此推定，不能把整个总收益的价值都归到资本价值身上。资本在再生产中只代表它本身的一部分总收益。”[2]换句话说，资本价值是其总收益减去净收益，净收益是资本创造的价值，但它自身不是资本，而是资本的利息，“利息是归给资本的收益……利率是归给市场中所有的资本的一般增值百分率”[3]。关于土地的价值，维塞尔认为：“土地的价值，像永久性租金的价值一样，是依据同样原则用地租资本化来计算的……租金资本化意思是指根据从资本估价所得来的原则来乘租金，”[4]即一定年数的地租。

---

① 例如，假设一个猎人的生命决定于他能否一枪打死扑倒在他眼前的老虎，如果子弹不幸打飞，一切就完了，价值便无从谈起；如果一枪命中，猎人的生命得以保全，其价值当然最大，评价为100，于是就可以列出一个方程式：$x+y=100$。维塞尔说生活中的机遇极其丰富，要素的组合方式各式各样，于是我们又可以列出其他的方程式：$2x+3z=290$，$4y+5z=590$。最后可得：$x=40$，$y=60$，$z=70$，这些便是相关要素的贡献即价值。

② 维塞尔：《自然价值》，商务印书馆1982年版，第182页。

③ 同上书，第186页。

④ 同上书，第200页。

庞巴维克的时差利息论:极端的主观剩余观

庞巴维克的时差利息论是第二代边际主义学说中最典型也最具影响力的分配论和经济剩余论,该理论的核心思想是:认为利润、利息和租金等一切非劳动收入均为人们对具有不同时间特点的物品的主观评价的差异所致,因而与社会制度无关。用庞巴维克的话来说:“现在的物品通常比同一种类和同一数量的未来物品更有价值,这个命题是我要提出的利息理论的要点和中心。”①

在论证这个论点时,庞巴维克首先将物品分为现在物品和未来物品,前者指能直接满足需要的物品,后者指只能间接满足需要的物品。然后基于三点理由②,断言现在物品通常比同种类、同数量的未来物品具有较高的主观价值,从而具有较高的交换价值和价格。因此,如果以等量未来物品交换等量的现在物品,显然不能实现等价交换原则。由于等价交换是交换的通则,所以未来物品所有者必须向现在物品所有者付出一定的贴水,这贴水便是“时差”带来的利息。

庞巴维克将借贷行为解释为现在物品(贷出的货币或物品)和未来物品(将来才能归还的货币或物品)交换,进而将借贷利息解释为两个不同时段物品的时差所带来的结果。“用最直接的话来说,利息是由现在物品和未来物品之间价值上的差别所产生的。”③

庞巴维克将企业利润的来源也归结为时差。他将资本主义生产过程解释为一个从未来物品逐渐转变为现在物品的过程,又将工人和企业家之间的交换解释为两种物品的交换过程,工人能出卖的劳动是未来物品,而他得到的却是可以消费使用的现在物品(实物或货币工资),根据时差和等价原理,工人在生产过程结束时只有提供比他们得到的更多的物品,才能实现与企业家的等价交换。他还具体刻画了随着生产过程的推进,劳动和原材

① 庞巴维克:《资本实证论》,商务印书馆1964年版,第243页。

② 这些理由包括:第一,需要和需要的供应之间的差别,指的是目前处境比较困苦而将来有望改善的人,他们对现在能够直接满足其需要、保障和改善其境况的物品的评价高于对未来物品的评价;第二,出于知识的缺陷,或意志的缺陷,或人生短促无常而造成的对未来的低估;第三,现在物品具有技术上的优越性,指的是一旦拥有生活资料和必要的原料和材料,就可以腾出时间来制造和使用工具,从而大大提高生产率。

③ 庞巴维克:《资本实证论》,商务印书馆1964年版,第286页。

料等未来物品如何一步步转化为现在物品的过程，借以说明利润就是在这种从未来物品“成长”为现在物品的过程中逐渐“长”出来的。

庞巴维克以同样的原理解释了耐久性物品（例如工具、机器和土地等）所带来的剩余。他认为这些物品的价值由一系列递减的价值所构成，随着使用时间的推移，这些耐久物品的未来价值一步一步地向现在物品移动，价值也就一步一步地增加，“就是这种时间的进展，造成后面各次服务的增值，从这种增值中产生了净利，即资本利息”①。

庞巴维克据此断定，各种利息都是“当未来物品成熟为现在物品时它们所增加的价值……因之，就利息的实质来讲，指不出任何东西可说它是无理的或不公允的……利息的本质并不腐败……也不能肯定说，这个制度应被取消”②。

庞巴维克时差利息论的错误是显而易见的。人们对商品效用的主观评价对商品交换肯定是有影响的，有时可能还很大，但是如果无视这种主观评价背后的客观基础，将主观评价作用无限夸大，视之为支配和决定商品交换的一般法则，甚至将巨额经济剩余归结为主观评价的结果，显然是以偏概全的极端之论。连庞巴维克的战友和亲戚维塞尔对时差利息论也颇有微词，认为用现在和未来感觉上的差异来说明利息是错误的，因为利息并不是经营管理不善的表征，而是安排得最经济合理的交易的现象。

庞巴维克时差利息论的基础是他的资本论，其宗旨在于证明资本主义制度是一种合乎自然规律的永恒制度，从而排除了各种非劳动收入与资本主义制度的内在联系，时差利息论就是对各种非劳动收入的性质及来源的正面回答。在庞巴维克看来，资本主义生产的特征在于它不是“赤手空拳的生产”，而是“迂回的生产”即使用机器和工具等资本的生产，“而资本只是在迂回过程中各个阶段里出现的中间产物的集合罢了”③。

庞巴维克不赞成资本生产力论。他认为，资本的运用提高了生产力，这说明资本是生产的，但资本的作用只限于将自然力和劳动这两种“原始生产动力”结合在一起，它离不开自然力和劳动，它本身又是自然力和劳动的产物，因此资本不是独立的生产要素，没有独立的生产力，不会带来利息。他认为使用资本固然提高了生产力，但同样也耗费了时间，势必要

---

① 庞巴维克：《资本实证论》，商务印书馆 1964 年版，第 342 页。

② 同上书，第 350—354 页。

③ 同上书，第 58 页。

经过一段或长或短的时间间隔才能获得消费品，他认为利息来源的秘密正是存在于这个时间间隔之中。杰文斯关于资本的唯一功能是延缓了劳动时间的论点，在庞巴维克手中获得了新的生命力。

庞巴维克强调资本起源于储蓄和生产，两者之中他又特别注重储蓄或西尼尔所说的“节欲”。他无法否认节欲不是一种生产性行为，但他坚持认为，“储蓄是一种精神活动，时常，虽不是经常，是一种煞费苦心的精神活动，事前要作长期的考虑和各种敌对动机之间的斗争”①。可以看出，庞巴维克在维护资本及其剩余的合理性和正当性方面达到了登峰造极的地步。

克拉克：边际生产力论与经济剩余的存废

克拉克的边际生产力分配论被认为是边际革命在分配理论方面取得的最高成就，其核心论点是以生产要素的边际生产力说明工资和利息的决定，从而完全排除了古典经济学基于劳动价值论或生产成本论的分配论和经济剩余论。

克拉克重新解释了分配范畴的含义。除了雇佣劳动者的劳动报酬以外，工资还包括企业家的平均利润。企业家也被视为雇佣劳动者，其职责是组织管理企业的经营活动，平均利润就是对这种生产活动的报酬。企业家所获得的超额利润才是利润，但由于这种利润是技术进步的结果，所以它属于动态分析的范畴，不在静态分析之列：在静态（包括假定技术不变）条件下没有超额利润，只有平均利润（企业家工资）。克拉克所说的利息，除了使用资本所支付的代价外，还包括土地地租。地租被视为利息的一种，土地被视为资本的形式之一。这些看法最初是19世纪中叶美国经济学家凯里提出来的，它在一定程度上反映了美国经济发展的历史特点：当时美国还有许多所谓无主土地，土地所有权垄断还没有普遍出现；但到19世纪末期土地所有权垄断已是普遍存在的事实，因而上述论点失去了现实依据。然而克拉克无视这个事实，这同他企图在土地、资本和劳动收入分配上确立统一的原理相关。

克拉克接受边际效用价值论并以之作为分配论的前提。他认为经济分析可以分为静态和动态两种类型（静态说明标准，动态说明变动），并应以研究静态为重点，而对静态标准的分析又应从研究个人分配入手，然后

---

① 庞巴维克：《资本实证论》，商务印书馆1964年版，第147页。

再涉及小团体和大团体,因为后两者要依存于个人分配的标准。克拉克以劳动和资本生产力递减律作为其分配论的另一个前提。他认为在静态条件即假定资本量不变的条件下,不断追加劳动量必将导致单位劳动生产力或生产量递减。如假定劳动量不变而不断追加资本量,必将出现单位资本生产力或生产量的递减。

基于上述前提,再引进自由竞争,克拉克最终得出了边际生产力决定分配标准的结论。他说,在自由竞争的条件下,劳动与资本在各产业之间自由流动以追求最有利的报酬,这必然使它们的报酬只能停留在最后的水平即边际生产力水平上。原因在于:高于这个水平,便会吸引新的投资或劳动,在生产力递减律的作用下,它们的生产力必然下降从而使利息和工资减低,这是它们之中受损失的一方所不乐于接受的;低于这个水平,势必使部分资本或劳动转移到其他生产部门,从而促使生产力上升,利息和工资提高,这也是受损害的一方所不愿接受的。只有由最后生产力决定的工资和利息才能使产业达到供求均衡的状态,这个工资和利息就是均衡的,即自然的、正常的和静态的标准。因为所有单位的资本或劳动在品质上和作用上被视为同一,所以,资本的边际单位生产力决定了全部各单位资本的利息,劳动的边际单位生产力决定了其他各单位劳动的工资。

克拉克的上述理论实际是将边际效用价值论、生产三要素论、生产要素报酬递减律和供求论综合在他的静态分析框架之内。在这个框架内,由于各要素均按各自边际(即最后或最小的)生产力取酬,所以势必会出现一个剩余额,要不要承认这个余额是被别人无偿占有了呢?德国经济学家杜能早在1826年的论著中就曾指出边际生产力原则就是剥削劳动的原则,对此克拉克反驳说,杜能的说法表面上看来是对的,其实不然,因为先前各单位劳动的生产力之所以较高,是由于使用较多资本的结果,那是较高资本生产力的结果,不过资本的这种较高生产力表现为劳动的生产力,所以余额理应属于资本家。反过来也是一样,资本先前的各个单位的生产力比边际资本的生产力高,是先前各个单位资本使用的劳动量较多的缘故,这里劳动的生产力表现为资本的生产力。所以结论应该是:劳动和资本相互合作,各得其所,谁也没有剥削谁。离开了边际生产力这个标准,倒会引起一方无偿占有另一方生产贡献的后果。

克拉克边际生产力论后来被英国剑桥经济学派马歇尔纳入其新古典经济学的框架之中,成为从需求一方说明收入分配和经济剩余决定的标准理论。

马歇尔对各种经济剩余论的综合

出现于19世纪90年代的马歇尔经济学是对英国古典经济学传统和边际主义经济学新思潮的综合，这种综合体现在整个马歇尔经济学体系之中，包括经济学性质、对象和方法、基本概念、需求论、生产要素论、供求均衡价值论以及收入分配论等。马歇尔的经济剩余观集中反映在他的收入分配论中，这种经济剩余观也是对上述两种思潮相关观点的综合。这种分配论以及其中所包含的经济剩余观以其一般价值论为基础，是一般价值原理在要素价值决定问题上的运用和引申。

以马歇尔经济学为代表的新古典经济学在19世纪末20世纪初风靡西方国家经济学界，马歇尔《经济学原理》(1890年初版)成为当时各国标准的大学经济学教科书，马歇尔经济学对西方国家经济学界的这种支配地位直到20世纪30年代出现凯恩斯革命才告终结，但凯恩斯并没有完全否定马歇尔经济学：凯恩斯否定自由竞争能自动实现市场供求均衡从而实现充分就业和经济稳定增长的论断，但他认可马歇尔供求均衡的分析方法，并认为在特定的而不是一般条件下可以实现充分就业均衡，他所要做的就是将这种对供求关系的分析扩大应用到宏观层次，提出一种一般的、宏观的供求均衡思路和框架。后来出现的完善凯恩斯宏观经济学的微观基础的努力，以及逐渐形成的所谓微观经济学所秉持的仍然还是始自马歇尔的市场供求均衡的思路与框架。我们应该在这种总的背景下来看待马歇尔关于收入分配和经济剩余的学说。

马歇尔经济学中没有古典经济学意义上的经济剩余，这是不难理解的，因为后者只有在劳动价值论的基础上才能出现，也就是说，如果认定商品的全部价值只是劳动所创造的，而劳动者却只能获得相当于生活资料所需的那一部分，那么，超过的余额便构成了古典经济学派所说的经济剩余，或者是马克思经济学所说的剩余价值。然而，马歇尔经济学的价值论不是劳动价值论，而是供求均衡价值论。劳动在这种价值论中是有地位的，但绝非决定价值的唯一因素，而只是决定商品供给的要素之一，另外一个要素是资本或如马歇尔所说是等待(其实就是西尼尔所说的节欲)，这就是说马歇尔信奉生产要素论，劳动被理解为要素之一。而且这里所谓的劳动还被马歇尔理解为边际反效用，也就是劳动者在生产过程中最后的主观心理感受，它既不同于亚当·斯密所说的“辛苦和麻烦”，也不同于李嘉图所说的最劣等土地上所花费的劳动，更不是马克思所说的人类抽象劳动的凝结，而是马歇尔秉持边际效用价值论所作的发挥。

不过，这只是马歇尔的商品价值决定论的一翼，如果没有另一翼即需求价值的存在，商品价值或价格（在马歇尔看来是一回事）还是不能决定，需求价值与供给价值共同作用才能决定价值，就好像剪刀必有两个刃一样。这样一来，劳动在价值决定中的作用就受到了进一步限制，更不可能成为决定价值的唯一因素了。既然如此，马歇尔经济学也就不可能认可对劳动创造价值的扣除意义上的经济剩余了。

在马歇尔经济学中也没有单纯以边际主义原理解释的经济剩余，不是按维塞尔的归属论所说的剩余，不是按庞巴维克的时差利息论所说的剩余，也不是按克拉克边际生产力论所说的剩余。其理由也在于马歇尔的价值论不是单纯的边际效用价值论，而是供求均衡价值论。边际效用在马歇尔的价值论中只是用来说明需求价值的，而需求价值必须同供给价值一起才能说明价值的决定。按照马歇尔确立的国民收入分配原理，各种生产要素之所得与其贡献相等，经济剩余便无从谈起，于是资本积累被认为必须来自资本的"节欲"或"等待"。马歇尔认可其他意义的剩余，即生产者剩余和消费者剩余。为进一步理解马歇尔关于收入分配和经济剩余的基本观点，这里需要对其分配论作一扼要评述。

马歇尔认为，国民收入分配的实质就是各种生产要素对既定国民收入的分割；分割的份额就是各种生产要素商品的价值额；将一般商品价值原理用于分析生产要素，找到各种生产要素的市场供求力量的均衡，便可得出各种要素的分配额。按照这种思路，马歇尔分别研究了各种生产要素的供给价值和需求价值，然后得出了它们各自的价值即报酬，在此基础上又提出了经济剩余问题。

关于劳动工资。马歇尔说："需求和供给对工资起着同样的影响，其中是不容有轩轾的，如同剪刀之两刃，拱门之双柱一样。工资有等于劳动纯产品的趋势，劳动边际生产力决定劳动的需求价格。从另一方面来看，工资有同培养、训练和保持有效率的劳动的精力所用的成本保持密切关系的（虽然是间接而复杂的）趋势。"①

关于资本利息。马歇尔认为利息是资本借者向资本所有者因贷出资本而作出的牺牲的报酬，所谓牺牲是指资本所有者牺牲了他本来可以得

① 马歇尔：《经济学原理》（下卷），商务印书馆 1965 年版，第 204—205 页。

到的眼前享受，或将其享受延期，却将可以带来的满足的条件（资本）贷给别人。至于资本利息的高低与多少，则取决于资本的供给和需求之间的对比关系："资本的供给由于其使用的预见性，和人们的目光短浅而受到阻碍，而资本的需求却源于其生产性（从此词最广泛的意义上说）。"[①]

马歇尔批评威廉·汤普森、罗贝尔图斯和马克思等人的利息学说。他认为他们关于"全部剩余是劳动产品这一假设，已经假定了他们所要证明的东西，可是他们并没有证明；同时这个假设也是错误的。纺纱厂中的纱，除去机器的损耗，就是工人的劳动产品，这是不真的；纱是工人的劳动和雇主与所属经理的劳动以及使用资本的劳动的产品，而资本本身又来自劳动和等待。因此，纱是各种劳动和等待的产品"[②]。马歇尔认为，劳动是一种牺牲，等待和享受的延期也是一种牺牲，因而它们的报酬都是牺牲的补偿，资本利息与劳动工资一样合理。马歇尔还认为资本利息是"等待的报酬"或延期享受的报酬，这是"纯息"；而一般人所谓的利息实际上是毛息，除了纯息以外，毛息还包括风险费用和经营管理报酬。

关于企业经营管理的报酬。将企业经验管理作为一个新的独立的生产要素，将传统的土地、劳动和资本三要素论发展为包括经验管理的四要素论，这是马歇尔的一个贡献。与此相应，他也成为最早分析经验管理报酬的经济学家之一。马歇尔说："我们必须较仔细地研究企业主和经理对社会所提供的服务的性质，和对他们的工作报酬。我们将知道，决定这些报酬的因素，并不像通常所设想的那样武断，反之，却和决定其他报酬的因素相似。"[③]

他认为企业主和经理的收入（利润）与工人的工资没有性质上的差别，都是劳动报酬。他说："就一般而论，我们可以作出结论：工作上所需要的那种稀有的天赋才能和费用浩大的特殊训练，对管理上的正常报酬的影响和对熟练工人的正常工资的影响如出一辙。不论在哪个场合，所得收入的增加使某些力量发生作用，这些力量使能取得该收入的人的供给趋于增加；不论在哪个场合，收入增加使供给增加的程度，取决于供给来源的社会条件。"[④]同样，在替代原理的作用下，现代企业经营方法有使

---

① 马歇尔：《经济学原理》（下卷），商务印书馆1965年版，第247页注①。

② 同上书，第252页。

③ 同上书，第260页。

④ 马歇尔：《经济学原理》下卷，商务印书馆1965年版，第270页。

管理报酬和所从事的业务的困难程度相适应的一般趋势。换言之,企业家报酬也决定于它的供给和对它的需求。

马歇尔指出利润率一般会随着企业规模的增长而减少。他还指出正常年利润率在流动资本比固定资本相对多的部门要高些。大规模经济一旦普及于整个工业就不会提高该工业部门的利润率。马歇尔还讨论了利润和普通报酬的几个区别:企业家的利润的变动一般在其工资变动之前,而且变动幅度较大;成功企业家手中积聚了别人(失败时连同自己的储蓄全部丧失的人)的财富,因而他们的财富实际上比他们自己的财富要多;利润变动与普通报酬变动是有区别的;成功企业家收入中的很大部分是对稀有天才报酬的剩余。

关于土地地租。马歇尔认为地租是指土地的纯收入,它是"自然的恩赐品",是土地所"固有的"收入,它来自热、阳光、空气和雨量,这些都不是人力所能大加影响的;这种收入还来自土地的位置,这个因素中有许多亦非人所能驾驭,只有少数是土地所有者个人对土地投入资本和劳动的结果。"这就是土地的主要属性,它的供给不以人的努力为转移,从而,并不因该劳作的报酬增加而增加;而它所课的税,纯由所有者负担。"①马歇尔重申了土地报酬递减律、土地投资边际的形成条件和意义以及影响地租的主要条件。他说:"在资本和劳动的连续投资中,虽然最初几次投资的报酬可以增加,但当土地耕作得已经完善时,它们的报酬将开始减少。耕种者继续追加资本与劳动,直到一点为止,在该点,报酬仅仅够偿付他的开支,和补偿他自己的劳作。不论投于优等土地或劣等土地,那将是耕种边际上的一次投资;需要有和该投资的报酬相等的一个数量,且足以补偿他以前的各次投资,而总产量超过这个数量的余额,就是他的生产者的剩余……他的生产者的剩余或地租,是改良土地的总收入超过报酬他每年所投资本和劳动所需要的数额的余额……这种剩余,首先取决于土地的丰度,其次取决于他必须买进和卖出的那些东西的相对价值。"②

马歇尔认为,很难说存在着一般工资率,说一般利润率也是困难的,但勉强可以。只有利息率是确定的:利息既为任何市场上使用资本的代价,故利息常趋于一均衡点,使得该市场在该利率下对资本的需求总量,恰等于在该利率下即将来到的资本的总供给量。土地则有所不同,它没

① 同上书,第289页。
② 同上书,第289—290页。

有供给价格，土地收入有等于该要素边际纯产品价值的趋势；在短时间内，该收入是由该要素的总供给量和其他要素对它的服务的需要来决定的。这就是说，土地供给不变，它不受供给影响，只受需求制约。

在马歇尔看来，如果各种要素之所得与其实际贡献相符合，那么它们共同生产的价值就会被完全分配掉，否则就意味着分配出现了不公正，国家应该采取措施加以纠正。那么，资本的积累从何而来呢？他的回答是资本的“等待”。

马歇尔认为可能存在两种剩余：一种是消费者剩余，另一种是生产者剩余。他说：“他（消费者）宁愿付出而不愿得不到此物的价格，超过他实际付出的价格的部分，是这种剩余满足的经济衡量。这个部分可以称为消费者剩余。”[①]“同样地，如果付给他的任何工作的价格，是他最不愿做的工作的报酬；而且，如平常发生的那样，如果对他比较愿意做的，和对他自己实际用力较少的那种工作，也付给同样的价格，从这种工作中他就得到生产者剩余。”[②]换言之，剩余的出现是生产者或消费者所得到的同付出的不相符合的产物，如果两者相符合，当然就没有剩余了。前面已指出，马歇尔的这两种剩余同我们所说的经济剩余有原则区别。

可以看出，马歇尔新古典经济学最终取消了传统意义上的经济剩余问题，资本利润和土地地租均被视为要素的贡献和市场需求的产物，从而将它们完全合理化和正当化了。马歇尔也取消了投入产出差额意义上的经济剩余问题，因为在正常情况下，供求均衡，投入和产出相等，而且各种要素应该分尽全部产出。他所说的两种剩余，只是指人们在生产或消费行为中之所得与其主观感受之间的差异，同我们所谓的经济剩余不可相提并论。这些也许就是经济剩余学说发展到新古典经济学阶段所得到的最终结果。

长期以来，我国经济学界对新古典经济学的价值观和经济剩余观一直在进行批判，最典型、最有代表性的一种提法是：他们是继早期庸俗经济学之后的“晚期庸俗经济学”，而称凯恩斯经济学及其以后的西方经济学已经深深陷入“总危机”。批判的根据不消说就是被教条式理解的马克思经济学。说这种批判毫无价值，恐怕是言过其实了，但无论如何不能说“主流是好的，成绩是主要的”。再说，西方经济学并未因我们的这种批判

---

① 马歇尔：《经济学原理》上卷，商务印书馆1965年版，第142页。

② 同上书，第159—160页注①。

而停止前进，我们倒是因这种教条式的批判而吃了不少亏，以至于时至今日还需要对以往传统的理论重新加以审视，以适应时代发展的需要。这不能怪历史上的马克思，也不能简单地指责现今的某些人，说到底那是一种历史现象，有其深刻的社会根源。重要的是要正视现实，尊重中国特色社会主义事业的成功实践，实事求是地调整和转变我们的理论和认识。所以，对于这个历史时期所出现的那种教条式的批判，我们就不必多费笔墨了。

08　激进政治经济学的经济剩余论

马克思主义经济学的剩余价值理论，如同劳动价值论一样，在马克思身后并没有得到长足发展。改革开放前的中国和苏联的经济理论家或经济学教授就不必说了，他们总是以批判各种所谓“异端邪说”为己任，从不向自己提出依据实践创新和发展理论的任务；即使西方马克思主义经济学家的新贡献也不能算多，充其量在涉及剩余价值论的某些不甚重要的技术层面有所发挥或补充。

然而，美国激进政治经济学家保罗·巴兰(Paul A. Baran，1910—1964)和保罗·斯威齐(Paul M. Sweezy，1910—2004)也许是个重要的例外(如果不是唯一例外的话)。他们通常被看做战后美国甚至整个西方最负盛名的马克思主义经济学家，这同他们仍然坚持马克思主义经济学基本原理、批判垄断资本主义制度、寄望于社会主义制度直接相关。然而他们与原封不动地固守马克思主义经济学基本原理的人们有所不同，巴兰和斯威齐对这些原理的理解和解说往往包含着不被正统学派认同的独到见解，他们甚至还提出了一些不同于马克思基本原理的新论点或新学说，力求对垄断资本主义和现代社会主义制度的命运和前途等重大问题作出新的解说，其核心是经济剩余论。

依据经济剩余理论，巴兰的《增长的政治经济学》(1957)提出了对垄断资本主义、不发达国家和社会主义国家发展规律的总的分析和论述，而《垄断资本》(1966)则专门对垄断资本条件下经济剩余的产生和吸收问题作了深入研究，那是对前者相关论点的深化和发展。必须指出，经济剩余论并非马克思的剩余价值论，如同我们在第一篇所说，经济剩余和剩余价值在概念、内涵、范畴、性质和它们各自的源泉等方面均有原则性的区别。不过，经济剩余概念毕竟出自上述两位马克思主义经济学家之手，与剩余价值同属剩余之列，而且他们运用这个概念或学说的目的又是批判(垄断)资本主义制度，肯定社会主义制度，所以，在马克思主义正统经济学对剩余价值论了无贡献的情况下，他们的经济剩余论不失为对剩余理论的一种新的有意义的开拓，在现代经济剩余论发展史中理应占有一席之地。

保罗·巴兰生于乌克兰黑海沿岸的尼古拉耶夫一个医生之家。1921

年随全家移居波兰并加入波兰国籍。1925—1928年就读于莫斯科普列汉诺夫经济学院，后在德国工作，1932年获柏林大学哲学博士学位。1939年移居美国，1941年获哈佛大学文学硕士学位。第二次世界大战期间曾任职于美国战略情报局，战后先后就职于美国商业部和纽约联邦储备银行。1948年任斯坦福大学经济学讲师，1951年后一直任该大学经济学教授，直至逝世。他的主要著作是《增长的政治经济学》(1957)，并与保罗·M.斯威齐合著《垄断资本：论美国的经济和社会秩序》(1966)。

保罗·斯威齐生于纽约，1931年和1937年在哈佛大学先后获得学士和博士学位。1932年至1933年曾在英国伦敦政治经济学院进修，1942年发表《资本主义发展论》。第二次世界大战期间在战略服务局任职四年，战后回到哈佛大学任教，1946年离开哈佛大学，除了在一些大学或研究机构担任客座教授外，专心于创立"严肃的、真正的北美牌马克思主义"事业，1949年创办左翼杂志《每月评论》(*Monthly Review*)，并任主编直至辞世。

本章"背景和初衷"部分概述巴兰和斯威齐提出经济剩余论的背景和意图，随后的四评述巴兰所著的(同时也反映了斯威齐的观点)《增长的政治经济学》的经济剩余论，最后一部分评述他们二人合著的《垄断资本》的经济剩余论。

背景和初衷

经济剩余论是巴兰和斯威齐研究战后资本主义和社会主义制度的主要理论工具，这些工具的提出与他们对战后资本主义和社会主义发展的基本态势的认识直接相关，也同他们对西方资产阶级经济学的基本状况的判断直接相关。

他们从激进政治经济学的立场出发，认为当代垄断资本主义的基本特征和不治之症是停滞和腐化[①]，并认为政治经济学应当致力于解决这

① "垄断资本主义的不治之症不是它'恰巧'把大量资源挥霍在生产武器上，不是它'恰巧'允许公司做出勉强可以感觉出来的和潜意识的广告，兜售伪劣产品，以及让愚蠢的娱乐、商业化的宗教和堕落的'文化'充斥人类生活。对人类进步造成惊人障碍的资本主义制度的不治之症在于，所有这一切并非资本主义秩序偶然出现的特点的某种聚合，而是它的存在和活力的根基。"(《增长的政治经济学》，商务印书馆2000年版，第12页。)

些问题。然而依据他们的看法，资产阶级经济学已经丧失了完成这种社会责任的功能。他们注意到古典经济学的主题是经济发展，并且也的确为否定封建主义制度、确立自由竞争资本主义制度作出过巨大贡献。可是随着第一次产业革命的实现，资产阶级巩固了自己的统治，社会经济发展已不再是资产阶级经济学的主要课题，他们转而竭力论证资本主义制度的合理性和优越性，抵制对该制度的任何批判。一直到20世纪初期大萧条和资本主义总危机的爆发，终于催生了对该制度持一定批判态度的凯恩斯主义经济学。然而，随着战后资本主义的复苏，发展问题再次退居次要地位，资产阶级经济学家们"怀着明显的欣慰心情，又像惯常那样歌颂资本主义的和谐……在颂扬市场经济的优点及美化垄断和大企业的同时，经济学完全抛弃了由于凯恩斯革命而达到的任何进展，重新回到对'幸福的20年代'的自满状态"①。

可是，他们又认为这种倒退是短暂的，实际上甚至没有影响到整个经济学界，也就是说，发展问题仍然是人们关注的焦点(之一)，不过，他们认为在人们继续关注经济发展(而不是一味地为现行制度辩护)问题的背后，隐藏着资本主义前途的不确定感，以及对资本主义制度阻碍经济发展的障碍的痛苦观察。在他们看来，必须找出新的理论视角和理论工具，才能对垄断资本主义的不治之症和障碍作出切合实际的分析，这个独特的视角和工具便是基于经济剩余论的经济发展论。

促使巴兰和斯威齐专注于研究经济发展问题的另一背景和动力，来自于他们所判定的战后另一方面的基本形势。一是席卷全球的旨在"推翻整座资本主义大厦，结束极大多数人的落后和被征服状态"的非殖民化浪潮，二是"世界社会主义阵营的惊人发展对不发达国家的动荡不安所产生的历史性影响。苏联在大战期间的军事业绩以及被战争破坏经济的迅速恢复，最终证明了社会主义社会的实力和活力。人们不再怀疑，以全面经济规划为基础的社会主义经济制度可以运行和发展，能够经受得住最难以对付的历史考验——没有私人企业的利益，没有生产资料私人所有制"②。他们坚信，持续的经济发展与资本主义制度不相容，而社会主义经济规划则是解决发展问题的唯一合理的办法，人们可以从苏联和其他社会主义国家已经出现的经济增长过程中"获得无可比拟的好处"。他们

① 《增长的政治经济学》，商务印书馆2000年版，第93页。

② 同上书，第94页。

批判了西方经济学中所谓的发展经济学，认为他们没有触及发展的根本问题，反而将不发达的原因归咎于缺乏自由市场力量、资本不足以及人口压力等。他们认为前两种观点失之肤浅，后者则别有用心（新马尔萨斯主义）。

于是他们把问题归结为需要正确理解经济发展的定义："让我们把经济成长（即发展）定义为人均产量随时间推移而增加。"[①]需要理解经济发展的关键在于增加净投资，而"只有社会总产出超过当时社会消费所需要的以及补偿在该期间使用的生产设施的损耗，才会有净投资。因此，任何特定时间里社会中的净投资的性质和数量取决于当时产生的经济剩余的规模和利用方式……这两者基本上由社会生产资源被开发的程度以及从中开展生产过程的社会结构决定……理解支配经济剩余的规模和利用方式的因素是经济发展理论的首要任务之一。'纯'经济学领域是不探讨这种理论的。我们必须在关于成长的政治经济学中寻找它"[②]。经济剩余概念和理论呼之欲出。

不消说，巴兰和斯威齐的上述各项论断具有鲜明的时代特色，那是当时社会主义国家和世界范围内马克思主义阵营的正统观点。这些观点的历史局限性已不说自明，发生在20世纪后期的东欧剧变、苏联解体，以及中国走上改革开放之路，毋庸置疑地证明了这些论断已经过时，这是任何一位客观观察者都会承认的。至于他们为什么未能预见到时代变迁，没有能够（似乎也未想）跳出马克思主义正统的眼界，不是我们这里需要讨论的问题。我们感兴趣的是，正是这些论断促使他们提出了以经济剩余论为核心的经济发展论，从而成就了一段值得探讨的经济思想史华章，同时也注定了这种理论从一开始就不可避免地带有时代的烙印和历史的局限。

三种经济剩余

巴兰和斯威齐提出了三种相互联系又相互区别的经济剩余概念：实际经济剩余、潜在经济剩余、计划经济剩余。

"实际经济剩余，就是社会当前实际劳动产品与社会当前实际消费之

① 《增长的政治经济学》，商务印书馆2000年版，第103页。

② 同上书，第105—106页。

间的差额。从而与当前结余和积累同义。具体体现在该时期社会财富所增加的各种资产：生产性工具设备、库存、对外结余和黄金存量。"巴兰接着指出："它和马克思剩余价值概念相比明显地只包含总产值的较小部分。大家记得后者包含介于净总产值和实际劳动收入之间的全部差额。上面所称的'实际经济剩余'仅是指积累起来的剩余价值部分，换言之，不包括资产阶级的消费、政府的行政和军事开支等。"[①]除了数量上不一致之外，他们所说的经济剩余与马克思的剩余价值概念还有一个重大区别，后者是资本主义生产方式特有的范畴，而经济剩余则存在于"所有社会经济形态之中，它的规模和结构在不同的发展阶段上虽然大不相同，但是它的存在则见之于几乎所有的史料中"[②]。

"潜在经济剩余，指的是在一定自然条件和技术条件下，利用可获得的生产资源所可能生产出来的产品和被认为的必需消费品之间的差额……它主要表现在四个方面。第一是社会的过度消费……第二是社会中由于非生产性工人的存在而损失的产品，第三是由于现存的生产机制结构的不合理、不节约而失去的产品，第四是主要由于资本主义生产的无政府状态以及有效需求不足而导致工人失业所未能体现的产品。"[③]巴兰指出："这里所指的生产(剩余)值也不同于马克思所指的剩余价值。一方面它不包括上述资本家的必要消费以及被认为是必要的政府行政开支等剩余价值部分；另一方面，它包括剩余价值概念所未包含的部分——因为生产资源的未充分利用或利用不当所损失的产值。"[④]

巴兰和斯威齐指出了上述两个经济剩余概念与马克思的剩余价值概念在数量上的差别，但他们也就到此为止，没有深究它们在性质和创造源泉上的异同，就像我们在前面分析过的那样。很可能他们不认为有必要提出这些问题，或者不认为它们的性质和源泉有什么区别。不过这里对此不必深究，还是接着来看他们的第三个经济剩余概念。

"如果说潜在经济剩余对于理解资本主义制度的不合理性有着重要的科学意义，并对处于紧急状态下(或迫切需要发展经济情况下)的资本主义社会有着巨大实际意义的话，那么计划经济剩余就只能是社会主义

---

① 《增长的政治经济学》，商务印书馆2000年版，第107页及该页注①。

② 同上书，第108页。

③ 同上书，第108—109页。

④ 同上书，第108页注②。

制度下的综合经济计划体制的范畴。它是指介于在一定历史时期的自然和技术条件下，有计划地'最佳'利用一切可以获得的生产资源所可能得到的社会最终产值为一方和所选定的'最佳'消费值为另一方之间的差额。这里所谓'最佳'的含义……体现着一种为理性和科学所主导的社会主义的精密决策。因此，就资源利用而言，它意味着社会主义设施的意义深远的合理化……去除冗余的产品差别，消灭非生产性劳动……和实行科学的保护人力、自然资源政策等。"[①]

透过计划经济剩余这个概念，人们不难感受到作者对社会主义计划经济体制的"一往情深"。在他们看来，这种剩余是对资源"最佳利用"的结果，是消除了资本主义条件下种种不合理利用资源所导致的巨大浪费的结果，是将潜在的经济剩余真正挖掘出来的结果，总之是理想又现实的经济剩余，它是社会主义制度优越性的必然体现。不消说，这一概念的提出和他们对之所充满的肯定之情，表现了那个时代社会主义者的自信和憧憬。这种感情尽管十分宝贵，但历史和现实已经证明，它只能是一种乌托邦，至少在可以预见的未来，它还不能变为现实。社会主义经济实践的效果与他们想象的正好相反，所谓计划经济剩余何止很不理想，简直是十分糟糕，否则(简而言之)就不会发生东欧剧变和苏联解体那样巨大的历史性、颠覆性的变化，也不会涌现出以改革开放和市场经济为特征的中国特色社会主义的伟大事业了。

垄断资本与经济剩余

巴兰从激进政治经济学的立场出发，分析了垄断资本条件下经济剩余的产生与吸收问题，这是《增长的政治经济学》的重点，又是《垄断资本》的专题。巴兰和斯威齐的基本思想是，发达资本主义国家拥有大量经济剩余，但未能充分加以利用。这个基本思想首先是通过研究垄断资本条件下，影响和决定经济剩余的四个主要条件得出的，其中头两个条件涉及经济剩余的规模和数量，后两个涉及经济剩余的效用或利用模式。

第一，尽管经济剩余的数量大大增长了，但是资源并没有得到充分利

① 《增长的政治经济学》，商务印书馆 2000 年版，第 127—128 页。

用。失业、生产力过剩、削减农业生产等的存在，使得垄断资本条件下的实际经济剩余必然大大低于其潜在的最大可能的经济剩余。

第二，工资和大众的消费水平已经降到了最低水平，即始终与当时的最低生活费用相一致，经济剩余中有越来越大的部分转到了垄断大企业手中。

第三，大型企业、垄断、寡头垄断的发展，以及它们对资本主义制度所有部门和分支的日益扩大的支配，而不是人口等外部因素或政府失误等，造成了中小型企业家私人投资不足、利润日益集中在少数垄断资本家手中，使中小企业面临更加沉重的竞争和被排挤的压力。

第四，“在资本主义发展的垄断阶段，利润率均衡的机制只有在经济体制中强烈压缩的竞争部门才起作用……在经济体制中的垄断和寡头垄断的领域内，资本投资的利润率不等，但主要是高，而可用于投资的利润量又大得惊人。这倾向于减少总投资量，因为那些拥有丰厚利润的少数垄断和寡头垄断厂商发现，返回到他们自己的企业已经无利可图，再投资于别处也日益困难。后者的困难更是越来越大……因此，在任何既定情况下，投资量总是小于在充分就业条件下产生的经济剩余量，它最终导致就业不足和停滞或生产过剩”[①]。

巴兰在进一步分析经济剩余的吸收问题时指出，由于投资不足，所以要增加消费以创造更多需求。然而他的分析表明，这种需求不可能由增加工资、增加资本家的消费来满足，甚至大量增加非生产劳动也不能完全解决这个问题。因为工资总是同最低生活费用相联系，而且这种趋势是稳定的；资本家的生活与消费水平尽管比他们的祖先大为提高了，“但是与经济剩余的增长比例相比，他们在消费方面的支出显然不是更多，而是更少”[②]。非生产性支出的大量增加，例如，“对公司执行人员支付高额的薪水和津贴。对律师、公共关系和广告方面的专家、市场分析家以及院外活动集团的成员等支付丰厚的费用，在乱七八糟的官僚机构、代理方面的大量支出，以及业务上的花费等，所有这些，在竞争的资本主义时代是闻所未闻的……并且吸收了归大商家所有的巨额经济剩余的一大部分……(但是)这种增加并不能大到足以有效地减少可能用于投资的大量的经济

① 《增长的政治经济学》，商务印书馆 2000 年版，第 169—170 页。

② 同上书，第 174 页。

剩余,也不能大到能够创造大量的投资机会"[①]。

巴兰接着指出,资本主义需要"外部"力量推动以创造需求,为经济剩余找出路,这个外部力量就是政府。巴兰首先回顾了资本主义条件下政府作用的历史演变过程,指出1929—1933年资本主义世界大危机促使政府作用发生了巨大转变,从原先对社会经济活动的不干预或中立主义转向积极干预。

巴兰评述了政府为克服需求不足可能采取的各种措施。他的结论是,政府的全部支出既不用于个人或公共消费目标,也不用于有效投资,而是用于各类非生产性目的。第一,出于垄断资本的需要,政府不会放任失业扩大,引起社会震荡,威胁资本主义制度本身,但也不会实现所谓充分就业,这就是政府实施公共工程、救济支付和各种失业救济的出发点。第二,进一步强制缩减工作时数也不可行,因为那将不仅遇到来自企业方面的,还有来自那些负担不起实际工资削减的工人们的反对。第三,政府对个人的或公共的特殊消费予以补助,特别是对低收入人群予以补助。本可增加这些人的需求,但不可能大量扩展这种补助,因为"大规模地、给予个人消费的补贴总是与资本主义的精神不一致,并且对统治利益集团最无吸引力"[②]。第四,剩下的就只有用于各类非生产性目的了,这是吸收经济剩余从而维持经济繁荣和发展的主要外部刺激。

他对第四项措施进行了详尽的说明,这些说明实质上是对被垄断资本所统治的国家的帝国主义性质的揭露和批判。首先是政府支持垄断资本为了自身利益而扩张对外贸易;其次是"对所谓友好国家的政府的贷款和补贴,为'保护'海外领土或推行某种海外政策所必需的军事机构设置方面的开支,以及为它所支配的地区和在其他一些竞争性或'不确定'的资本主义国家中进行宣传、颠覆和进行间谍活动而设置的庞大机构方面的支出——所有这些都达到了惊人的数字……当认识到这些支出所吸收的经济剩余比它更大时,其重要性会更明显……帝国主义政策上的资金支出为过剩的经济剩余提供广大的出路,它成为政府的'耗尽的支出'的主要形式,成为为达到充分就业而进行的政府干预的核心"[③]。巴兰强调

① 《增长的政治经济学》,商务印书馆2000年版,第175—177页。

② 同上书,第192页。

③ 同上书,第204—205页。

说，将经济剩余的很大一部分用于军事目的以及加倍雇用非生产性工人等有组织的浪费，能为垄断资本主义经济提供必要的外部推动力，能充当对萧条的直接补救办法，能止住失业带来的痛苦，但是这种效果是短期的，不可能长久，因为新需求必然引起新投资和过多的无法吸收的经济剩余，于是一切又从头开始。巴兰以此批判凯恩斯主义者对政府干预措施效果的迷信。

巴兰指出，为吸收经济剩余而追求军备竞赛成为帝国主义国家不可避免的选择，尽管打着全民福利的幌子，但这种骗人的做法难以持久，因为它不可能使人民的生活真正得以改善和提高，最终必然引起民众的怀疑和反对。至于发动帝国主义国家之间的战争，巴兰认为，尽管他们想通过战争的方法逃脱绝境的倾向与过去一样强烈，但他们可能必须考虑一些新的因素而不致真的在他们之间发动战争，这主要是因为占统治地位的国家（事实上就是美国）越来越多地充当仲裁者的角色，而其他国家则可能从以往的强国地位屈降为卫星国。他还认为帝国主义发动对社会主义国家的战争的可能性比我们经常假设的要小。巴兰的这个设想自提出以来已被事实所证实。

巴兰的结论是："在资本主义发展的某一阶段（50—80 年前），大型企业、垄断和寡头垄断的发展是促进生产力和科学发展的进步现象。事实同样清楚地表明，今天，同样是这种情况，对经济、社会、文化和政治却构成了一种倒退的力量，阻碍了进一步发展，并使之恶化。"[①]也就是说，帝国主义国家获取了巨额经济剩余，但他们又不可能为这些剩余找到适合的出路，结局只能是陷于停滞，或者说，伴随着停滞的发展。对照巴兰著作问世半个世纪以来主要资本主义国家的历史和现实发展态势，我们可以说巴兰的上述分析及其结论基本上没有得到证实，因为战后西方主要资本主义国家的社会经济生活，尽管先后发生过短暂的停滞、波动和危机，但整体上得到了长足进展。它们的经济剩余不仅数量巨大，而且使用的效率显然也比较高。其原因当首推科学技术进步、高新技术应用、人力资源开发，以及经济体制的调整即国家宏观调控与自由竞争市场机制的结合，此外还有对世界范围内石油等各种战略性资源的控制和掠夺等。

---

① 《增长的政治经济学》，商务印书馆 2000 年版，第 170 页。

不发达国家与经济剩余

现在我们来评析《增长的政治经济学》对不发达资本主义国家与经济剩余的论述。与分析垄断资本条件下的经济剩余一样，巴兰也从经济剩余的四个方面（必要条件）分析不发达国家的经济剩余，其中第一和第二个条件涉及经济剩余的规模和数量，第三和第四个条件涉及利用经济剩余的模式效率问题。

这些国家的产出很低，人力、物力资源远未充分利用，在这些国家中，资本主义象征着一种经济停滞、技术陈旧、社会落后的体制，根本没有成为经济发展、技术进步和社会变革的动力，因此这些国家的经济剩余很少，但这并不意味着经济剩余在总收入中所占的份额很小。恰好相反，由于生产性人口的消费已经降到了最低可能的糊口水平，所以经济剩余在总产出中所占的份额很大。

至于第三和第四个条件，即关于经济剩余的利用模式和效用问题，换言之，经济剩余到哪里去了、由谁用到什么地方去了的问题巴兰作了详尽论述。

就农业经济部门内部来说，他指出，农民本来数量不多的经济剩余，多半被地主、高利贷者，在较小程度上还有国家，以通常都是很高的租金、税金和利息等形式榨取光了；而地主阶级榨取的经济剩余中相当部分被过度消费消耗掉了，而且高昂的高利贷率以及价格波动，也妨碍地主和其他投资者投资于农业；小佃农经营更无力进行农业改良和较大规模的投资，致使农业生产率十分低下。

值得注意的是，巴兰就此进一步指出，以分割土地为目标的土地改革（指的是“打破大种植园制，向无地农民分发土地，免除佃农的沉重负担”），实行小农经营，对改善农民生活的效果只能是短暂的，因为人口的增加必然使土地进一步分割，而土地分割会降低大幅度提高生产率、增加经济剩余的可能性。所以，“土地改革如果发生在一般的落后国家中，只会阻止而不是推进一国的经济发展……因此，在资本主义条件下……土地改革不仅必须要与资本积累一起进行，而且需要伴之以工业资本主义的快速发展”[1]，而

① 《增长的政治经济学》，商务印书馆2000年版，第259页。

工业资本主义的迅速发展则有赖于并且会导致土地革命和土地逆向革命，即土地集中于资本主义农场主手中，使农业“资本化”。

应当说，巴兰的这些分析是对的。当然，巴兰并不认为土地改革完全无用，而只是说这种土地改革不是可以结束落后国家农业落后局面的灵丹妙药。巴兰这里说的是资本主义的土地改革，与社会主义国家所实行的土地改革有原则性的的区别，在后者条件下，土地改革之后，按照苏联和中国当年的做法，也是接着实行土地经营的集中，不过不是集中到农业资本家手中，而是走上集体化的道路，集中到“集体”手中，从私人所有制转向集体所有制，“建设由自由、平等的生产者合作经营的技术先进的农场”，巴兰在后来的论述中对此加以肯定，但历史已经证明这种选择是不成功的。

就非农部门对经济剩余的索取和利用（“占去了一国经济剩余的一大部分”）模式来说，巴兰指出，农业经济剩余的索取者有四类不同的、密切联系的受益者：商人和放债者；工业；外国企业；国家。

（1）关于商人放债者和各类中间商，巴兰指出，这个社会经济层的最惊人的特点是其规模庞大，遍及城乡，无所不在；无知、狭隘和贫困的个体农民和小地主成为他们理想的剥削对象，而赚取利润的方法和机会是很多的。“这个阶层对社会产出并无贡献，相当于农村中的结构性失业人口，只是生活在城市中而已……（他们的）消费来源于农民大众赖以维生的生活资料。只是在他们提高了农民的生活费的意义上，他们也挤占了经济剩余。这也就减少了地主可能榨取的经济剩余……”①商人中的游民资产阶级消耗了整个阶级所获取的经济剩余的一大部分，而他们的消费通常都不会转化为生产性投资，而是在流通领域不断寻求赚钱的机会，这些人是阻碍资金进入工业生产领域的一种阻力。巴兰的这些描述和分析对旧中国的农村也是非常适用的。

（2）关于工业对农业经济剩余的利用。巴兰着重指出，帝国主义垄断资本的侵入，摧毁了落后国家原本需要保护的幼稚工业，使这些国家沦为发达国家的原料产地和商品市场，导致了这些国家独立的资本主义工业化的失败。“这就在前工业社会停滞不前的基础上又加上了垄断资本主义的制约影响。落后国家中被垄断企业所攫取的巨额经济剩余并未用于生产目的，既未再投资于本企业，也未用于发展其他事业……它供养了受益者的奢侈生活，用于建造城市和乡村的豪华住宅，花在雇用大批奴仆、

---

① 《增长的政治经济学》，商务印书馆2000年版，第262页。

尽情享受等上面。余下的部分则用于购买能获取地租的土地，用于为各种商业活动的融资、高利贷和投机方面。最后但并非最不重要的去路是把数目客观的钱财转移到国外……”①

(3)关于外国企业对落后国家经济剩余的利用。巴兰首先指出，虽然这些外国企业的一部分经济剩余直接在不发达国家消费掉(如支付当地高级管理人员的工资)，但大部分赢利被转移到境外，这就使它们对不发达国家资本形成的贡献很小。然后，巴兰花了很大篇幅着重论述了生产出口商品的外国企业(占外资的很大部分，而且在东道国和世界的产品中具有举足轻重的地位)在不发达国家所起的作用，说明这些企业所取得的经济剩余和再投资是否对这些国家的经济发展作出了贡献。他的基本论点是：第一，东道国从外资企业得到的直接利益很少。这主要是指：外资企业给不发达国家带来的资本很少，即使到以后，不发达国家这类企业的业务发展起来之后，从发达国家转移过来的资本也很少；这些企业投资的很大一部分是所谓“实物投资”，即用于购买本国产品和设备，等于是扩大了发达国家的国内市场；给予当地工人的工资通常很低，能增加的就业量很少；某些外资企业把它们赚取的利润要么寄回国内，要么转投到其他国家，等等。第二，基于不发达国家在外国企业经营下生产结构单一等事实，巴兰驳斥了认为外国企业投资经营一定会给东道国带来好处的观点，这涉及外国企业投资经营的直接影响。第三，外资企业投资会带来一定的“外部经济”(铁路、电站、道路等)，但如果以为仅仅有这种“外部经济”就一定能够产生经济扩张，出现所谓“投资滚雪球效应”则是一种误解，其实这种所谓外部经济条件主要有助于这些企业对不发达国家自然资源的掠夺。② 巴兰的下述结论是有说服力的：“外国企业对不发达国家所造成的主要危害，在于它凝固和增强了商业资本主义的地盘，在于它延缓、实际上是阻碍了从商业资本主义向工业资本主义的转变……其结果是出现了致力于维持现存封建——商业制度的由富有的买办、强有力的垄断者和大土地所有者结成的一种政治和社会联盟……这种联盟决不会对工业资本主义的兴起抱什么幻想……”③这涉及外资企业的间接影响。不消说，巴兰的

① 《增长的政治经济学》，商务印书馆2000年版，第267页。

② 同上书，第284页等处的精彩论述。

③ 同上书，第285页。

这些论述有力地揭露和批判了帝国主义的掠夺本性，这种批判是对20世纪50年代帝国主义和不发达国家经济关系的真实写照。①

（4）关于对不发达国家的经济剩余的第四类索取者——政府对经济剩余的利用方式，巴兰用了整整一章来加以论述，主要在于分析和驳斥了下述观点：外国企业通过缴税和支付矿区使用费，交给了所在国政府大笔资金，使他们可以应用于自己国家的经济发展上。巴兰将这些"受惠国"分为三类并分别进行了考察：一类是直接的殖民地（几乎整个非洲和亚洲的一部分），另一类是具有买办性质的政府统治的大多数落后国家，还有一类是印度等少数实行所谓"新政"的国家。得出的主要结论是，无论哪一类国家，无论其支配和使用的得自帝国主义宗主国转移给它们的经济剩余的方式有什么差异，总是要服从和服务于宗主国、买办或少数统治者的利益，因而不能一般地说会有利于落后国家的经济发展。

社会主义国家与经济剩余

最后，让我们考察一下巴兰如何从经济剩余的角度来看待社会主义国家的经济发展原则。他的根本出发点是社会主义应该实行计划经济，他说："建立社会主义计划经济是不发达国家经济和社会进步的基本的、不可缺少的条件。"②这是20世纪50年代该书问世时，社会主义各国普遍遵行的观点，也是当时社会主义各国的经济实践。几十年过去了，世界发生了巨变，社会主义阵营已经不复存在，东欧剧变、苏联解体以及中国走

① 关于当今（指20世纪50年代）帝国主义的特点，巴兰有如下总结性论述，很能代表当时马克思主义者的一般观点："当然，今天的帝国主义，不管是它本身还是它的惯用伎俩或意识形态外表，已不是50年或100年前的那种模样。正如对外国进行赤裸裸掠夺，已让位于同不发达国家进行有组织的贸易那样（在这种贸易中，掠夺已被一种无可指责的'正当的'契约关系的机制加以合理化和经常化），这种平稳地进行贸易的合理性同样也已融入现代的、更先进、更加理性化的帝国主义剥削体系。如同其他历史现象的变革那样，当前的帝国主义仍旧包含和保存着它原先的行为方式，只不过将它们提到一个新高度罢了。它的核心特征是，它现在不单旨在从它的统治对象中马上榨取大量分散的利益，已不满足于能在一个不太短的时间内持续地取得这些财源。今天在组织严密和经营有方的垄断企业的推动下，它所追求的是使这些滚滚而来的财源合理化，可以长此不衰。而这就是我们这个时代帝国主义的主要任务：阻挡，如果不可能则就延缓和控制不发达国家的经济发展。"（《增长的政治经济学》，商务印书馆2000年版，第287页。）

② 同上书，第356页。

上改革之路，一再证明了实行计划经济体制终究不是一条康庄大道，从而表明巴兰的这个论断已经不合时宜，当然，他也不应因此而受到责备，毕竟这不是他个人的过错，而是历史条件的局限使然。

值得注意的是，巴兰从经济剩余的角度对社会主义革命和建设任务的解析，有一个假定前提：一个制订经济发展计划的社会主义国家，是在敌对的资本主义包围中的一种封闭经济，这个假定一直到最后分析对外经济关系时才被取消。

巴兰的讨论大体分为两部分：一部分是如何使用潜在的经济剩余，另一部分是如何增加实际的经济剩余。关于前者，巴兰强调指出："在'改造旧经济和建立新经济'中，使用该国潜在经济剩余是首先要采取的，从很多方面来说，这也是决定性的一步。从某种程度上说，这还比较简单。剥夺外国和本国资本家和地主的财产，从而杜绝因过度消费、资本外流等原因对当时国民收入的消耗，就可以使得实际经济剩余立即增长……各种以非生产性劳动力形式存在的潜在经济剩余的利用要更复杂些。"①前者是指其中绝大部分资源或劳动力可以立即转而用于生产，后者是指各种从事非生产性劳动的人员不一定能立刻转移到其他岗位上去。但无论如何，非生产阶级的消费是显著减少了。巴兰指出，并不能指望它会导致实际经济剩余的相应增长（例如土地改革后出现的小农经济就是如此），相反，革命期间的混乱等情形甚至会引起总产值下降，使经济剩余消失，难以维持基本的消费，当然这是暂时的。巴兰认为后起的社会主义国家在这方面可以借鉴苏联先行的实践经验，少走弯路。

巴兰接着分析了怎样增加和分配实际经济剩余等几个关键问题。

第一是怎样处理积累和消费的关系。巴兰认为："一旦革命危机成为过去，革命前的生产水平得到恢复，并且新的政治管理体制获得了稳定，经济的发展是绝不会以低于革命前的群众消费水平为基础的。然而，它的起步所必须依赖的条件是：在一切土地革命伴随着社会革命进行的国家里，重新获得现在大部分为农民消费的增加所吸收掉的那部分潜在经济剩余。"②也就是说，要将农民从土地改革中已经获得的那部分通常用于扩大消费的经济剩余，由政府收回并用于投资，会遇到激烈的抵抗。例如，俄国在20世纪20年代所实行的粮食税就是一个典型，事实证明这是行不通的。

---

① 《增长的政治经济学》，商务印书馆2000年版，第356—357页。

② 同上书，第360页。

利用“剪刀差”来抽取农民的一部分经济剩余也因农民贫困而无法实行。

巴兰认为:“唯一能将它(农业)纳入一国国民经济总体的方法是改变作为农民生产主要形式的糊口农业,将之转换成一种专业化的、分工的、市场导向的产业,在这种产业中其产业结构,及其在农业工人们消费与归诸社会的经济剩余之间的分配,都将由计划部门来决定,正如其他产业一样。在社会主义条件下这种转换只有通过农民的生产合作化,通过农业劳动的集体化,才能取得成功。”[①]

这样一来,巴兰就把农业集体化的必要性与动员经济剩余的问题联系在了一起,巴兰认为这就消除了农民对抗“抽取”经济剩余的基础。农业集体的消费和积累由国家计划部门通过市场价格和计划指标来决定。他认为计划部门可以提高最大可能的投资,这是社会进步所不可缺少的基础。“这样,在社会主义条件下总产值中成为实际经济剩余的份额,是按照特定社会主义国家、特定历史发展阶段所具有的具体可能性、需求和任务来决定的。它的规模、它的产生过程以及它的用途,都同资本主义的实际经济剩余毫无共同之处。作为有计划的经济剩余,它被限定在适应全社会所需要的范围内;作为有计划的经济剩余,它为全体人民所平均负担;作为有计划的经济剩余,它的使用是为了取得全社会的人力和物质资源的长期最佳发展。”[②]巴兰的这些设想及其后果,我们不会感到陌生,它在很大程度上是对苏联和中国农业集体化实践的一种总结。巴兰对这些实践经验是肯定和赞扬的,但这些“社会大试验”以失败告终的结局也表明巴兰的设想不过是一种乌托邦。

第二是怎样处理工业和农业的关系。巴兰指出这是如何最有利地分配经济剩余,以取得最大可能效益的问题。他在这个问题上的态度和观点,基本上就是赞同和支持苏联的一整套做法,包括强调首先发展工业,然后才是农业。他的结论是:“投资政策必须把重点放在工业发展上,同时发展农业使之支持工业发展——以使工业最终能够转而以更多的工业生产资料给予农业以巨大的推动力,从而,通过最充分地利用工业、运输和农业部门的设备,使资本产出比率达到最有利的水平。”[③]为此,他甚至对苏联强制推行农业集体化的做法表示理解和赞同,理由是,只有这样才

① 《增长的政治经济学》,商务印书馆2000年版,第363页。

② 同上书,第366页。

③ 同上书,第378页。

能使农业尽快实现现代化，以便为工业化提供支持，包括向工业提供粮食和原料等农产品，提供工业品市场以及劳动力等。当然，还有为工业化提供资本积累。历史已经证明，苏联的这一套以牺牲农业为代价的工业化，尽管在短期内可能取得一定成绩，但最终必然失败，最根本的原因在于这种工业化的效率低下，而且没有正确处理农业和工业的关系。中国在20世纪50年代后期就已经对苏联的工业化路线的正确性产生了怀疑，并最终确立了富有中国特色的经济发展战略，其要点之一便是以"农业、轻工业、重工业"为序，巴兰的著作没有反映当时这些最新的成果。

第三是如何处理生产资料和消费资料生产的关系，这是巴兰论述经济剩余分配(配置)问题的又一个方面。在这个问题上，一如在前述问题上一样，巴兰也是坚守着马克思主义经济学关于两个部类相互关系的理论原理，坚持着苏联的路线和政策，主张优先发展生产资料生产或重工业。他当然知道消费资料或轻工业对国民经济和生产资料生产的重要性，但他仍然坚持认为只有优先发展重工业才能使国民经济保持更快的发展速度。速度显然是巴兰优先考虑的因素，事实上也是当时苏联和其他社会主义国家经济抉择的首要考虑。我们知道，即使在改革开放之前，鉴于国内外社会主义建设的经验和教训，毛泽东等领导人已经意识到上述路线的弊端，提出了与之不同的发展路线，强调农业的基础地位，主张农业、轻工业、重工业的先后次序。巴兰的观点显然又是一个传统的已经不合时宜的马克思主义经济学观点。

第四是发展资本密集型还是劳动密集型生产的问题，巴兰从如何更有利于增加经济剩余，以及如何更有利于摆脱对外国工业化国家生产依赖的角度，强调应当着重发展资本密集型生产。这种观点的提出有其特定的历史背景，尤其是出于对抗外部资本主义国家的竞争和压力的需要，有其积极意义和必要性；但不可否认的是，这种观点与比较优势原理的要求是相悖的，不利于扬长避短、优势互补，在经济全球化的今天也已显得陈旧。

最后是关于社会主义国家的对外经济关系。巴兰在这里分别论述了几种类型的对外关系，一是社会主义国家与资本主义国家的经济关系，他指出了进行这种经济联系的必要性，包括借款和商品交易等，但也指出在这种经济关系中会存在来自资本主义国家的各种障碍和困难，不是社会主义国家能够一厢情愿的。二是社会主义各国之间的经济联系，他对这种经济关系所体现的相互协调作了高度评价，认为那是划时代的一种进步。三是"一个发达的社会主义联邦体中，各个组成成员之间的协调会发展得十分广泛——事实上会具有新的品质。随着资本主义时代退居为'人类以前的历史',他最明显的遗产之一将会促使它离开历史舞台。国家这个政治和经济产物将会慢慢地但是肯定地随着它赖以产生和成熟的经济和社会制度的消亡而消亡"①。巴兰深信人类要求生活、要求发展、要求幸福的理性终会引导人类社会走向相互平等和共同繁荣的境地。巴兰的这些论述无疑表达了人类追求发展和进步的愿景,尽管现在听起来不免有几分激进的成分。

垄断资本与经济剩余(续)

本节评析《垄断资本:论美国的经济和社会秩序》中的经济剩余学说,前已指出,这部专著是对《增长的政治经济学》中关于垄断资本和经济剩余论述的继续和发展,其核心论题是垄断资本主义条件下经济剩余的增长和吸收或利用。

意图和基本概念

巴兰和斯威齐说:"本书的意图,在于以最发达的垄断资本主义社会的经验为基础,开始对垄断资本主义进行有系统的分析……它是环绕着一个中心论题来组织并获得本质上的统一的:在垄断资本主义条件下剩余的产生和吸收……经济剩余的最简短的定义,就是一个社会所生产的产品与生产它的成本之间的差额。剩余的大小是生产能力和财富的指标,是一个社会享有多大自由来完成它给自己树立的任何目标的指标。剩余的组成部分表明一个社会是怎样利用那种自由的:它在扩大它的生产能量上投资多少,它以各种形式消费多少,它浪费多少,是怎样浪费的。"②

应当注意,这里所说的"成本"不仅指通常所谓的生产成本支出,而且将消费支出甚至浪费性支出也包括在内。还应当注意,他们认为在一个高度发达的资本主义社会里,剩余会采取多种形式和伪装,因此他们宁可采用剩余概念,而不采用传统马克思主义的"剩余价值"概念,因为后者通常只指

---

① 《增长的政治经济学》,商务印书馆2000年版,第389—390页。

② 保罗·巴兰、保罗·斯威齐:《垄断资本》,商务印书馆1977年版,第12—15页。

利润、利息、地租的总和，而不包括各种非生产支出和各种浪费性支出等。

经济剩余增长规律

巴兰和斯威齐提出了一个垄断资本条件下“剩余增长的规律”：“在垄断资本主义下，由于巨型公司价格政策和成本政策的性质，有一种强大的和规则的趋势，即剩余在绝对数上和作为总产品的份额均在增长。”①

所谓巨型公司，他们认为，“垄断资本主义是由巨型公司所组成的一种制度”②，巨型公司或典型的大企业单位，是垄断资本主义条件下经济生活中的决定性单位，它们由经理部门（经理人或公司人）控制，财务上独立，如同自由竞争条件的私人小公司一样，仍以追求最大限度的利润为目标。

所谓巨型公司的价格政策，他们认为，在寡头垄断条件下，价格决定并不是如垄断竞争理论所说，遵循所谓“边际收益＝边际成本”即可获得最大利润的原则。由于存在竞争，他们中间任何一个巨型公司的价格变动势必引起其他公司的反应，所以单独一个公司不可能知道什么价格将使它的利润最大化。可是这种市场价格不稳定的情况也已不是普通的常规了，要知道巨型公司不是完全自由竞争者那样的价格接受者，而是价格决定者，他们谴责价格竞争。它们的办法是禁止削价：“反对削价的戒律是从长期的并且常常是痛苦的经验中逐渐成长的，而它之所以有力量，是因为它符合社会中各种强大势力的利益……在价格竞争被禁止以后，某一种商品或其最接近的诸种代替品的出售人，就会注意使价格或各种价格的确定，务必能使整个集团的利益达到最大限度……这就是确定一般大公司的价格政策和策略的决定性因素。”③他们还指出，体现这一原则的形式，会由于各国特殊的历史条件和法律条件而有广泛差异。

所谓巨型公司的成本政策，他们认为，降低生产成本是整个垄断资本主义经济的“流行病”，因为寡头垄断制度存在着迫使公司经理们降低成本和提高效率的压力。一方面，在争取市场份额的斗争中，成本较低和利润较高的公司比成本较高、利润较低的对手享有各种便利条件：控制价格，直至发动价格战；有能力对新产品刊登广告，进行研究和测试；争夺人

① 保罗·巴兰、保罗·斯威齐：《垄断资本》，商务印书馆1977年版，第80页。

② 同上书，第55页。

③ 同上书，第61—62页。

才等。如果不努力降低成本,不断开发新产品、新技术,公司业务就会停滞。另一方面,生产资料制造商的技术革新活动会导致成本降低的效果,他们由于帮助别人获得了更多利润而使自己获得了更多的利润。这种过程具有自行加强和积累的作用。这是垄断资本主义经济强加在它的成员身上的"成本纪律",其目的仍然是增加利润,从而增加经济剩余。

结论是:"如果像我们所主张的寡头垄断成功地获得了与理论上的垄断价格非常接近的近似值这一点是真实的,如果它们的永不止息的降低成本的努力一般地获得了成功,那么,不可避免地要得出这个结论:剩余必定具有强大的和持久不断的增长趋势。"①

他们的这个结论与古典马克思主义经济学关于资本主义条件下利润率趋向下降的论断看来是抵触的。怎样看待这个问题呢?他们的回答是,马克思的论断始终以竞争制度的存在为前提,这个前提对马克思时代来说可能是真实的,但自那时以来,"资本主义经济已经经历了一个根本变化",即垄断竞争代替了自由竞争,所以他们认为:用剩余增长的规律去代替利润下降的规律,并不是否定或修正政治经济学上的一条历史悠久的原理。应当说,他们提出的这个规律是客观存在的事实,而且他们为此提出的主要解释也是说得通的。

垄断资本下经济剩余的利用

垄断资本如何吸收或利用经济剩余问题是《垄断资本》讨论的重点(约占全书1/3的篇幅)。他们分别论述了四个方面:资本家的消费与投资、销售努力、政府的民用支出、军国主义和帝国主义。

关于资本家的消费与投资能否吸收(利用)经济剩余的问题,他们的回答是否定的:"垄断资本主义是一个自相矛盾的制度。它总是形成越来越多的剩余,可是它不能提供为吸收日益增长的剩余所需要的因而是为使这个制度和谐运转所需要的消费和投资出路。"②这个结论是他们进行了一系列渐次递进的论证之后作出的,可以将这些论证的思路和要点概括为以下几点。

首先,"假定有充分就业,生产率的提高也是一定的,那就可以认为:总

① 保罗·巴兰、保罗·斯威齐:《垄断资本》,商务印书馆1977年版,第69页。
② 同上书,第105—106页。

收入(或总产量)——包括工人和资本家所消费的数量——增长之快,足以使资本家未消费的那部分剩余用作投资。剩余吸收问题就能这样解决——在纸面上。"[①]他们指出,这只是一种假设、一种不真实的假设,因为资本家的消费在实际上是否能提供任何解决办法,完全是另外一回事。

其次,"资本家的消费在绝对数上将会增加,这自然是可以预期的,但它作为剩余的一部分将会下降,而作为总收入的一部分则会下降得更多"[②]。为什么呢?据他们说,这是因为,大公司的股息支付率指标(通常是50%)长期内会保持不变,所以当剩余本身(从而利润)扩大时,实际的股息支付率将落后于这个通常不变的支付率指标。也就是说,利润增长了,分配的剩余份额(股息)也会提高,但是按照"公司行为根深蒂固的"做法,增加的股息不会在一年之内实行,而是在几年之内实行。结果是:收益在不断增长,而实际的股息支付率却在下降,从而造成资本家消费的相对下降。这里说的还是资本家把利润消费掉的情形,如果资本家把股息收入的一部分储蓄起来,其消费量的下降就更明显和更不可避免了,因此不能指望通过资本家的消费来解决经济剩余的吸收和消化问题。

再次,能否通过加速增长的投资来吸收不断增长的剩余和寻找投资出路的剩余呢?答案也是否定的。因为"从经济学的观点来看,这一点所包含的意思是荒谬的。它意味着,必须把数量越来越大的生产资料生产出来,其唯一目的就是供在将来生产数量更加越来越大的生产资料之用。消费在产量中所占的比例会越来越小,而股本的增长同消费的实际扩大或可能扩大却完全没有关系"[③]。换言之,为生产而生产是荒谬的。诚然,生产能力比它的实际产量增加得更快的情况在资本主义发展历史上曾经出现过,但它不会永远持续下去。投资迟早会过剩,并最终导致衰退和萧条。以上三项所说是所谓"内源的投资":投资导向从这个制度的内部机构产生的出路。这些机构倾向于使寻求投资出路的剩余供应不断增长,而按其性质,它们又不能使投资出路的大小得到相应的增长。

最后,除了上述所谓"内源的投资"以外,还有"外源的投资",即不以资本主义制度的正常运转所产生的需求因素为转移的那些投资。这些因素主要包括人口、新产品和新方法以及国外投资。他们的结论是:认为人

① 保罗·巴兰、保罗·斯威齐:《垄断资本》,商务印书馆1977年版,第80页。

② 同上书,第81页。

③ 同上书,第82页。

口增长对解决剩余吸收问题能作出很大贡献的观点是没有根据的；技术进步在自由竞争制度下的确会起到开辟新的投资出路并提高经济增长速度的效果，但在垄断资本主义下，这个理论不再适用了。原因在于，如前所述，巨型公司不是以单独考虑新方法的赢利为指导，而是以采用这种新方法对公司的全部赢利的最后影响为指导的，这就意味着一般来说巨型公司采用新方法的速度比在竞争条件下要慢一些。如果需求未变，如果新方法会增加他的生产能力，它普遍就避免使用新方法。所以技术进步对于剩余问题的解决，也不能比人口增长作出更重大的贡献。至于对国外投资吸收剩余的可能性就更不能抱太大希望了，因为主要资本主义国家每年虽然会有资本流出国外，但投资收入的回流总是要大得多，所以它通常只能使剩余的吸收问题更加严重，而不是有助于它的解决。

巴兰和斯威齐在作了以上分析后得出结论说："既然不能吸收的剩余不会被生产出来，所以垄断资本主义的正常状态就是停滞……这就意味着现有人力物力的经常使用不足。"[①]他们认为，垄断资本主义长期无力吸收它所能生产的剩余，这是它自相矛盾性质的表现，这种表现在人们印象中最明显的印象就是东西"太多了"。

这种东西"太多了"的现象，在古典马克思主义看来，无非就是生产的相对过剩。这种过剩的根源，马克思认为在于生产的社会化和生产资料的私人占有制度之间的矛盾，在于这种矛盾所决定的生产无政府状态和人民大众消费水平的不足。巴兰和斯威齐则将这种过剩归结为不能被吸收的剩余，将其不能被完全吸收的原因归结为资本家的投资不足。两者之间的差异是显而易见的。同时，巴兰和斯威齐的分析与凯恩斯主义的有效需求不足理论又有几分相似，只是在分析造成这种不足的原因方面，角度和观点不同而已。

只能说巴兰和斯威齐对垄断资本主义社会经济状态的描述具有部分的真实性，或者说不是完全真实的，因为在他们的著作问世至今的半个多世纪中，垄断资本主义经济发展史表明，停滞只是暂时的，发展才是常态，尽管这种发展伴随着周期性或突发性波动和危机。诚然，我们的两位作者深信，"在一个合理组织的社会主义社会，不管它可能赋有多么丰富的天然资源，具有多么发达的技术和人工技巧"，都不会出现"太多了"的问题，可是他们没有料到，与"太多了"相对的"太少了"或"短缺"，同样也不

① 保罗·巴兰、保罗·斯威齐：《垄断资本》，商务印书馆 1977 年版，第 105—106 页。

是什么值得肯定和羡慕的事情。

除了资本家的消费和投资以外，巴兰和斯威齐还分别论述了销售努力、政府民用支出以及军国主义和帝国主义等吸收经济剩余的不同方式。

在他们看来，广告、产品的差异化、人为的陈旧、形式改变以及销售努力的其他各种手段，还有金融、保险和不动产业，已经成为垄断资本主义本身的产物，对这种制度的正常运转必不可少，已经构成了这个制度的组成部分和必要社会成本。他们对此的根本态度是："应当看得很清楚的是：一种竟然以这样的成本为社会必要成本的经济制度，早就不再是社会必要的经济制度了。"[①]

他们还认为，与销售努力相比，政府在吸收经济剩余方面起着更大的作用，这种作用通常是通过政府直接购买或转移支付方式进行的，直接购买可以是民用品，也可以是军用品；转移支付则包括商人和农民的补贴、对失业者的救济、对老年人的养老金等。在美国罗斯福"新政"以后，政府在经济领域的支出大为增加，而支付的领域也扩及生产经营和社会生活的各个方面，包括教育、基础设施和其他公共工程等。他们指出，政府支付能力来自税收，还有其他经营活动收益；而它们之所以能够起到吸收剩余、维持社会稳定、推动经济发展的作用，则缘于它能在一定程度上增加"有效需求"，而资本主义和垄断资本主义的特点总是"有效需求不足"(借用凯恩斯语)。他们又强调指出，在垄断资本统治条件下，政府的这种作用最终要受到垄断资本整体利益的支配，其出发点不是为了社会利益，而是为了更有利于巩固垄断资本的统治。为此，他们结合美国的情况分析了政府在吸收剩余方面的种种弊端、限制和不良后果，其中危害最大者莫过于通过军事机器来吸收经济剩余了。

于是他们以美国为例专门分析了"剩余的吸收：军国主义和帝国主义"。他们认为，军国主义和帝国主义的发展事态说明，政府将其吸收的剩余投入的用途，受到垄断资本主义社会性质的严重限制，并且随着时间的消逝而变得越来越不合理和具有破坏性。他们回顾了美帝国主义的世界霸权主义的形成发展过程，指出它从成立起就怀有扩张意图，而在第二次世界大战后完全建立了这种霸权和支配地位。他们指出美国十分庞大的军事开支的主要用途，不仅在于维持和巩固它对世界资本主义体系的领导地位和寡头统治集团的私人利益，也在于对抗正在兴起的社会主义

① 保罗·巴兰、保罗·斯威齐：《垄断资本》，商务印书馆1977年版，第136页。

体系，等等；扩军备战必然扩大相关军工和非军工生产，客观上增加了就业，促进了经济繁荣，生产并吸收了经济剩余，可见有其经济方面的需要。

巴兰和斯威齐对垄断资本条件下经济剩余的产生和吸收问题所作的分析大体如此，但这并非《垄断资本》的全部内容，事实上，该书是一部对美国社会发展历史和垄断资本主义现状的全面分析和批判。除了经济剩余的产生和吸收问题之外，他们还论述了垄断资本的历史、垄断资本与种族关系以及垄断资本主义社会的性质等。最后他们指出，垄断资本主义制度是一种“不合理的制度”，这种不合理性渗透到美国社会的政治、经济、文化和意识形态等所有领域，“推翻”这个不合理的制度已经成为一种“真正具有合理性”的要求，然而他们清醒地看到，美国社会内部已经不存在能够肩负这种历史重任的阶级力量，他们寄望于社会主义国家的凯歌行进，还寄望于世界革命。他们说：“当世界革命扩大时，当社会主义国家用它的榜样表明，可能利用人对自然力的支配，去建立一个能满足人类正当需要的合理社会时，越来越多的美国人必定会对他们现在视为当然的东西怀疑其存在的必要性。一旦大规模地发生这种事情，现行不合理制度的最有力的支柱就将垮台，而重新创造的问题也将成为绝对的必要。这不会在五年或十年之内发生，也许不会在本世纪内发生……但甚至更少有的是：这种重大事件一旦真正开始之后，在它们的一切可能性全部展开以前，能改变它们的性质，或扭转它们的方向。我们时代的重大事件就是世界革命；在它席卷全世界以前，它是决不会停止的。”①

这就是两位激进经济学家在革命和战争时代发出的具有时代特点的呼唤，我们不想哪怕是稍稍贬低一下它的革命精神和历史意义，然而，在以和平与发展为时代主题的今天，纵观《增长的政治经济学》和《垄断资本》问世以来半个世纪的历史风云和现实生活变迁，任何一个严肃认真的当代马克思主义研究者又不能不冷静地、明确而坚定地指出，他们的这种判断和呼唤不能不是一种激进的乌托邦，从而无可辩驳地证明作为其经济分析基础的经济剩余学说是一种带有时代局限性的学说，证明从激进立场去发展和引申古典马克思主义经济学仍然是没有前途的，这就是我们的结论。

---

① 保罗·巴兰、保罗·斯威齐：《垄断资本》，商务印书馆 1977 年版，第 345 页。

09 当代西方主流经济学的经济剩余观

引　言

20 世纪 30 年代世界资本主义大危机打破了新古典经济学关于自由竞争资本主义可以自动实现充分就业均衡的神话，现实生活要求并成就了以有效需求不足论来解释不充分就业均衡为特征的凯恩斯经济学革命，从此开始了经济学的新时代。

前面的论述已经表明，新古典经济学的经济剩余观，基于不同的价值论和分配论而分为既有联系又有区别的两种思潮，一种思潮承认经济剩余（例如资本利润和利息）的存在，但基于边际效用或主观价值论而将这种剩余归结为主观心理感受的产物。另一种思潮则以生产要素价值论为基础，同时运用边际分析方法，将经济剩余（资本利息和地租）归结为资本和土地的边际生产力，以之作为资本利息的源泉和尺度，一如劳动边际生产力决定和衡量劳动的报酬（工资和平均利润）一样，结果导致了否认均衡静态条件下存在经济剩余的可能性。马歇尔经济学则将这两种思潮和古典经济学加以综合，承认存在经济剩余（资本利息和土地租金），但以供求关系解释它，将古典经济学强调的劳动或生产成本视为供给价值的决定因素，将边际主义强调的需求和效用视为需求价值的决定因素，从而经济剩余就其性质和源泉来说是一种中性的东西。

凯恩斯革命的对象是新古典经济学，尤其是后者所信奉的供给必能为自己创造需求这个教条（即所谓萨伊市场定理）。在凯恩斯看来，当务之急在于构建一套有助于激发资本投资，从而恢复宏观经济活力的理论和机制，这就决定了凯恩斯经济学必然致力于宏观静态短期分析，而忽于进行微观动态和长期分析，包括构建价值论、分配论和经济剩余论。我们知道，经济剩余观一头连着价值论，另一头连着收入分配论，有什么样的价值论和分配论，就会有什么样的经济剩余论，它们直接导致对经济剩余的存废及其性质和源泉的判断。这些均属所谓微观经济学范畴，而凯恩斯经济学恰恰缺乏这个微观基础。因此，我们只能看到凯恩斯对相关问题所发表的若干看法，而不是完整的经济剩余观，不消说这些看法都是从其有效需求不足导致经济失衡这个基本论点出发的。

凯恩斯经济学付之阙如的微观经济学，主要是价值论和分配论以及连带的经济剩余问题，这成为战后凯恩斯主义经济学发展的重点之一，然而究竟如何看待传统的资本理论以及与之直接相关的分配论，在两个剑桥学派之间存在尖锐分歧，这种分歧在他们之间延续二十余年的著名资本论战中凸现无遗。[①] 力图将凯恩斯经济学与新古典经济学加以综合的美国新古典综合派(代表人物有萨缪尔森、托宾和索罗等)，延续马歇尔经济学关于价值论和分配论的基本思路和论点，而英国新剑桥学派(代表人物有琼·罗宾逊、卡尔多和帕西内蒂等)则斥这种综合为虚假的凯恩斯主义，声称要坚持真正的凯恩斯经济学。这场论战无疑在很大程度上显示了貌似完美的边际生产力分配论的缺失，动摇了新古典综合派的理论核心和基础。然而对经济剩余的性质及其决定问题的认识，论战双方均无新的建树，不过是对各自信奉的学说或原理的应用和重申而已，因而论战之后仍然是各说各话，并未结束新古典综合派大行其道的格局也就不足为奇了。

就经济剩余理论的新发展来说，真正值得重视的是 20 世纪 60 年代人力资本理论的出现，该理论顺应社会经济发展潮流，扩大并泛化了资本概念的内涵和外延，从而将经济剩余理论提升到了一个新阶段，它是迄今经济剩余学说的最新成就。

凯恩斯的遗产和“两个剑桥”的经济剩余观

凯恩斯不赞同新古典经济学以“节欲”或“等待”来解释资本性质和功能，他认为个人储蓄行为(“节欲”)加剧了消费倾向递减趋势，从而增加了有效需求不足，不利于增加就业和扩大生产。[②] 他也不同意认为资本具

---

① 晏智杰:《经济学中的边际主义》，北京大学出版社 1987 年版，第 24—25 章“两个剑桥的资本争论”；柳欣:《资本理论——价值·分配与增长理论》，陕西人民出版社 1994 年版；张凤林:《西方资本理论研究》，辽宁大学出版社 1995 年版。

② 凯恩斯:《就业、利息和货币通论》，华夏出版社 2005 年版，第 162 页。

有生产性的说法，他指出："与其说资本品是生产性的，还不如说在该资本品的生产中，它的收益超过它的原有成本……之所以会这样是因为资本稀少。资本稀少是由于货币利息率的竞争造成的。"[①]他甚至说赞同劳动价值论："我赞同古典学派以前的理论。他们的理论认为，一切都是由劳动生产出来的，而协助劳动进行生产的是：①过去被称为工艺，现在被称为技术的东西。②自然资源。对于丰富的自然资源，或许可以无代价使用。对于比较缺乏的自然资源，要根据情况支付代价。③过去的具有价值的劳动，这种劳动根据其资源的多少体现在资产之中。我们最好是把劳动力（当然包括企业家及助手的个人劳务在内）看做生产的唯一要素，并在一定特定的生产技术、自然资源、资本设备以及有效需求等条件之下发生作用。"[②]例如，如果在遭受污染的环境或是有风险的生产过程中劳动就必须也得到较高的报酬，否则谁都不愿从事这种工作，这完全是此类工作相对于轻松愉快的工作能生产的产品相当稀少所致，而不是此类生产过程本身有什么生产性。[③]

同样，凯恩斯认为利息也不是来自资本生产力，而是来源于货币具有满足人们对于流动性的偏好，而后者又起因于人们的交易动机、谨慎动机和投机动机，所以利息源于人们对货币的需求，它是使人们放弃对流动性需求所必须支付的报酬。也就是说，利息显然是一种货币现象，而利息率更是一个具有高度心理作用的现象，它确定在货币供求均衡的水平上。总之，利息（率）与所谓资本的生产性毫不相干。[④] 可以看出，凯恩斯不否认资本利息是一种剩余，但他不赞同新古典经济学对资本利息以及资本来源和性质等问题的看法，这就是凯恩斯在经济剩余问题上留下的理论遗产。

在价值论和分配论以及经济剩余问题上，新古典综合派坚持古典派的传统理论而拒绝凯恩斯上述遗产。他们承袭萨伊的生产三要素价值论和"三位一体"分配论，坚持认为资本是生产要素，并由此引出利息或利润存在的合理性与正当性。按照他们的观点，资本作为生产过程的产出，即后起的或派生的要素，虽然与劳动和土地等"初始生产要素"在形式上有

① 凯恩斯：《就业、利息和货币通论》，华夏出版社 2005 年版，第 164 页。
② 同上书，第 164—165 页。
③ 同上书，第 165—166 页。
④ 同上书，第 15 章等。

所不同,然而就实质而言它们并无区别。因为资本本身也具有生产力,它与劳动和土地等一样,共同创造收入,并以占有利息或利润的形式参与收入分配。因此,资本的出现并不导致剥削,也不会影响收入分配的公平合理性。

他们还坚持边际生产力理论,将克拉克的边际生产力论加以发展,既用它来说明微观分配问题,又用它来说明宏观分配问题,此外还把它作为实现均衡的经济增长的重要机制。如果说生产三要素论仅仅说明了收入分配的性质,那么边际生产力论则主要是用来考察收入分配的数量决定。按照新古典综合派的观点,当工资、利息、租金分别等于劳动、资本、土地各自的边际产品的时候,收入分配便达到一种均衡和谐的状态。而这种状态据说是不难达到的:根据现有的生产技术资料可以直接建立起单个厂商、行业的生产函数乃至整个国民经济的总量生产函数,然后借助于多元函数微分法求解各种要素的边际产品及其收入份额,而欧拉定律将会自动地保证各种要素所得份额把总产品分光吃净。如果再联系到生产要素的供给变量,那么通过供求机制便又同时确定了生产要素投入的最优比例,这在短期将产生一个资源配置的静态最优解,在长期则意味着经济增长的动态均衡。可以说边际生产力论是新古典综合资本理论的核心和基础,它关于资本问题的许多观点都是建立在这一理论基础之上的。

新剑桥学派考察分配论和利润论的理论立场的分析方法则截然不同。他们拒绝采用新古典派所钟爱的供求一般均衡分析模式,而坚持从生产条件和制度因素两方面来加以考察。他们将凯恩斯的有效需求原理与古典派和马克思的剩余理论方法相结合,按照先利润、后工资的顺序研究利润与工资的决定问题。基本的命题是,投资需求决定了利润及利润率,从而决定了分配的基本格局,而垄断厂商和工会力量作为外生变量会对分配产生进一步的影响。他们将资本问题与价值、分配、增长问题密切结合,强调物质资本与金融资本的区别,或强调作为生产手段的资本与作为资产的资本之间的区别,从而将资本的生产职能与分配职能分割开来,旨在说明利润或利息是资本所有权的产物,而不是资本生产力的结果,从而割断资本生产力与利润或利息之间的因果联系。①

---

① 张风林:《西方资本理论研究》,辽宁大学出版社 1994 年版,第 133—134、221—222 页。笔者以为该书对两个学派基本论点的这些概括既简明扼要又不失准确,这里引述时对文字稍有更改。

按照罗宾逊的分析，短期内资本的利润量决定于资本家的投资量和储蓄倾向，与前者成正比，与后者成反比；长期内利润率则决定于投资增长率和资本家的储蓄倾向，它与前者成正比，与后者成反比。至于制度方面的因素，她分析了短期中厂商的定价政策及工会的抗争力量，长期中的劳动增长率和技术进步等。卡尔多也强调了投资对利润和分配的决定作用。总之，新剑桥学派对利润的分析着眼于生产条件和制度因素，他们拒绝要素价值论和资本生产力论的立场与凯恩斯是一致的。

新剑桥学派对边际生产力分配论本身提出了系统的批判。他们指出边际生产力论的基本前提不能成立，因为不存在完全的自由竞争，也不存在要素的完全流动性、连续替代性，以及信息和预测的完全性等。他们认为资本具有生产力的说法含义不清，因为资本在生产过程中固然具有生产性，但在生产之外则是一种并不具有生产性的财产权，而资本利息或利润恰恰不同其生产性相关，而同其财产权的性质相关，资本利润是从劳动产品中扣除工资后的剩余额。还有，他们认为要素边际生产力这个命题也没有意义，因为它完全是在各种要素之间相对的意义上来界定的。此外，依照资本边际生产力递减规律，利润率会随资本增长而递减，但事实并非如此，资本利润及其与工资的比例关系大体上是稳定不变的。

新剑桥学派还指出，如何计量资本，如何看待所谓资本再转轨和资本回流现象，对新古典综合派来说是两大难题。他们指出，资本计量之所以成为一个难题，关键在于资本作为一种产品，它的价值本身包含着工资和利润，因而只有依据一定的利息率和工资率才能说明资本数量，而不可能独立于利息率来说明资本量，然而新古典综合派却企图用资本边际生产力来说明利息率，这无疑是不可行的，也是一种循环论证。

所谓资本再转轨和资本回流问题，涉及新古典综合派的边际生产力分配论、资本积累论和生产方法选择论[①]的一个基本假定前提，即资本具有同质性，它可随技术条件变化而随意增减，从而使资本与劳动的比例得以调整，因而在资本量与利息（利润）率之间总是存在反方向关系。然而，

---

① 新古典经济学认为这些论断是不容置疑的真理：①较低的利润率和每人所使用的资本的较高的价值联系在一起。②较低的利润率和较高的资本产出率联系在一起。③较低的利润率（通过投资于更“机械化”和更“迂回的”生产方法）和每人更高的稳定消费状态联系在一起。④在竞争条件下劳动和资本之间的收入分配可以由边际产品和要素供给来说明（参看萨缪尔森：“概述”，《经济学季刊》，1966(80)，第568—583页）。

新剑桥学派指出，这种关系不可能具有唯一性，它只有在一种非现实的假定条件下才能成立，即假定资本是单一的、均质的、可塑的物品，从而生产技术变化单纯地表现为资本与劳动的连续替代关系。一旦抛开这种非现实的假定，此种关系即告消失。这是因为不同资本品的异质性，以及要素投入时间的不一致，使得同一技术所体现的资本量将随利息率变化而变化，使生产技术的选择不再表现为资本与劳动的连续替代，从而生产技术的选择以及资本量相对于利息率变化的方向不再具有唯一性，利息率与资本量之间的数量关系，既可能是反方向的，也可能是正方向的。也就是说，随着利息（利润）率的降低，资本可能不是增加而是减少，这就是“资本回流”。同时，同一种生产方法可以在不止一个利息（利润）率下成为许多生产方法中最有利的，也就是说同一种生产方法可能同两个或者更多的利息（利润）率相适应，这就是“资本再转轨”。

新剑桥学派对新古典综合派的边际生产力分配论的批判无疑是强有力的，它大大动摇了后者的基础和前提。然而，我们发现这些批判并没能使这种理论寿终正寝，更没能阻挡它在现代西方主流经济学中继续居于支配地位，这是不奇怪的。尽管新剑桥学派指出了新古典综合派分配论的缺失，但它不能否定市场经济的客观事实：各种要素共同创造了商品及其价值，也有权按各自的贡献分享这种成果。在对这些事实没有提出更有解释力的理论之前，人们暂时不能不满足于有缺失的理论，何况新古典综合派在努力地汲取着反对论的成果，以使自己完善起来。此外，我们还发现“两个剑桥”之争并没有推进人们对经济剩余的认识，他们只不过重申了各自前辈的理论和观点。两者都承认存在资本利息或利润这种剩余，在这一点上双方没有分歧。但新古典综合派坚信生产要素价值论和边际生产力论，并因此引出资本利息和利润的正当性；新剑桥学派不接受这些理论，甚至还提出以制度因素解释资本利息和利润的观点，不过他们始终没有走到否定资本利息和利润的地步，他们热衷于处理相关的数量和比例关系。重复地说，就经济剩余理论本身来说，“两个剑桥”均未超出他们各自前辈学说的水平和深度。

人力资本论与经济剩余论

从本书前面的论述可以知道，随着社会进步和经济发展，资本概念的内涵和外延一直在不断地发展和扩大，最初流行和认可的是借贷资本，然后扩大到商业资本，再后来扩大到产业资本（从农业到工业），现在则扩大到了人力资本。将对人力资源的投资并体现于人身上的以其数量和质量形式表示的知识、技能和体力的对象称为资本，这是资本观的新发展，它打破了长久以来只将资本理解为货币、商品或土地、厂房、机器、设备等物质形式的限制，将资本理解为一切可以带来收益或增值的价值，这是对资本概念认识的深化。

我以为不应将人力资本混同于劳动或劳动力，尽管劳动者是人力资源投资的对象之一，劳动能力是这种投资的结果之一，但劳动和劳动力并非这种投资本身，也不是此类投资的全部对象和全部结果。因此，不能认为接受人力资本投资的任何人都是资本家，即使称之为人力资本家也失之简单化，难免造成认识上的混乱。拥有人力资本者是否同时也拥有物质资本，毕竟不是一件无足轻重之事，不可不察的。当然也不应将人力资本同劳动者或劳动力一刀两断，因为劳动者或劳动力完全可以拥有人力资本，如果他接受了相关投资的话。实际上人力资本是一个既非传统意义的资本和劳动，又同它们密切相关的新概念。

类似于人力资本的概念早在亚当·斯密和萨伊等人的著作中已经明确提出了，但现代人力资本理论公认是20世纪60年代由西奥多·舒尔茨(Theodore W. Schultz)和贝克尔(Gary S. Becker)率先提出的[①]，同人力资本学说后来的发展相比，他们当初提出的是以劳动要素为中心的一般人力资本论，其初衷是探究在美国收入的巨大增长中，除了物质资本和劳动的增加外，何以还有某些剩余；研究教育和培训等项投资与经济增长的关系等。此后该理论迅速扩展，20世纪80年代中期以来，经过卢卡斯、罗默尔等人的努力，形成了以构建技术内生化的增长模型为中心的人力资本理论；90年代以来，由于知识资本理论的兴起，人力资本理论的研究主线又有了新的动向。加尔布雷恩、埃德文森、沙利文、斯图尔特及斯维比等经济学者提出知识资本理论，知识资本理论是从分析知识资本的结构角度来阐释人力资本理论的，其贡献在于揭示了人力资本与结构性资本之间的互动关系。[②] 时至今日，人力资本理论和分析方法已被越来

① T. W. Schultz, "Investment in Human Capital ", *American Economic Review*, 511 March 1961(b): 1—17；贝克尔：《人力资本》(1964)，北京大学出版社1987年版。

② 刘志标："人力资本研究的新进展"，《企业改革与管理》，2004年第12期。

越多地应用于经济增长、收入分配、劳动经济学、家庭经济学等领域的研究，出现了一大批有应用价值的研究成果。

人力资本理论的主要观点包括：①人力资源是一切资源中最主要的资源，人力资本理论是经济学的核心问题。②在经济增长中，人力资本的作用大于物质资本的作用。人力资本投资与国民收入成正比，比物质资源增长速度快。③人力资本的核心是提高人口质量，教育投资是人力投资的主要部分。不应当把人力资本的再生产仅仅视为一种消费，而应视同为一种投资，这种投资的经济效益远大于物质投资的经济效益。教育是提高人力资本最基本的手段，所以也可以把人力投资视为教育投资问题。生产力三要素之一的人力资源显然还可以进一步分解为具有不同技术、知识程度的人力资源。高技术、知识程度的人力带来的产出明显高于技术、知识程度低的人力。④教育投资应以市场供求关系为依据，以人力价格的浮动为衡量符号。[①]

随之而来的是资本利润概念的泛化：资本利润以往只指物质资本的增益或回报，现在则将人力资本的增益或回报也包括在内了。这样一来，利润这个概念终于同它在历史上与之形影不离的剥削概念脱了钩，它自然也不再是一个同劳动工资相对立的范畴了，因为劳动工资中可能就包含着人力资本的利润。人力资本论将人们对资本及其利润的认识推进到这样一个新境界，在这个新境界中，不管投资的对象是物质产品还是人力本身，一切能带来收益或回报的投资皆是资本，而这些收益或回报都是利润。当然，不同人群的回报或收益会有数量上的差别，但在性质上却是一样的。当年马歇尔提出"连续原理"主要是针对当时表面上完全对立的各派学说和方法（尤其是古典派传统和边际主义新说）而言的，想不到一个多世纪过去了，他的这一原理在人力资本概念和理论上再次显现出来。马歇尔本人尽管没有提出人力资本概念，但他强调的劳动和资本的相互依存的基本观点其实与人力资本学说是完全相通的。很显然，人力资本论从一个角度和侧面进一步反映了社会生产力发展的规律，反映了生产体系中各种要素之间相互合作的客观要求，它所传递的这种观念有利于社会稳定和生产力发展。

有人认为，尽管马克思没有专门的人力资本理论，但他关于资本和劳动的许多理论观点却是人力资本理论的重要思想基础。还有人企图

---

① 张素峰："人力资本的理论观点"，《学习时报》，2003年8月1日。

将人力资本论的资本概念同马克思经济学的资本概念统一起来，还有人认为人力资本论为深化和拓展劳动价值论提供了一种新思路，等等。笔者认为，这些看法不仅是对人力资本论的误解，更是对马克思经济学的误解。问题的关键在于，无论在研究对象和宗旨，还是在理论基础和方法论上，人力资本论同马克思经济学都是截然不同的，它们属于完全不同的理论和思想体系，不可相提并论。人力资本论与生产要素价值论及生产要素贡献分配论是联系在一起的。它承认物质资本和人力资本都是商品及其价值的源泉，认为应当按照它们各自的生产贡献分配收入。这同劳动价值论和按劳分配原则完全是两回事，劳动价值论和按劳分配论的宗旨恰是否定资本创造商品价值和参与收入分配的权利。例如，在人力资本论看来，教育和科技培训投资会增加人力资本和促进生产发展，但在马克思经济学看来，所有这些不过是增加了资本奴役劳动的手段。不错，如果工人所受的教育和培训增加了，就会增加劳动力商品的价值，这意味着资本家向工人支付的工资（可变资本）应该增加，但同时也意味着增加了工人为资本家创造剩余价值的能力。资本这个概念在马克思经济学中是无论如何不可能归结到劳动者身上的，资本与劳动始终是相对立的两极。可变资本是用来雇用工人的，倒是同工人有关，但它不是工人自己的什么资本，而是资本家用来剥削他的资本。

人力资本该不该有产权？这是近年来改革实践中提出的一个重要问题。在我看来，凡资本皆有产权，物质资本如此，人力资本也不例外。人力资本的产权或所有权，指的是相关所有者拥有对它的使用权、支配权、收益权或剩余索取权等。这种产权归属于个人，是个人的经济权利的重要组成部分，它构成人才或劳动力市场交易协议的重要内容。在产权改革中无疑应当考虑到这种权利的要求，否则不利于调动一切有利于生产发展的积极因素，尤其不利于发挥科学技术工作者的作用，但是，如果将这种本来正确的思路和方策推进到无视普通劳动者的利益，视他们为与人力资本无缘的群体，甚至以该理论替少数所谓拥有较高人力资本的精英侵吞国有资产辩护，那就是对人力资本产权论的滥用。以人为本，大力发展科学文化和教育事业，全面提升全民的素质和发展潜力，在实际工作中尊重和发挥人力资本的作用，以促进经济发展和社会和谐，应是人力资本论给予我们的最大启示。

结　语

通过对经济剩余论及其历史性论争的研究，我们至少可以得到以下几点基本启示：

第一，自从人类经济活动成果能够超出其付出的代价时起，经济剩余就成了一个永恒的事实，当然这是就人类社会发展的整体趋势来说的，至于某些国度或某个时期天灾或人祸造成“入不敷出”即经济剩余为零甚至负数的饥荒状态不在其内，好在那只是一种例外，否则就不会有社会至今的延续和发展了。这就是说，经济剩余是一个客观存在的事实，它的存在不以人的主观意志为转移，也不以人们对它的不同认识为转移。不过，经济剩余在不同发展阶段有不同的形式：借贷利息、商业利润、土地地租、资本利息、经营利润等，先后扮演过或其中有的还在充当着经济剩余主角的角色。

第二，人们对经济剩余的探索贯穿古今，而且在社会发展的不同阶段上，人们探索和争论的经济剩余的焦点问题不尽相同。借贷利息曾是古代和中世纪西欧思想家关注和争论的焦点。进入 18 世纪中叶，资本主义生产方式在西欧逐渐兴起，如何看待土地私有者的地租成为人们密切关注的话题。到了 19 世纪中叶，随着资本主义生产方式的确立和初步发展，资本利润则逐渐成了研究的重点和思想交锋的最大焦点。不难看出，焦点问题所涉及的内涵未必是经济剩余的全部，但却是其中最引人注意和最有争议的问题；它之所以成为焦点，则是当时社会各利益集团、阶级或阶层的利益博弈所致。

第三，更值得注意的是，在诸焦点问题的争论中，对从旧时代延续下来的旧的经济剩余形式持批判态度者，通常是新兴的受压抑的利益攸关者，而维护者总是代表行将衰落的集团或阶级的遗老遗少。例如，地租对于新兴资产阶级和土地所有者，资本利润对于无产阶级和资产阶级，就是如此。不管论争多么激烈和曲折，也不管会经历多久，最终的结局总是代表新兴利益的一方占上风，尽管这一方起初看起来势单力薄，而那些代表旧势力的遗老遗少们总会被历史发展潮流淘汰，尽管他们起初看起来坚不可摧。

第四，经济剩余的探索和争论总是同经济价值论和收入分配论的探索和争论相辅相成、相互呼应、密不可分的。有什么样的价值论和分配论，就有什么样的剩余论。例如，一元劳动价值论总是同将全部经济剩余视为对劳动的剥夺的学说相呼应；反过来，多元价值论总是多元经济剩余论的基础；而介于两者之间的剩余论也总有某种折中价值论相伴随。这是不难理解的，价值论是剩余论的一般基础，剩余论则是价值论的引申。

第五，经济剩余观的历史变迁，应有助于我们更深刻地认识我国经济学基本理论的过去、现在和未来。改革开放以前我们信奉的是什么样的经济价值论和剩余论，这是大家都知道的；对于这种理论所带来的后果，大家也不陌生，历史说明了一切。改革开放以来，我们的经济实践体现了什么样的价值论和经济剩余论，它的效果如何，也是众所周知的，现实说明了一切。改革发展的成功实践呼唤我们的理论经济学，首先是构成其基础与核心的价值论和剩余论作出相应的转变，并为实现这种转变提供了条件。本书的研究就是对这种实践呼声的一种尝试性回应。在知晓了前面所说的相关历史和现实、理论和实践之后，我们应该得出怎样的结论，似乎不言而喻：顺应历史潮流，赶上改革发展步伐，坚定不移地从劳动价值论走向多元要素供求均衡价值论，相应地从剩余价值论走向经济剩余论。

关于最后这一点，似乎应该补充几句。

自从19世纪前半期英法古典经济学衰落、后半期新古典经济学崛起之后，西方发达国家主流经济学的基本理论就实现了相应的转变，逐步地认同了经济价值源泉的多元化，认同了各种要素取得与其贡献相应的报酬的合法性和正当性，并且随着社会经济发展还不断地深化着这种认识，以至于发展到认同人力也是一种资本，而且是新时代条件下涌现的与物质资本相对应的一种新资本的地步。依照传统劳动价值论和剩余价值论，这些转变及其深化不过是资产阶级经济学庸俗化或进一步庸俗化的表现，然而实践告诉我们这种判断是不可取的，无损于人，却有害于我。事实证明，认同资本及其报酬，甚至认同泛化的资本及其报酬，乃是对现代社会经济发展客观趋势的一种概括，它反映了社会生产力发展的要求，合乎客观经济规律，因而得到了世界各国经济学界的迅速传播和接纳。

如上所述，在认同资本及其报酬之前，西方经济思想先后发生过是否认同借贷利息、土地地租、贸易差额等经济剩余的历史性论争，这些论争无一例外地经历了长期曲折的过程，但最终的结果总是在社会生产力发展要求的推动下，一个一个地先后认可了这些经济剩余形式，但没有一个形式能永远居于经济剩余的支配地位，起支配地位的形式总是新时代、新社会经济条件的新产物，而原先处于支配地位的经济剩余形式则不可避免地退居从属地位。这种历史演变一直延续到围绕资本及其剩余所发生的论争和认同过程，这是距离我们最近和最新的论争和认同，这个过程至少已经走过了一个半世纪，看来还得持续一个相当长的历史时期，指望短期内即告完结，企盼资本最终退出历史舞台，恐怕是不现实的。

可是，这个过程在我们这里却在一个长时期内被宣告早就结束了，并以此为据构建了一套体现无产阶级专政下继续革命原则的经济学理论，其基本内容便是对传统劳动价值论和剩余价值论的教条式坚持，外加"反资防修"的一整套带有明显左倾弊端的理论和政策措施。不用说，这些违背客观规律和国情的东西让我们吃了大亏，走了弯路。失败和挫折使我们不能不走上市场经济之路，不能不重新认同被批判和取缔了几十年的资本。这是一种历史的巨大进步和跨越，是对旧经济制度的否定之否定；尽管这种进步和跨越比西方发达国家落后了一个多世纪，但事实已经并将继续证明我们有能力实现历史的跨越，实现中华民族的伟大复兴，而在这项空前伟大的创造性事业中，我们的经济学及其基本理论能够作出它应有的贡献，发挥它应有的作用。

主要参考文献

《邓小平文选》第一、二、三卷，人民出版社1993年版。

《江泽民文选》第一、二、三卷，人民出版社2006年版。

《马克思恩格斯全集》第23、24、26卷，人民出版社1972年版；25卷，人民出版社1974年版。

《新帕尔格雷夫经济学大词典》4卷，经济科学出版社2000年版。

《中国大百科全书(经济学卷)》3卷，中国大百科全书出版社1998年版。

巴克豪斯著，晏智杰译：《现代经济分析史》，四川人民出版社1990年版。

巴兰、斯威齐著，南开大学政治经济学系译：《垄断资本》，商务印书馆1977年版。

巴兰著，蔡中兴等译：《增长的政治经济学》，商务印书馆2000年版。

贝克尔著，梁小民译：《人力资本》，北京大学出版社1987年版。

布哈林著，郭连成译：《食利者政治经济学》，商务印书馆2002年版。

布鲁著，焦国华等译：《经济思想史》，机械工业出版社2005年版。

陈岱孙：《从古典经济学派到马克思》，上海人民出版社1979年版。

杜尔阁著，南开大学经济系译：《关于财富的形成和分配的考察》，商务印书馆1978年版。

杜能著，吴衡康译：《孤立国》，商务印书馆1986年版。

谷书堂主编：《社会主义经济学通论》，高等教育出版社2000年版。

霍奇森著，于树生等译：《资本主义，价值和剥削》，商务印书馆1990年版。

杰文斯著，郭大力译：《政治经济学理论》，商务印书馆1984年版。

凯恩斯著，宋运声译：《就业、利息和货币通论》，华夏出版社2005年版。

克拉克著，陈福生译：《财富的分配》，商务印书馆1981年版。

魁奈著，晏智杰译：《魁奈〈经济表〉及著作选》，华夏出版社2006年版。

李嘉图著，周洁译：《政治经济学及赋税原理》，华夏出版社2005年版。

里昂惕夫著，崔书香译：《投入产出经济学》，商务印书馆1982年版。

刘易斯著，周思铭等译：《经济增长理论》，商务印书馆1999年版。

罗宾逊等著，陈彪如译：《现代经济学导论》，商务印书馆1982年版。

马尔萨斯著，厦门大学经济学系译：《政治经济学原理》，商务印书馆1962年版。

马歇尔著，廉运杰译：《经济学原理》，华夏出版社2005年版。

门格尔著，刘絜敖译：《国民经济学原理》，上海人民出版社2001年版。

庞巴维克著，陈端译：《资本实证论》，商务印书馆1964年版。

庞巴维克著，何崑曾等译：《资本与利息》，商务印书馆 1959 年版。
钱伯海：《社会劳动价值论》，中国经济出版社 1997 年版。
萨缪尔森等著，肖琛主译：《经济学》(第 17 版)，人民邮电出版社 2004 年版。
萨伊著，陈福生等译：《政治经济学概论》，商务印书馆 1963 年版。
舒尔茨著：《论人力资本投资》，北京经济学院出版社 1992 年版。
舒尔茨著：《人力资本投资—教育与研究的作用》，商务印书馆 1990 年版。
斯拉法著，巫宝三译：《用商品生产商品》，商务印书馆 1997 年版。
斯派格尔著，晏智杰等译：《经济思想的成长》，中国社会科学出版社 1999 年版。
斯威齐著，陈观烈等译：《资本主义发展论》，商务印书馆 1997 年版。
宋则行著：《马克思经济理论再认识》，经济科学出版社 1997 年版。
托马斯·孟著，袁南宁译：《英国得自对外贸易的财富》，商务印书馆 1965 年版。
瓦尔拉斯著，蔡受百译：《纯粹经济学要义》，商务印书馆 1989 年版。
维塞尔著，陈国庆译：《自然价值》，商务印书馆 1982 年版。
巫宝三主编：《古代希腊、罗马经济思想资料选辑》，商务印书馆 1990 年版。
巫宝三主编：《欧洲中世纪经济思想资料选辑》，商务印书馆 1998 年版。
吴敬琏：《中国增长模式选择》，上海远东出版社 2005 年版。
西斯蒙第著，何钦译：《政治经济学新原理》，商务印书馆 1977 年版。
希法亭著，福民等译：《金融资本》，商务印书馆 1994 年版。
熊彼得著：《从马克思到凯恩斯十大经济学家》，商务印书馆 1965 年版。
熊彼得著：《经济分析史》3 卷，商务印书馆 1991 年版。
熊彼特著，何畏等译：《经济发展理论》，商务印书馆 1990 年版。
亚当·斯密著，唐日松等译：《国富论》，华夏出版社 2005 年版。
晏智杰著：《边际革命与新古典经济学》，北京大学出版社 2004 年版。
晏智杰著：《灯火集——劳动价值学说研究论文集》，北京大学出版社 2002 年版。
晏智杰著：《古典经济学》，北京大学出版社 1998 年版。
晏智杰著：《经济价值论再研究》，北京大学出版社 2005 年版。
晏智杰著：《经济学中的边际主义》，北京大学出版社 1987 年版。
晏智杰著：《劳动价值学说新探》，北京大学出版社 2001 年版。
晏智杰著：《亚当·斯密以前的经济学》，北京大学出版社 1996 年版。
中国国家统计局编：《中国统计年鉴 2005 年》。
中国国家统计局编：《中国投入产出表》1992 年度 1997 年度。
佐腾金三郎等编：《〈资本论〉百题论争》3 卷，山东人民出版社 1993 年版。

Black R. D. C. , Coats A. W. , Goodwin C. D. W. , eds. *The Marginal Revolution in Economics*, Durham N. C: Duke University Press, 1973.

Blaug M. , *Economic Theory in Retrospect*, Fifth edition, Cambridge University Press, 1996.

Blaug M. , *The Cambridge Revolution: Success or Failure?* The Institute of Economic Affairs, 1974.

Bohm-Bawerk, *Karl Marx and the Close of His System*, P. Sweezy, ed. , Augustus M. Kelley, New York, 1949.

Boss, Helen *Theories of Surplus and Tansfer*, Unwin Hyman Inc. , 1990.

Dobb, M. , *Theory of Value and Distribution since Adam Smith*, Cambridge University Press, 1973.

Ekelund Robert B. , Jr & Hebert Robert F. , *A History of Economic Theory and Method*, Third ed. , McGraw Hill Publishing Company, 1990.

Harcourt, G. C. , "Some Cambridge Controversies in the Theory of Capital", Journal of Economic Literature, 1969.

Hennings K. & Samuels W. , ed. *Neoclassical Economic Theory, 1870 to 1930*, Hingham, Mass. : Kluwer, 1989.

Howard, M. C. and J. E. King, *A History of Marxian Economics: Volume I, 1883—1929*, Macmillan Education Ltd. , 1989; *Volume II, 1929—1990*, 1992.

Hutchison T. W. , *On Revolutions and Progress in Economic Knowledge*, New York: Cambridge University Press, 1978.

O'Brien, D. P. & Presley, John R. , *Pioneers of Modern Economics in Britain*, New York: Barnes & Noble, 1981.

Pigou, A. C. , *The Economics of Welfare*, MacMillan Company, 1962.

Sills D. L. , ed. , *International Encyclopedia of the Social Sciences*, MacMillan Company, 1968.

Stigler G. J. , *Production and Distribution Theories: The Formative Period*, 1870—1895, New York: The MacMillan Company, 1941.

Wood, C. J. ed. , *Alfred Marshall Assessments*, 4vols. , London: Croom Helm, 1982.